Judith N. Shklar

Über Ungerechtigkeit

Judith N. Shklar

ÜBER UNGERECHTIGKEIT

Erkundungen zu einem moralischen Gefühl

Aus dem Amerikanischen
von Christiana Goldmann

Herausgegeben und neu durchgesehen
von Hannes Bajohr

INHALT

EINLEITUNG

Wann ist eine Katastrophe ein Unglück und wann eine Ungerechtigkeit? Intuitiv scheint uns die Antwort offensichtlich zu sein. Sind äußere Naturgewalten Ursache des furchtbaren Ereignisses, handelt es sich um ein Unglück, und wir müssen uns in unsere Leiden fügen. Sollte es jedoch ein menschliches oder übernatürliches Wesen mit üblen Absichten herbeigeführt haben, dann handelt es sich um eine Ungerechtigkeit und wir dürfen unsere Empörung und unseren Zorn zum Ausdruck bringen. So wie die Dinge liegen und wir sie erfahren, besagt diese Unterscheidung, an der wir so hartnäckig festhalten, nicht sehr viel. Die Gründe dafür werden deutlich, wenn wir uns daran erinnern, dass es häufig eine Frage der Technik und der Ideologie oder Interpretation ist, ob wir etwas für unvermeidlich und natürlich oder für kontrollierbar und gesellschaftlich halten. Die Wahrnehmungen der Opfer und derjenigen, die – wie direkt oder indirekt auch immer – Täter sein mögen, neigen dazu, sehr unterschiedlich auszufallen. Die Betroffenen erfahren weder die Tatsachen noch ihre Bedeutung auf dieselbe Weise wie bloße Beobachter oder diejenigen, die das Leiden hätten abwenden oder lindern können. Diese Menschen sind zu weit voneinander entfernt, um die Dinge auf dieselbe Weise zu sehen.

Auch ist die Grenze zwischen dem Menschlichen und dem Natürlichen nicht immer relevant. Die Kultur, die alle Lebensbereiche durchdringt, vermag uns so ziemlich auf die gleiche Weise zu beeinflussen wie die natürliche Umwelt und es ist sicherlich nicht leichter – ja es mag sogar schwieriger sein –, sie zu kontrollieren und zu verändern. Das offensichtlichste Beispiel dafür ist die Hautpigmentierung, die ohne Zweifel natürlich ist. Aber ansonsten ist nichts daran natürlich, in Amerika eine dunkle Haut zu haben. In den USA schwarz zu sein ist ein gesellschaftlicher, kein natürlicher Zustand. Zu verschiedenen Zeiten haben manche es als Unglück betrachtet, dunkelhäutig zu sein, während andere schon immer darin eine Ungerechtigkeit erkannten; nicht wenige waren beider Meinungen zugleich. Dies im Bewusstsein, scheint die Grenze zwischen menschlichen und nichtmenschlichen Ursachen nicht von allzu großer Bedeutung zu sein.[1] Stattdessen werde ich im Folgenden dafür argumentieren, dass die Unterscheidung zwischen Unglück und Ungerechtigkeit oft mit unserer Bereitschaft und unserer Fähigkeit zu tun hat, im Namen der Opfer zu handeln oder nicht zu handeln, anzuklagen oder freizusprechen, zu helfen, zu lindern und wiedergutzumachen – oder uns einfach abzuwenden. Die Vorstellung, es müsse eine einfache und felsenfeste Regel geben, diese beiden Bereiche zu trennen, verlangt nach einer moralischen Gewissheit, die – wie so viele andere Gewissheiten – nicht zu haben ist. Das bedeutet nicht, dass wir die Unterscheidung fallen lassen oder uns mit all unseren Missständen abfinden sollten. Aber es legt nahe, sie neuerlich zu überprüfen – und vor allem sollten wir das Phänomen der Ungerechtigkeit mit neuen Augen betrachten.

Ein Erdbeben ist ohne Frage ein natürliches Ereignis, aber wenn großer Schaden entstanden ist und viele Menschen umgekommen sind, dann ist das nicht alles, was darüber gesagt werden kann oder tatsächlich gesagt wird. Man wird es auch als eine Ungerechtigkeit betrachten und zwar aufgrund ganz unterschiedlicher Gründe. Religiöse Menschen werden Gott die Schuld geben. »Warum wir?«, klagen sie. »Wir sind nicht gottloser als andere Städte, warum werden wir allein bestraft?« Oder noch spezifischer: »Warum mein Kind?« Von den weniger religiösen Opfern mögen einige schlicht sagen, »die Natur ist grausam.« Es dürften allerdings nicht viele sein, die so denken, denn eine Welt voller Zufall und Willkür ist schwer zu ertragen und die Verzweifelten werden sich nach verantwortlichen, menschlichen Urhebern umschauen. Sie zu finden wird ihnen nicht schwerfallen. Mit Sicherheit trugen viele zur Katastrophe bei und verschlimmerten ihre Auswirkungen. Es stürzten etwa viele Gebäude ein, weil Unternehmer gegen Sicherheitsnormen verstoßen und die Bauaufsicht bestochen haben. Die Bevölkerung wird vor solchen Gefahren, die sich mittels technisch hochentwickelter Apparate voraussagen lassen, selten ausreichend gewarnt. Die Behörden treffen darüber hinaus nicht immer ernsthafte Vorbereitungen für das Eintreten derartiger Ereignisse, sodass dann keine effizient organisierten Hilfsmaßnahmen, keine ausreichende medizinische Hilfe und keine schnellen Transportmöglichkeiten für Verwundete zur Verfügung stehen. Viele, die man hätte retten können, werden sterben. Wohin sind ihre Steuern geflossen? Verschwendet an ein teures Raumfahrtprogramm, das für sie keinerlei besonderen Nutzen hatte, könnten manche sagen.

Dies ist ein fiktiver Fall, der allerdings gewisse Ähnlichkeiten mit dem jüngsten Erdbeben in Armenien aufweist.[2] Doch kann man sich weniger extreme Vorkommnisse überall auf der Welt vorstellen. Ich habe die Auswirkungen einfacher, aktiver Ungerechtigkeit, die von Gaunern und korrupten Beamten begangen wurde, hier nur leicht übertrieben. Niemand käme auf den Gedanken, diese Menschen zu entschuldigen, und Politiker würden sich in der Tat beeilen, sie mit Vorwürfen zu überhäufen. Die weniger schuldigen Amtsträger, die man sehr wohl anklagen könnte, die Opfer vernachlässigt zu haben, indem sie einfach ihrer Routine folgten, würden jedoch einwenden, dass es sich um eine natürliche und unvermeidliche Katastrophe handele und dass sie, ziehe man in Betracht, wie viele andere Forderungen an sie und ihre beschränkten Mittel erhoben würden, mehr als ihr Bestes getan hätten. Auf den Aufschrei »Warum wir?« würden sie antworten: »Das Leben ist eben nicht fair.« Und das ist ja auch die bevorzugte Ausflucht passiv ungerechter Bürger – derjenigen, die einfach herumstehen und nichts tun, beruhigt von ihrer Überzeugung, dass »nichts zu machen« war. Die Opfer wären kaum bereit gewesen, »Notwendigkeit« und Unvermeidbarkeit als Entschuldigungen zu akzeptieren. Sie hätten darin eine Ungerechtigkeit gesehen und voller Ärger ihre Stimme erhoben, und zwar zu Recht, denn in der Katastrophe liegt ein politisches, menschliches Element. Besonders in einer freien, konstitutionellen Demokratie, in der man die öffentlichen Behörden den Steuerzahlern gegenüber für verantwortlich und rechenschaftspflichtig hält, ist die Entrüstung der Opfer bei solch dramatischen Geschehnissen sowohl in sich berechtigt als auch ein Beitrag zum Gemeinwohl, da sie dazu führen kann, das staatliche Handeln bei der nächsten Katastrophe zu verbessern. Vom Standpunkt der Opfer und derer, die mit ihnen mitfühlen, war das, was als eine natürliche Katastrophe begann, in der Gesamtheit seiner Auswirkungen eine öffentliche Ungerechtigkeit. Angesichts der Erwartungen der Opfer an die gegenwärtige Technik und ihres Glaubens an politische Gleichheit werden und sollten diese Bürger ihren Zorn auf die eingesetzten Autoritäten lenken – wenigstens in der Hoffnung, dass dieser sie für den Moment effizienter, sorgfältiger und weniger arrogant macht oder in Zukunft werden lässt.

Die Perspektive der Opfer ernst zu nehmen, bedeutet jedoch nicht, dass sie immer recht darin haben, wenn sie eine Ungerechtigkeit wahrnehmen. Oft beschuldigen wir uns und andere, ohne gute Gründe dafür zu haben. Wir schaffen uns Sündenböcke, wir klagen wahllos an, wir fühlen uns schuldig für Dinge, die wir niemals getan haben, und wir beschuldigen jeden, der besser dran zu sein scheint als wir selbst. Wenn unser Kind an einer tödlichen Krankheit stirbt, mag es weder die Schuld Gottes noch der Ärzte noch unserer Eltern, deren Gene wir geerbt haben, noch unserer eigenen früheren Handlungen gewesen sein, aber die meisten von uns werden einem dieser Gründe oder ihnen allen die Schuld zuweisen. Dabei ist es wirklich nur ein Unglück, selbst wenn es das Schlimmste ist, was uns zustoßen konnte. Beschuldigungen zu erheben, mag uns bitter nötige Erleichterung verschaffen, dennoch ist es ungerecht, wenngleich kaum tadelnswert.

Tatsächlich erscheint es zuzeiten, als würden sich besonders Amerikaner keinem Sport so hingeben wie dem, sich gegenseitig zu beschuldigen, was daran liegt, dass unsere Erwartungen an Gesellschaft und Technik so hoch sind. Man hat gesagt, wir forderten nicht weniger als »totale Gerechtigkeit«.[3] Noch schlimmer ist der weitverbreitete Hang, dort nach Verschwörungen zu suchen, wo keine zu finden sind. Täten wir nicht besser daran zu lernen, das Joch des Unabänderlichen zu tragen, sei es nun gesellschaftlich oder natürlich? Es mag richtig sein, dass die Vergehen privater und öffentlicher Organisationen früher oder später einigen schuldigen Personen zugeschoben werden können, dass die »vielen Hände« nicht bloß unsichtbare oder machtlose Rädchen im Getriebe einer juristischen Person sind, die man von aller Schuld freisprechen muss. Falsch ist aber, dass alles, was Menschen an Schrecklichem verursachen, wirklich der Fehler einer bestimmten Person ist. Eine Menge sehr kleiner, harmloser Fehler kann sich zu einem beträchtlichen technischen oder militärischen Versagen summieren.[4] Nicht nur die Erbschaften der Vergangenheit, sondern auch technische Irrtümer, Missverständnisse, Verwirrung und betriebliche Fehler führen in ihrem Zusammenspiel zu grauenhaften menschengemachten Katastrophen, auch wenn niemand persönlich identifiziert werden kann, der es verdiente, dafür verantwortlich gemacht zu werden. Ohne Frage ist da weder die Absicht, Schaden zuzufügen, noch Pflichtvergessenheit im Spiel. Vielleicht sollten wir nicht ganz so schnell »Ungerechtigkeit« rufen. Das könnte das Leben überhaupt einfacher machen. Bei den Opfern dieser Welt würde so ein Vorschlag jedoch kaum auf Gegenliebe stoßen. Von ihrem Standpunkt aus ergäbe es mehr Sinn, den Begriff des Unglücks fallen zu lassen. Selbst wenn viele Hände am Werk waren, um ihre Notlage hervorzubringen, werden sie an einer spezifischeren Schuld interessiert sein.

Sollten wir also aufhören, zwischen Unglück und Ungerechtigkeit zu unterscheiden, weil dies so wenig sinnvoll ist, sofern wir es nicht als einen Weg betrachten, unsere Reaktionen auf mögliche und tatsächliche Katastrophen fortzuerklären? Ich sehe keine Möglichkeit, wie wir dazu je in der Lage wären. Es ist psychologisch ohne Frage undenkbar, dass wir jemals davon ablassen sollten, diejenigen zu beschuldigen, die uns verletzt und unsere gesellschaftlichen Erwartungen enttäuscht haben. Wie könnten wir eine regellose Welt dulden, in der uns die Dinge einfach zustoßen? Sogar sich selbst anzuklagen ist erträglicher als angesichts eines so absurden Lebens zu resignieren. Solange wir einen Sinn für Ungerechtigkeit besitzen,[5] werden wir nicht nur die Kräfte verstehen wollen, die uns Schmerzen zufügen, sondern sie auch zur Verantwortung zu ziehen wünschen – wenn wir sie finden können. Das jeweilige Strafmaß ist ein ganz anderes Problem und es würde eines weiteren Buches bedürfen, diese Frage angemessen zu durchdenken.

Natürlich wechseln die Gegenstände unserer Verdächtigungen ständig. Wir machen nicht länger Hexen für unser persönliches Unglück verantwortlich, wie wir es noch bis vor wenigen Jahrhunderten taten. Einiges, was in der Vergangenheit ein Unglück war, ist heute aber eine Ungerechtigkeit, etwa Kindersterblichkeit oder Hungersnöte, die hauptsächlich durch staatliche Korruption und Gleichgültigkeit verursacht werden. Dennoch, obwohl der Unterschied zwischen Unglück und Ungerechtigkeit zweifellos veränderlich und unbestimmt ist, wird er nicht verschwinden, und es gibt gute politische Gründe dafür, an ihm festzuhalten. Wir brauchen diesen Unterschied nicht nur, um unsere Erfahrungen zu verstehen, sondern auch, um die gesellschaftlichen Gefahrenquellen, die unsere Sicherheit bedrohen, zu beherrschen und einzuhegen. Aber wir müssen anerkennen, dass die Grenze zwischen Ungerechtigkeit und Unglück auf einer politischen Entscheidung beruht und keine einfache Regel ist, die wir als selbstverständlich gegeben betrachten können. Die Frage ist demnach nicht, ob wir überhaupt eine Grenze zwischen Ungerechtigkeit und Unglück ziehen, sondern wo wir dies tun, sowohl um Verantwortlichkeit zu fördern als auch um willkürliche Akte der Vergeltung zu vermeiden.

Der Vorwurf der Ungerechtigkeit ist oft die einzige Zuflucht, die nicht nur Opfern offensteht, sondern allen Bürgern, die ein Interesse daran haben, die an öffentliche Einrichtungen und Rechtschaffenheit angelegten gesellschaftlichen Maßstäbe weiterhin hochzuhalten. Das kann auch von passiver Ungerechtigkeit abhalten, die darin besteht, dass Beamte und Privatbürger sich weigern, die Ausübung von Untaten zu verhindern, wenn sie es könnten und sollten. Dieser Gedanke ist so alt wie Cicero und er fordert all die unter uns heraus, die es vorziehen, nichts zu tun, indem er daran erinnert, dass wir damit letztlich zu Ungerechtigkeiten beitragen mögen. Nicht alles, was Opfer quält, ist einfach Pech und aufmerksame Bürger und Beamte können viel tun, um Ungerechtigkeit zu lindern und abzuwehren.

Unter passiver Ungerechtigkeit verstehe ich nicht unsere gewohnheitsmäßige Gleichgültigkeit gegen das Elend anderer, sondern ein weitaus begrenzteres und spezifisch staatsbürgerliches Versagen, privaten und öffentlichen Akten der Ungerechtigkeit Einhalt zu gebieten. Die Möglichkeit, dass Bürger präventiv tätig werden, ist in freien Gesellschaften weitaus größer als in von Furcht bestimmten autoritären, weshalb ich sie als einen Aspekt der Verpflichtung von Bürgern konstitutioneller Demokratien behandeln werde. Tatsächlich geht es in diesem Buch, obwohl ich Beispiele aus vielen Orten und Zeiten heranziehen werde, in Wirklichkeit um Amerika – nicht etwa, weil die amerikanische Gesellschaft die ungerechteste wäre, sondern weil ich sie am besten kenne und weil man, wenn man über Ungerechtigkeit schreibt, mit dem Finger ebenso gut auf sein eigenes Land zeigen kann. Zudem ist die Frage, was es eigentlich bedeutet, Staatsbürger zu sein, in Amerika bis auf den heutigen Tag ein stetiger Gesprächsgegenstand gewesen. Als Bürger, werde ich im Folgenden zeigen, sind wir passiv ungerecht, wenn wir Verbrechen nicht anzeigen, beiseite schauen, wo wir Betrügerei und kleinere Diebstähle sehen, wenn wir politische Korruption tolerieren und schweigend Gesetze akzeptieren, die wir für ungerecht, unklug oder grausam halten.

Staatsbedienstete laufen noch einmal mehr Gefahr, auf passive Weise ungerecht zu sein, weil ihre Ausbildung ja gerade darauf besteht, die Regeln und Routinen ihres Amtes und ihrer Kollegen nicht zu durchbrechen, und sie Furcht haben, ihre Vorgesetzten zu verärgern oder selbst zu sehr aufzufallen. Die daraus resultierende Ungerechtigkeit lässt sich weder Naturkräften zuschreiben noch einem besonders ungerechten System, sondern allgemein den »vielen Händen«, die ständig an die möglichen Folgen ihrer Untätigkeit erinnert werden müssen. Viele Sozialarbeiter und Ärzte wussten, dass der kleine Joshua DeShaney von seinem Vater brutal geschlagen wurde. Die zuletzt für seinen Fall zuständige Sachbearbeiterin »hielt diese Vorkommen pflichtgemäß in ihren Berichten fest […], aber blieb darüber hinaus untätig«, mit der Folge, dass der Junge nun für immer einen Hirnschaden hat. Der Oberste Gerichtshof entschied, dass der Staat nach der in der Verfassung enthaltenen *Due-Process*-Klausel für Joshuas Schicksal nicht verantwortlich gemacht werden könne.[6] Doch Richter William Brennan wird mit seiner Meinung kaum allein dastehen, dass Untätigkeit unter diesen Umständen zu einer Ungerechtigkeit führt, die anderen, zu denen ein moderner Staat fähig ist, in nichts nachsteht.[7]

Gleichwohl könnte man sagen, das Kind sei das Opfer eines Unglücks gewesen, nämlich erstens, einen solchen Vater zu haben, und zweitens, durch die Lücken des Systems gefallen zu sein – um eine passend unpersönliche Metapher zu verwenden. Man mag weiterhin vorbringen, es sei nicht Sache des Staates, in eine Familie einzugreifen, auch nicht in diese, da die Beziehungen innerhalb der Familie eine rein private Angelegenheit seien. In Wahrheit ist die Grenze zwischen privater und öffentlicher Sphäre sogar noch ungewisser als diejenige, die zwischen Unglück und Ungerechtigkeit gezogen wird. Auch sie beruht auf einer von Ideologie und von tief verwurzelten kulturellen Geisteshaltungen abhängigen politischen Entscheidung. Muss man daran erinnern, dass es bis vor Kurzem noch allgemein als selbstverständlich galt, dass eine »weiße Vorwahl« eine rein private Veranstaltung sei?[8] Wer etwas anderes glaubte, überließ sich angeblich *subjektiven* persönlichen Einstellungen.

Jeder freie Bürger muss darauf bestehen, dass irgendwo zwischen dem Privaten und dem Öffentlichen eine Grenze gezogen wird, sodass es dem Staat verboten ist, in jene vielen Bereiche unseres Lebens einzugreifen, in denen wir das Recht haben, nach unserem Gutdünken zu handeln. Bis zu welchem Punkt genau der Staat auszuschließen wäre, ist jedoch eine historisch wandelbare Frage. Nur wenige Liberale würden heute noch meinen, häusliche Gewalt gegen Frauen und Kinder falle in die geschützte Privatsphäre. Die Antwort auf die Frage, wie man entscheidet, wann eine Ungerechtigkeit so klar auf der Hand liegt, dass Bürger und Behörden zum Einschreiten aufgefordert sind, kann jedoch nicht in der Unterscheidung zwischen öffentlich anerkannten Ungerechtigkeiten und bloß subjektiven Reaktionen zu finden sein. Diese Unterscheidung ist in der Tat nicht gewisser und nicht weniger politisch als die zwischen Natur und Kultur oder zwischen objektivem und subjektivem Standpunkt. Es hängt davon ab, wer die Macht hat, die Bedeutung von Handlungen zu definieren.

Was normalerweise als bestätigte Ungerechtigkeit betrachtet wird, ist eine Handlung, die gegen irgendeine bekannte rechtliche oder ethische Regel verstößt. Nur ein Opfer, dessen Klage auf den von Regeln bestimmten Verboten beruht, hat demzufolge eine Ungerechtigkeit erlitten. Wenn Klage und Verbot nicht zusammenfallen, dann ist es nur eine Sache der subjektiven Reaktionen des Opfers – ein Unglück – und nicht *wirklich* ungerecht. Das Opfer muss nicht lügen oder sich hinsichtlich der Tatsachen irren, obwohl man das vermuten kann, vielmehr hat es seine Erfahrung falsch gedeutet. Seine Erwartungen waren grundlos. Verfährt man allerdings in dieser Art, dann entgeht einem nicht nur viel von dem, was es bedeutet, eine Ungerechtigkeit zu erleiden, man setzt auch eine Unveränderlichkeit von Sichtweisen voraus, die es einfach nicht gibt. Wer genau befindet darüber, was eine gültige Erwartung auszeichnet und was nicht? Das Vertragsrecht mag für die Beziehungen hinreichen, zu deren Regelung es entworfen wurde, doch gibt es eine Vielzahl ungerechter Beziehungen, die mit Verträgen oder gegenseitigen Versprechungen nichts zu tun haben.

Nehmen wir an, dass die Erwartungen des Opfers weder von denen als gültig anerkannt wurden, die es anklagt, noch vom sprichwörtlichen unparteiischen Beobachter. Schon bald kann eine Zeit kommen, in der jene Erwartungen tatsächlich für gerecht gehalten werden – vielleicht erachten sie einige Mitbürger des Opfers bereits jetzt als gerecht. Um 1930 lief ein Großteil der wissenschaftlichen Eugenik auf eine mehr oder weniger direkte Bestätigung der Jim-Crow-Gesetze hinaus.[9] Hätte man zu diesem Zeitpunkt behauptet, die schwarzen Bürger Amerikas dürften annehmen, die gleichen Rechte wie die weißen Bürger zu haben, wäre das als eine unbegründete Erwartung erschienen, als ein Ausdruck eines subjektiven Sinnes für Ungerechtigkeit. Die felsenfeste Regel von gestern ist heute Narrheit und Bigotterie. Auch ist gesellschaftlicher Wandel nicht der einzige Grund, warum man gewöhnlichen Urteilen gegenüber skeptisch sein sollte. Zeugenaussagen bei Unfällen, Wahrnehmungspsychologie, der Einfluss persönlicher und gesellschaftlicher Ideologien auf unsere interpretatorischen Fähigkeiten erzählen alle dieselbe wohlbekannte Geschichte. Dennoch tun wir immer noch so, als ob es die eine wahre Darstellung geben müsse, die uns sagt, was *wirklich* geschah und ob es sich bei einer Katastrophe um ein Unglück oder eine Ungerechtigkeit handelt. Offensichtlich müssen wir aufgrund tiefer psychologischer Gründe daran den Glauben bewahren, nicht aber deshalb, weil wir ohne sicheres Wissen nicht handeln könnten. Schließlich tun wir das ständig, einfach, weil wir es müssen. Deshalb haben viele Skeptiker angemerkt, dass der »rechtsähnliche Begriff von Moral« viel zu wünschen übrig lässt, da er unserer alltäglichen Erfahrung moralischer wie politischer Entscheidungs- und Konfliktsituationen nicht entspricht.[10]

Es lässt sich nicht leugnen, dass das rechtsähnliche Modell das gemeinhin akzeptierte ist. Dem Skeptiker erschien es jedoch immer als schwächlich, weil es voraussetzt, dass wir mehr übereinander und über soziale Kontrolle wissen, als wir es tatsächlich tun oder jemals hoffen können. Aus einer Vielzahl von Gründen waren Platon, Augustinus und Montaigne dieser Meinung und ich werde dieses Buch damit beginnen, an ihre auch von mir geteilten Bedenken zu erinnern. Mein Argument wird allerdings bescheidener und politischer sein als das ihre. Ich werde schlicht zu zeigen versuchen, dass keines der üblichen Modelle von Gerechtigkeit eine angemessene Beschreibung von Ungerechtigkeit liefert, weil sie an dem unbegründeten Glauben festhalten, wir könnten einen unveränderlichen und starren Unterschied zwischen einer Ungerechtigkeit und einem Unglück erkennen und artikulieren. Zudem lässt uns dieser Glaube geneigt sein, die passive Ungerechtigkeit, den Sinn des Opfers für Ungerechtigkeit und letztlich den vollständigen, komplexen und fortdauernden Charakter der Ungerechtigkeit als gesellschaftliches Phänomen außer Acht zu lassen.

Betrachten wir den berühmten Prozess *Bardell v. Pickwick*. Die Tatsachen, wie sie in Charles Dickens' *Die Pickwickier* auftauchen, lauten wie folgt: Mr. Pickwick hatte schon seit einiger Zeit einige Zimmer bei der Witwe Bardell gemietet, als er sich plötzlich entschließt, einen Diener einzustellen. Wegen seiner völligen Unfähigkeit, sich klar und einfach auszudrücken, erweckt er bei Mrs. Bardell, als er ihr von den Veränderungen seines Haushalts zu erzählen versucht, den Eindruck, er mache ihr einen Heiratsantrag. Jeder, der seine

Rede liest, merkt sofort, dass sie seine Bemerkungen falsch auslegen könnte, insbesondere wenn der Wunsch der Vater des Gedankens ist. Sie ist »ein argloses weibliches Wesen« und, obwohl sie eine gute Köchin ist, nicht sehr hell. Auf jeden Fall wird sie von Pickwicks Worten so überwältigt, dass sie ihm, gerade als seine Freunde das Zimmer betreten, ohnmächtig in die Arme sinkt. Sie sehen eine äußerst peinliche Szene und hüsteln diskret. Wie sie richtig bezeugen werden: »Sie lag sicherlich in seinen Armen«. Wir befinden uns im viktorianischen England und Mrs. Bardell war dadurch ebenso kompromittiert wie Pickwick.[11]

Obwohl es drei zuverlässige Zeugen gibt, die gesehen haben, dass Pickwick Mrs. Bardell umarmte, sind wir die Einzigen, die wirklich wissen, was geschehen ist. Dickens und seine Leser, die gottähnlich all diese Gestalten erschaffen haben, sind allwissend. Wir sind über alles im Bilde und den Ereignissen so enthoben, dass wir vollkommen unparteiisch sein können. Im wirklichen Leben ist das – daran haben uns die großen Skeptiker immer wieder erinnert – nicht möglich. Als ganz normale Menschen sind alle von uns in derselben Position wie die Freunde von Pickwick und Mrs. Bardell, die allen Grund haben anzunehmen, dass sie nicht zufällig in seinen Armen gelegen hatte. Trotzdem tun wir geradewegs so, als wüssten wir über diejenigen, die wir beurteilen, ähnlich viel wie Gott. Und doch ist es nicht einfach, zu entscheiden, wer ungerecht gehandelt hat und wer nicht, selbst wenn uns – was unter gewöhnlichen Umständen nicht der Fall ist – vollständige Informationen zur Verfügung stehen.

Mrs. Bardells und Pickwicks Erfahrung von Ungerechtigkeit hat gerade erst begonnen. Bald darauf nehmen sich zwei Winkeladvokaten, Dodson und Fogg, Mrs. Bardells an – »auf eigenes Risiko« oder, wie man in Amerika sagt, auf Basis eines Erfolgshonorars – und sie verklagt Pickwick wegen gebrochenen Eheversprechens. Die Geschworenen hören Mrs. Bardell und die Zeugen ihrer Ohnmacht an. Aufgrund der ihnen zugänglichen Beweislage können sie unmöglich anders als zugunsten von Mrs. Bardell entscheiden und ihr wird eine ansehnliche Entschädigungssumme zugesprochen. Wir, die wir allwissend sind, sind uns natürlich darüber im Klaren, dass der Urteilsspruch ungerecht ist, weil Pickwick ihr keinen Antrag gemacht hat. Aber selbst seine Freunde scheinen ihn zu verdächtigen und als Pickwick über die »Gewalt der Umstände« und das »schreckliche Zusammentreffen von Verdachtsmomenten« klagt, trifft die Bemerkung seines Anwaltes Perker den Punkt: »Aber wie das beweisen?« Weil wir uns in unserer Allwissenheit Pickwicks Unschuld sicher sind, bewundern wir seinen Entschluss, sich der Geldstrafe zu verweigern, und seine Seelenstärke, stattdessen ins Gefängnis zu gehen. Kein Pfennig seines Geldes wird die Taschen von Fogg und Dodson füllen, diesen »rechtsverdreherischen Gaunern«, die sich verschworen haben, ihn zu ruinieren.[12]

Aber was ist mit Mrs. Bardell? Selbst die besten philosophischen Traktate über das Versprechen hätten wenig zu ihrem Fall zu sagen.[13] Sie alle würden sich gänzlich auf Pickwicks mutmaßliche Verpflichtungen konzentrieren. Sie interessieren sich allein für seine Gründe, Versprechen zu halten – dafür, warum man morgen noch an das gebunden ist, was man gestern gesagt hat. Sie finden ihre Antwort in dem Bedürfnis der Gesellschaft nach Sicherheit, in den Einrichtungen, derer es bedarf, sollen Fremde miteinander kooperieren, oder in den Vorschriften eines höheren Gesetzes, sei es nun natürlich oder göttlich. In der Theorie ist das typische Versprechen ein Vertrag, eine Art beiderseitige Übereinkunft. Freiwillige, einseitige Bindungen werden hingegen an den Rand des legalistischen Diskurses verbannt.[14] Die gesamten persönlichen und sozialen Konsequenzen, die ein gebrochenes Versprechen für die Person hat, deren Erwartungen enttäuscht worden sind, werden nie ernsthaft erörtert.

Selbst flexiblere Autoren, die ein Versprechen als eine von zahlreichen Verpflichtungsbeziehungen gegen andere betrachten und die Situation der Opfer anerkennen, konzentrieren sich auf die Verpflichtungen, die uns Versprechen auferlegen, und nicht auf die Hoffnung und das Vertrauen, das etwa in Kindern oder »arglosen weiblichen Wesen« erweckt worden sein mag.[15] Es scheint so, als sei nur der Akteur von Bedeutung, der über einen gewissen Handlungsspielraum verfügt. Diejenigen, die einseitige Versprechen machen, haben mehr als andere zu geben. Sie sind daher die stärkere der beiden Parteien und können potentiell ihre Macht missbrauchen. Aus der Perspektive des Opfers ist ein gebrochenes Versprechen aber ohne Zweifel ein Machtmissbrauch und deshalb ungerecht. Mrs. Bardell wusste, dass Pickwick ihr genau das angetan hatte, und irrte sich nicht einfach.

Beurteilen wir gebrochene Versprechen anhand des Sinnes für Ungerechtigkeit, den sie im Opfer wachrufen, und des immateriellen Schadens, den sie verursachen, dann werden wir sie nicht als Verträge, sondern als Machtbeziehungen ansehen. Darum kann es tatsächlich ungerecht sein, ein freiwillig und beiläufig gegebenes Versprechen zu brechen, wie etwa dasjenige, mit einem Kind in den Zirkus zu gehen, bemessen wir den Vertrauensbruch an den Reaktionen des Kindes und am Einfluss auf seinen Charakter. Für den unparteiischen Beobachter mag es sich nur um einen kleinen Fehler handeln, wie Eltern ihn unbedacht begehen. Und was die gesellschaftliche Ebene betrifft, so sollten wir nicht den Zynismus vergessen, den Bürger als Antwort auf gewohnheitsmäßig gebrochene staatliche Versprechen entwickeln. Der volle Preis gebrochener Versprechen kann sicherlich nicht mit Berufung auf einfache Regeln der Verpflichtung berechnet werden, sondern nur, indem man die Lebensgeschichten mit in Betracht zieht, die, wie jene von Mrs. Bardell, von einem Sinn für Ungerechtigkeit zerrissen worden sind.

War es am Ende nur ein Unglück, dass Pickwick unfähig war, sich klar auszudrücken? Ist er nicht tatsächlich leichtfertig mit ihren Gefühlen umgegangen? Ist ihre Wahrnehmung von Verrat und Ungerechtigkeit nur eine subjektive Reaktion? Von unserem distanzierten, gottesähnlichen Standpunkt aus mag es sich tatsächlich so darstellen, aber nicht aus dem ihren und dem ihrer Freunde. Und selbst wir mögen nicht dazu in der Lage sein, auf ihre Misere zu reagieren. Was wäre gewesen, wenn die Geschworenen Pickwicks Alter und seinem makellosen Charakter mehr Gewicht beigelegt und zu seinen Gunsten entschieden hätten? Wäre Mrs. Bardells Gefühl, dass eine große Ungerechtigkeit begangen worden ist, unberechtigt? Kann überhaupt irgendein Gericht Mrs. Bardells Klagen gerecht werden? Sie wurde vor einer ganzen Reihe von Menschen gedemütigt und Pickwick kann durch nichts gezwungen werden, sie zu heiraten. Bestenfalls kann man ihn zwingen, ihren Anwälten eine gewisse Summe zu zahlen. Ohne Zweifel haben Dodson und Fogg mit Mrs. Bardells natürlichem Verlangen nach Rache gespielt, aber kein Gerichtsverfahren kann diesen Drang voll und ganz befriedigen. Wäre Mrs. Bardell die Heldin eines Schauerromans gewesen, hätte sie Pickwicks Herz mit einem Dolch durchbohrt und wäre verrückt geworden. Und hätte sich die Geschichte auf Korsika abgespielt, wären die Männer ihrer Sippe verpflichtet gewesen, ihre Ehre durch die Ermordung Pickwicks und seiner Freunde, der Zeugen ihrer Schmach, zu rächen.

Rechtsförmige Gerechtigkeit dient dazu, alle Arten von Rache im Interesse des sozialen Friedens und der Fairness zu domestizieren, zu zähmen und zu kontrollieren. Während aber ein zivilisiertes Leben von solcher Rechtsförmigkeit abhängig ist, befriedigt selbst die vom Gesetz verhängte vergeltende Strafe keineswegs die primitiveren Triebe der vielen Opfer und ihrer Familien und kann es wohl auch nicht. Dass sie den Prozess gewonnen hat, mag Mrs. Bardell eine kurzfristige Genugtuung verschafft haben, aber letztendlich gibt es keine Möglichkeit, ihren Sinn für Ungerechtigkeit völlig zu beschwichtigen. Ausgleichende Gerechtigkeit kann oftmals den Makel der Ungerechtigkeit, so wie das Opfer ihn erfährt, nicht auslöschen, denn für das Opfer steht mehr als ein Regelbruch auf dem Spiel. Fazit ist, dass der durch gebrochene Versprechen und viele andere Ungerechtigkeiten hervorgerufene Schaden nicht so leicht zu beseitigen ist, denn es gibt keine Möglichkeit, den ganzen von ihnen verursachten Verlust zu entschädigen. Das gilt für eindeutige Fälle ebenso sehr wie für verwickelte, etwa den Mrs. Bardells.

Bis zum Schluss denkt Pickwick, unser biederer und doch wirklich aufrechter Held, nicht an Mrs. Bardell oder daran, was er ihr tatsächlich angetan haben könnte. Erst muss ihm selbst eine Lektion in Sachen Ungerechtigkeit erteilt werden, bevor er dahin gelangt. Doch am Ende geht ihm ein Licht auf.[16] Im Schuldgefängnis erleidet Pickwick natürlich selbst eine Ungerechtigkeit. Wie wir (und nur wir) wissen, hat er niemals einen Heiratsantrag gemacht. Mit der Zeit allerdings erkennt er, dass das, was als Missgeschick begann, zu einer an ihnen beiden begangenen großen Ungerechtigkeit geworden ist. In der Tat sind beide Parteien in diesem Fall Opfer einer Ungerechtigkeit. Niemand, der im Rechtssystem tätig ist, hat in Erwägung gezogen, dem katastrophalen Lauf der Dinge, den Dodson und Fogg in Gang gesetzt haben, Einhalt zu gebieten. Jedenfalls unternimmt Perker, Pickwicks sonst völlig anständiger Anwalt, niemals den Versuch dazu. Für ihn sind die juristischen Verfahrensweisen ein Spiel mit eigenen Regeln, das er genießt, vor allem, weil Dodson und Fogg sehr geschickte Spieler sind, »Kapitalburschen«, wie Perker sagt. Es kommt ihm zu keinem Zeitpunkt in den Sinn, gegen ihre schäbigen Manipulationen zu protestieren. Als Pickwick die beiden »Spitzbuben« nennt, antwortet Perker nur, man könne »nicht erwarten, dass Sie die Sache mit den Augen des Fachmanns ansehen«.[17] Als Anwalt ist sein Blick der eines Eingeweihten, eines Spielers, der sich im Rahmen von Sieg und Niederlage bewegt. Es gibt viele solcher Konkurrenzspielchen im beruflichen, wirtschaftlichen, akademischen und politischen Leben und sie alle folgen Regeln, die das Verhalten der Spieler bestimmen, die oft nicht über die Grenzen ihrer institutionellen Ordnungen hinausschauen. Dieser Umstand hat schon jeden demokratischen Bürger beunruhigt, nicht zuletzt Rousseau: »Es kann jemand ein frommer Priester, ein tapferer Soldat, ein eifriger, gewandter Geschäftsmann und doch ein schlechter Bürger sein.«[18] Das heißt nicht, dass ihre Tätigkeiten nicht äußerst wertvoll sind, obwohl sie sich als Bürger passiv verhalten und trotz der Ungerechtigkeit, zu der sie neigen. Perker ist auf die normalste und gewöhnlichste Weise passiv ungerecht, was sogar sein Gutes haben kann, wenn wir ein gewisses Maß an Ungerechtigkeit zugunsten des beruflichen Zusammenhalts und anderer sozial nützlicher Zwecke tolerieren wollen.

Perker weiß, dass sich Dodson und Fogg gerissener Praktiken bedienen und dass die Schuldhaft falsch ist, doch schreitet er nicht gegen sie ein. Das gehört nicht zu seinen Aufgaben als Anwalt. Sein Job ist es, Pickwick aus dem Gefängnis herauszuhalten und andere Leute hineinzustecken. Aus Pickwicks Warte ist Perker nur verantwortungslos. Aber Pickwick hatte auch ausreichend Gelegenheit zu erfahren, was Ungerechtigkeit bedeutet, und herauszufinden, dass die Schuldhaft ihrem Wesen nach falsch ist. Betrüger und Müßiggänger werden genauso behandelt wie ehrenhafte Versager, nur geht es den Schurken im Gefängnis viel besser als den anständigen Leuten, die wirklich leiden. Die Schuldhaft wurde schließlich abgeschafft, doch haben wir das nicht den Perkers dieser Welt zu verdanken. Pickwick hingegen ist zur Erkenntnis gelangt, wie beschränkt das Recht und die Konventionen sind. Und als Mrs. Bardell ebenfalls ins Gefängnis gehen muss, weil sie Dodson und Fogg die Gebühren, die sie ihnen anscheinend schuldet, nicht zahlen kann, hält er es nicht länger aus. Mittlerweile ist auch sein Sinn für Ungerechtigkeit voll erwacht und er gibt nach, bezahlt die Anwälte und verlässt wie Mrs. Bardell das Gefängnis. Pickwick ist ein sehr anständiger Mensch und als er die neuerliche Ungerechtigkeit sieht, handelt er. Natürlich mag er in der Zwischenzeit erkannt haben, dass er an Mrs. Bardells Nöten nicht unschuldig ist. Er und sie werden ohne Zweifel den Rest ihres Lebens darüber uneins sein, was sich zugetragen hat, aber aus unterschiedlichen Gründen werden beide wissen, dass sie Opfer einer Ungerechtigkeit waren, einer aktiven wie einer passiven.

Bardell v. Pickwick ist ein moralisches Schaustück und kein Gerichtsprozess. Ich verwende es nicht, um über das Recht zu reden, sondern um zu zeigen, wie komplex der Begriff der Ungerechtigkeit ist. Dieses Buch beschäftigt sich ohnehin nicht primär mit Fragen der rechtsförmigen Gerechtigkeit. Mein Thema ist die persönliche und politische Ungerechtigkeit und wie wir als Handelnde und insbesondere als Opfer auf sie reagieren. Pickwicks und Mrs. Bardells Geschichte soll zeigen, dass es nicht ausreicht, die Forderungen Geschädigter an den Regeln der Gerechtigkeit zu messen, um klar zu entscheiden, ob sie wirklich ungerecht behandelt worden sind oder nur Pech hatten. Wenn wir in unser

Verständnis von Ungerechtigkeit die Version des Opfers und, nicht zuletzt, seinen Sinn für Ungerechtigkeit einbeziehen, gelangen wir möglicherweise zu einer weitaus umfassenderen Darstellung ihres gesellschaftlichen Charakters. Es wird uns vielleicht schwerer fallen, eine Ungerechtigkeit von einem Unglück zu unterscheiden, doch werden wir auch weniger schnell die Konsequenzen passiver Ungerechtigkeit vernachlässigen, soweit sie Teil am ganzen Ausmaß menschlicher Ungerechtigkeit hat. Mit diesen Überlegungen vor Augen sollte der Sinn für Ungerechtigkeit wieder an Bedeutung gewinnen, denn es ist sowohl unfair, persönlichen Groll zu übergehen, als auch unklug, die politische Wut zu ignorieren, in der er zum Ausdruck kommt. Vor allem aber können wir, denkt man von Neuem über diese Dinge nach, wenigstens die vielen Gesichter der Ungerechtigkeit leichter zu erkennen lernen.

1 – DER UNGERECHTIGKEIT GERECHTIGKEIT WIDERFAHREN LASSEN

GERECHTIGKEIT UND UNGERECHTIGKEIT

Es wird immer leichter sein, in den Leiden anderer Menschen eher ein Unglück als eine Ungerechtigkeit zu sehen. Nur die Opfer teilen gelegentlich diese Neigung nicht. Wenn wir uns jedoch vor Augen halten, dass wir alle potentielle Opfer sind, dann sollten wir uns entschließen, die Dinge von Neuem zu betrachten und einen genaueren und forschenderen Blick auf die Ungerechtigkeit statt nur auf die Gerechtigkeit zu werfen, auch wenn das ein ungewöhnliches Unterfangen sein mag. Schließlich schmückt sich jedes Gerichtsgebäude mit einer Statue der in all ihren Würden thronenden Gerechtigkeit. Es gibt zahllose bildliche Darstellungen der Gerechtigkeit.[19] Jedes moralphilosophische Werk enthält wenigstens ein Kapitel über Gerechtigkeit und viele Bücher widmen sich einzig und allein diesem Thema. Wo aber bleibt die Ungerechtigkeit? Gewiss, Predigten, Dramen und Romane handeln von kaum etwas anderem, bildende Kunst und Philosophie jedoch scheinen das Thema Ungerechtigkeit zu meiden. Sie halten es für selbstverständlich, dass Ungerechtigkeit nichts anderes als die Abwesenheit von Gerechtigkeit ist. Wissen wir erst einmal, was gerecht ist, dann wissen wir alles, was es zu wissen gibt. Gleichwohl ist es gut möglich, dass diese Überzeugung falsch ist. Vieles entgeht einem, wenn man allein die Gerechtigkeit in den Blick nimmt. Der Sinn für Ungerechtigkeit, die Schwierigkeiten, die Opfer der Ungerechtigkeit zu identifizieren, und die vielen Weisen, in denen jeder lernt, mit den eigenen Ungerechtigkeiten und denen anderer zu leben, werden ebenso leicht übergangen wie die Beziehung privater Ungerechtigkeit zu öffentlicher Ordnung.

Warum sollten wir nicht unmittelbar an jene Erfahrungen, die wir ungerecht nennen, als unabhängige, eigenständige Phänomene denken? Der gesunde Menschenverstand und die Geschichte erzählen uns zweifellos, dass dies geteilte Erfahrungen sind und dass sie unmittelbar unsere Aufmerksamkeit beanspruchen. Ja, aller Wahrscheinlichkeit nach haben die meisten von uns häufiger gesagt, »das ist unfair« oder »das ist ungerecht« als »das ist gerecht«. Gibt es nicht viel mehr über den Sinn für Ungerechtigkeit zu sagen, den wir so deutlich erkennen, wenn wir ihn empfinden? Warum also weigern sich die meisten Philosophen, über Ungerechtigkeit ebenso tief und scharfsinnig wie über Gerechtigkeit nachzudenken? Warum sich eine merkwürdige Arbeitsteilung behauptet hat, warum Philosophen Schlechtigkeit außer Acht lassen, während Geschichtsschreibung und Literatur von wenig anderem handeln, weiß ich nicht – jedenfalls klafft damit eine Lücke in unserem Denken.[20]

Glücklicherweise scheint mir Politische Theorie – beheimatet im Bereich zwischen Geschichte und Ethik – auf geradezu ideale Weise dazu geeignet zu sein, etwas gegen diese Situation zu unternehmen. Ungerechtigkeit ist schließlich kein politisch bedeutungsloser Begriff und die, wie es scheint, unendliche Vielfalt und Häufigkeit von Akten der Ungerechtigkeit laden zu einem Denkstil ein, der weniger abstrakt ist als die formale Ethik, jedoch analytischer als die Geschichtswissenschaft. Zumindest könnte es ein erster Schritt sein, den Abstand zwischen Theorie und Praxis zu verringern, wenn man sich unseren zahlreichen Ungerechtigkeiten zuwendet, anstatt nur Abhandlungen darüber zu lesen, was wir sein und tun sollten.

Meine Untersuchungen beabsichtigen in keiner Weise, den Wert der verschiedenen Gerechtigkeitstheorien oder ihre Suche nach einer Letztbegründung von Gerechtigkeit in Zweifel zu ziehen. Ich möchte die Ungerechtigkeit lediglich anders betrachten – direkter, ausführlicher und mit größerer Tiefe. Auch will ich eine alltägliche Erfahrung beleuchten, nämlich jene, Opfer zu sein, und besonders den dadurch geweckten Sinn für Ungerechtigkeit. Ein solches Vorhaben mag weniger exzentrisch erscheinen, wenn wir uns daran erinnern, dass die europäische Philosophie viele unkonventionelle Intuitionen über Gerechtigkeit und Ungerechtigkeit aufweist und dass oft gerade sie die politische Vorstellungskraft zu ihren größten Leistungen angestachelt haben. Es gibt skeptische Riesen, auf deren Schultern ich, in einiger Unbescheidenheit, zu stehen versuche.

Was alles gehört zur Erfahrung von Ungerechtigkeit? Selbstverständlich lautet die genaue Bedeutung des Wortes Ungerechtigkeit »nicht gerecht« und die von Unrecht »nicht rechtmäßig«. Aber ist das alles, was man darüber sagen kann? Warum sollten unsere Gedanken über die Ungerechtigkeit nicht über die bloße Feststellung hinausgehen, dass sie der Gerechtigkeit ermangelt? Die Antwort auf diese Frage ist alles andere als offensichtlich, weil dieser Vorschlag von der großen Tradition der Moralphilosophie abgelehnt wurde. Denn es gibt eine gewöhnliche Auffassung von Gerechtigkeit, die Aristoteles zwar nicht erfunden, aber sicherlich in ein System gebracht und für immer unserem Denken eingeprägt hat. Dieses gewöhnliche Modell von Gerechtigkeit lässt Ungerechtigkeit nicht außer Acht, aber es neigt dazu, sie auf ein Vorspiel zur oder auf die Zurückweisung und den Zusammenbruch der Gerechtigkeit zu reduzieren, so als sei Ungerechtigkeit eine erstaunliche Anomalie.

Die konventionelle bildliche Darstellung der Ungerechtigkeit zeigt getreu dieser Auffassung, wie ein Teufel die Waage der Justitia zerbricht, die Binde von ihren Augen reißt und sie schlägt.[21] Ungerechtigkeit zerstört schlicht Gerechtigkeit. Überdies beginnen zwar nahezu alle Spielarten des gewöhnlichen Modells mit einer knappen Skizze der Ungerechtigkeit, doch lassen sie keinen Zweifel daran, dass Ungerechtigkeit nur als eine Art Verhalten von Bedeutung ist, zu dessen Einhegung und Beseitigung die Regeln der Gerechtigkeit ersonnen wurden. Ungerechtigkeit wird erwähnt, um uns zu sagen, was wir vermeiden müssen und können. Ist diese einleitende Aufgabe erst einmal, im Vorbeigehen, erfüllt, kann man sich erleichtert dem eigentlichen Geschäft der Ethik zuwenden: der Gerechtigkeit. Ich möchte dieses Programm infrage stellen, denn es behandelt Ungerechtigkeit nicht mit der intellektuellen Achtung, die sie verdient.

In seiner elementarsten Form behauptet das gewöhnliche Modell, dass jede politische Gesellschaft von Regeln beherrscht wird. Die wichtigsten dieser Regeln bestimmen, welchen Status die Mitglieder des Gemeinwesens haben und worauf sie berechtigterweise Anspruch erheben können. Es geht also um *Verteilungsgerechtigkeit.* Ihre Regeln sind dann gerecht, wenn sie mit den grundlegenden ethischen Überzeugungen der Gesellschaft übereinstimmen. So muss in einer Gesellschaft von Kriegern der Tapfere belohnt werden, während in einer Oligarchie der Reiche noch reicher werden soll, vor allem an Ehren und Ämtern. Abstrakter gesagt: Das ein Gemeinwesen bestimmende Ethos kann als Pakt dargestellt werden oder als Gesamtheit seiner Traditionen, Ideologie und Religion. Man mag dieses Ethos als Eingebung der Natur, der Vernunft und des gesunden Menschenverstandes betrachten, aber in jedem Fall hängt die Autorität der Verteilungsgerechtigkeit von etwas scheinbar Elementarem und fest Gegründetem ab. Selbst in einer komplexen modernen Gesellschaft, in der eine Vielzahl von Überzeugungssystemen nebeneinander bestehen können, sucht das gewöhnliche Modell nach einem festen Grund, auf dem die Verteilungsgerechtigkeit letztlich fußen kann.[22]

Allerdings ist Verteilungsgerechtigkeit kein glücklich gewählter Ausdruck, teils, weil er im Mittelalter etwas ganz anderes bedeutete, und teils, weil niemals klar ist, was eigentlich verteilt werden soll. Ich werde sie deshalb *primäre Gerechtigkeit* nennen, was ein neutralerer Ausdruck ist, der nichts anderes als ihren Ort im gewöhnlichen Schema bezeichnet. Zusätzlich zu den primären Regeln, die festlegen, was wem geschuldet ist, muss es wirksame und spezifische Gesetze und Institutionen geben, die die Einhaltung dieser Regeln im privaten Umgang zum Ziel haben und jene bestrafen, die sie verletzen. Zudem kann kein Rechtssystem gerecht sein, wenn ihm nicht Staatsbedienstete vorstehen, die fair, unparteiisch und der Aufgabe verpflichtet sind, die Rechtsordnung aufrechtzuerhalten, die den Gesamtcharakter einer Gesellschaft bestimmt. Wenn diese Normen nicht eingehalten werden, ist Ungerechtigkeit die Folge. Eine Regierung, die diese Normen verletzt oder nicht durchsetzt, ist tyrannisch und ihre Untertanen können zum Ungehorsam gegen ihre Herrscher aufgerufen werden. Das ist alles, was gesagt werden muss: Wo es keine Gerechtigkeit gibt, die sie niederwirft, herrscht Ungerechtigkeit.

Ich will nicht behaupten, die Konstruktion von Gerechtigkeit, die im gewöhnlichen Modell vorherrscht, sei irgendwie widersinnig. Schließlich ist sie von Aristotelikern, Hobbesianern, Kantianern, Utilitaristen, Liberalen und Konservativen wie auch von den meisten Theologen akzeptiert worden. Sie entspricht eben dem allgemeinen Verständnis der Sache und ich beabsichtige nicht, sie in Zweifel zu ziehen oder die von ihr geförderten Rechtswerte zu verwerfen. Ohne rechtliche Institutionen und die sie unterstützenden Überzeugungen kann es keine anständigen, gerechten oder dauerhaften gesellschaftlichen Beziehungen geben, sondern nur Angst, gegenseitiges Misstrauen und Unsicherheit. Für genau solche Verhältnisse steht die völlig überzeugende Konstruktion des Naturzustands, die uns daran erinnern soll, wie schrecklich ein nicht durch das Recht geregeltes Leben wäre. Was ich aber infrage zu stellen beabsichtige, ist nicht das Legalitätsprinzip selbst, sondern die dem gewöhnlichen Modell eigene, selbstzufriedene Auffassung von Ungerechtigkeit und das Vertrauen in die Fähigkeit ihrer Institutionen, dem Unrecht gewachsen zu sein. Einige Skeptiker haben sich bei dieser Annahme schon immer unwohl gefühlt und ich teile ihre Zweifel.

Selbstverständlich steht keine ernst zu nehmende Gerechtigkeitstheorie der Ungerechtigkeit einfach gleichgültig gegenüber. Die gewöhnlichen Darstellungen beginnen, wie auch John Stuart Mills *Utilitarismus*, mit der Überlegung, man könne Gerechtigkeit, wie so viele andere moralische Begriffe, am besten durch ihr Gegenteil definieren. Er fährt dann fort, uns in einigen wenigen Sätzen zu sagen, was Ungerechtigkeit beinhaltet. Sie bedeute die Verletzung guter Gesetze, den Bruch von Versprechen, die Weigerung, gültige Ansprüche anzuerkennen, Verdienste zu belohnen und Verbrechen zu bestrafen und schließlich bei Entscheidungen über Streitfälle parteiisch zu sein. Damit lässt er das Thema fallen, obwohl er uns in Wahrheit lediglich gezeigt hat, dass es ungerecht ist, die Regeln der gewöhnlichen Gerechtigkeit zu verletzen.[23] Er ist keineswegs der Einzige, der so vorgeht, was freilich nicht bedeutet, dass dieses Verfahren zufriedenzustellend wäre.[24]

Ungerechtigkeit ist in Mills Darlegung in einem offensichtlichen und zirkulären Sinne lediglich die Abwesenheit von Gerechtigkeit, denn Ungerechtigkeit ist von Anfang an als die Art von Verhalten präsentiert worden, die die gewöhnliche, rechtsförmige Gerechtigkeit abschaffen soll. Gewiss, sein wirkliches Interesse bestand darin zu zeigen, warum Gerechtigkeit für uns bindend ist und warum sie die höchste der gesellschaftlichen Tugenden ist. Er verfolgte nicht die Absicht, ein vollständiges Verzeichnis aller Arten uns bekannter Ungerechtigkeiten und ihrer Unbezähmbarkeit aufzustellen. Seinem intellektuellen Temperament nach war er abgeneigt, die schlimmsten historische Situationen zu betrachten. Es überrascht nicht, dass er, wie so viele seiner Nachfolger, Ungerechtigkeit nur als Ausgangspunkt für eine bekömmliche und optimistische Theorie der Gerechtigkeit in Betracht zog. Selbstverständlich erwartete er nicht, dass Ungerechtigkeit einfach verschwinden werde, aber er nahm implizit an, dass die gewöhnliche Gerechtigkeit der Aufgabe, Ungerechtigkeit praktisch zu kontrollieren und theoretisch zu verstehen, gewachsen ist. Genau dieser Glaube hat häufig skeptische Bedenken erweckt.

Skeptiker werfen dem gewöhnlichen Modell nicht vor, dass es die Ungerechtigkeit vergisst. Dass Gesetze und Konventionen sie abschaffen sollen, ist ihnen bewusst. Aber sie sind nicht davon überzeugt, dass das gewöhnliche Modell uns ein wohldurchdachtes oder ernsthaftes Verständnis der Ungerechtigkeit als persönliche und politische Erfahrung oder als Teil aller der Geschichte bekannten Gesellschaften gewährt. Die intellektuelle Auseinandersetzung mit der Ungerechtigkeit sollte doch wohl mehr sein als ein hastiges Vorspiel zur Analyse der Gerechtigkeit. Und das wirkliche Reich der Ungerechtigkeit befindet sich in keinem amoralischen oder vorrechtlichen Naturzustand. Es erscheint nicht nur anlässlich solch seltener Gelegenheiten wie dem vollkommenen Zusammenbruch einer politischen Ordnung. Es macht auch nicht vor den Toren selbst der besten uns bekannten Staaten halt. Die meisten Ungerechtigkeiten geschehen fortwährend innerhalb des Rahmens eines etablierten Gemeinwesens, das in gewöhnlichen Zeiten über ein funktionierendes Rechtssystem verfügt. Oft begehen genau diejenigen, die doch Ungerechtigkeit verhindern sollen, die schlimmsten Akte der Ungerechtigkeit – und zwar in ihrer offiziellen Funktion –, ohne dass die Bürgerschaft laut dagegen protestierte.

ZWEIFEL AN DER GERECHTIGKEIT IM REICH DER UNGERECHTIGKEIT

Diese banalen historischen Realitäten sind der Hauptgrund dafür, dass es immer politische Skeptiker gegeben hat, denen die so selbstsicher vorgetragenen intellektuellen und moralischen Behauptungen des gewöhnlichen Modells ungerechtfertigt erschienen. Nur Platon hat es ganz und gar verworfen. Die meisten Skeptiker billigten die Praktiken der rechtlichen Legalität als unvermeidlich, aber sie hegten starke Zweifel an ihrem wirklichen Wert und vor allem an ihrer Wirksamkeit. Sie hatten das Reich der Ungerechtigkeit in seiner Gänze erkundet und fanden es unermesslich groß.

Politischer Skeptizismus wurzelt häufig in einem allgemeinen erkenntnistheoretischen Skeptizismus, aber er hängt nicht von irgendeiner spezifisch philosophischen Voraussetzung über Wissen im Allgemeinen ab. Skeptizismus ist einfach eine unkonventionelle Auffassung, die anerkannte gesellschaftliche Überzeugungen in Zweifel zieht. Es mag wohl sein, dass sich diese Art Skeptiker vom gewöhnlichen Verständnis immer weiter entfernen, weil die Übel der Zeit sie erschüttern. Sicherlich gab es für Platon, Augustinus und Montaigne denkbar gute Gründe, mit Verzweiflung und

Abscheu um sich zu blicken. Inmitten von Bürgerkrieg und Trümmern ist es vernünftig zu fragen: »Warum tun wir etwas so Abstoßendes?« und dann: »Was wissen wir über uns selbst und übereinander?« und schließlich: »Was können wir überhaupt wissen?« Auf diesem Weg gelangten die großen Skeptiker dazu, auch die moralische Relevanz des gewöhnlichen Modells von Gerechtigkeit zu bezweifeln und es auf eine Art und Weise zurückzuweisen oder infrage zu stellen, die die Ungerechtigkeit stärker hervortreten ließ, als es die konventionelle politische Ethik erlaubte.

Ziel des Skeptizismus ist immer gewesen, verborgene Unwissenheit bloßzustellen. Und in der Tat ist es nicht schwierig zu zeigen, dass Gesetze eine falsche intellektuelle Selbstgewissheit einflößen, die uns geradezu dazu ermutigen kann, ungerecht zu sein. Die großen Skeptiker bezweifelten, dass ein von Gesetzen geregeltes Verhalten wirksam oder auch nur möglich sei, weil wir einfach nicht genug über Menschen und Ereignisse wissen, um die Ansprüche einer solchen Verhaltensweise zu erfüllen. Deshalb kehrte Platon dem gewöhnlichen Modell den Rücken, während Augustinus und Montaigne ihm nur eingeschränkte Bedeutung einräumten. Jeder von ihnen besaß einen ungewöhnlich umfassenden Sinn für die verschiedenen Spielarten von Ungerechtigkeit. Auch wenn sie ihre Aufmerksamkeit nicht auf den persönlichen Sinn für Ungerechtigkeit richteten, wie es später demokratischere Theoretiker taten, verliehen sie der Theorie der Ungerechtigkeit ihre Grundstruktur und ihre intellektuelle Kraft.

Diese Skeptiker bestritten natürlich nicht, dass Gesetzlosigkeit, Verbrechen, unfaire Tauschgeschäfte und Urteile unrechte Handlungen sind, aber ihre Aufmerksamkeit verweilte nicht bei diesen offensichtlichen Vergehen, sondern ging über sie hinaus, um die Ungerechtigkeit selbst in ihrer ganzen Reichweite und ihren unzähligen Einzelheiten wiederzuentdecken. Sie nahmen sie direkt in den Blick, nicht nur insofern sie solche Handlungen umfasst, die durch Recht und Ordnung unschädlich gemacht werden sollen, sondern auch all jene Situationen, die uns vor Zorn und Unmut aufschreien lassen: »Das ist nicht recht!« Ich erinnere an ihr Denken hier in erster Linie deshalb, weil ich auf die Bandbreite der moralischen und politischen Rätsel hinweisen will, die sich einstellen, sobald wir das gewöhnliche Modell einer kritischen Prüfung unterziehen. Und wenn wir bereit sind, diese Verwirrungen zu erkennen, dann werden wir besser in der Lage sein, die Ungerechtigkeit mit neuen Augen zu betrachten. Die großen Zweifler sollen uns helfen, selbst einige Fragen aufzuwerfen, und darum stelle ich ihr gewaltiges »Nein« an den Anfang dieses Buches.

Jede Bemühung, über Ungerechtigkeit in ihrem ganzen Ausmaß nachzudenken, muss bei Platon beginnen, nicht weil er sowohl das erste wie auch das letzte Wort in dieser Frage hätte, sondern weil er uns derart fern ist, ein fremder Spiegel, der uns lehrt, uns selbst zu sehen. Platon zu lesen heißt, wieder ganz von vorne anfangen zu müssen, denn seine Ablehnung des gewöhnlichen Modells ist unter allen die radikalste. Es gibt keinen vergleichbaren Ort, von dem aus man beginnen könnte.

Für Platon ist das gewöhnliche Modell der Gerechtigkeit Ausdruck einer tiefen Unwissenheit.[25] Es ist ein schlechter Witz, ein Zirkus. Weit davon entfernt, ungerechte Menschen zu ändern, befördere und erhalte es nur ihre Gewohnheiten. Richtig verstanden sei Ungerechtigkeit ein Zustand fehlgeleiteter psychischer Energie, wobei die aggressiven und habgierigen Triebe die Oberhand gewännen, während die Vernunft sich kaum zu behaupten vermöge. Eine Gesellschaft, die diesen Charakter widerspiegelt, sei nicht nur unfähig, ihre Mitglieder zu erziehen, sie führe sie sogar aktiv in die Irre. Ihre Regierungskunst beschränke sich darauf, diese ungeordneten Neigungen dadurch, dass sie sie in Schach hält, lebendig zu erhalten und mit ihnen eine unvernünftige Gesellschaft. Denn was sonst leisteten Gerichtshöfe, als die Habgierigen dazu zu ermutigen, die noch Habgierigeren solcher Vergehen anzuklagen, die der Habgier und der Aggression entspringen? Die bloße Existenz des gewöhnlichen Modells von Gerechtigkeit legt nach Platon das beredtste Zeugnis seiner Unfähigkeit ab. Nicht nur misslinge es ihm, sein eigenes Versprechen, die Ungerechtigkeit abzuschaffen, zu erfüllen, seiner Inkonsistenz wegen versuche es das nicht einmal. In unserer Unwissenheit laden wir die Ungerechten dazu ein, ihre Ansprüche zu verfolgen, indem wir ihnen öffentliche Einrichtungen zur Verfügung stellen, vor denen sie ihr Begehren zur Sprache bringen können.

Kann man von irgendjemandem behaupten, er erhalte oder gebe einem anderen, was ihm zusteht, wenn niemand fähig ist, die ihm oder ihr zugewiesene Aufgabe zu erfüllen, und alle sich beständig in Dinge einmischen, die außerhalb des eigenen Verständnisvermögens liegen? Für Platon war es keine Frage, dass alle historisch bekannten Gesellschaften schlicht unfähig waren, ihre eigenen Normen zu erfüllen oder sie auch nur zu verstehen. Die Herrschaft der Unwissenheit ist ihm also nicht nur ihrem Wesen nach ungeordnet, vielmehr ist sie auch im konventionellen, gewöhnlichen Sinn des Wortes ungerecht, denn niemand gibt oder erhält das, was die normalen gesellschaftlichen Regeln fordern. Wenn Sachkunde und Tätigkeit nie aufeinander abgestimmt seien und es keine herrschenden Prinzipien gebe, mittels derer die ihrer Natur nach schrankenlosen Wünsche der Menschen eingeschränkt und geordnet werden können, dann gebe es überhaupt keine Gerechtigkeit. Das gewöhnliche Modell, weit entfernt davon, Gerechtigkeit zu errichten, ermögliche also bloß, dass aus persönlicher Unordnung ein gesellschaftliches System werde; es verewige nur die Ungerechtigkeit. Solcher Art seien seine Wirkung und seine gesellschaftliche Funktion.

Im besten Fall führe das Gesetz zu einem zeitweiligen Nachlassen von Ungerechtigkeit. Es versagt nicht nur in den Augen des Beobachters Platon, sondern auch an seinen eigenen hohen Ansprüchen. Die Sache würde zudem auch dann nicht besser werden, entfernte man einfach die Institutionen, die den Gesetzen Geltung verleihen sollen, aus jeder uns bekannten Gesellschaft. Im Gegenteil, das könnte sehr wohl zu noch größerer Unordnung führen. Dass ein solches Resultat wahrscheinlich ist, sei ja gerade der Beweis für das Versagen der gewöhnlichen Gerechtigkeit, denn sie könne nichts dazu beitragen, den gesetzestreuen Bürger zu bessern. Sie sorge lediglich dafür, dass er weniger gefährlich lebt, indem sie ihm ein Mittel an die Hand gebe, die Folgen von Ungerechtigkeit zu lindern. Aber nach Platon tut sie das auf eine Weise, die dem Unrecht unvermeidlich Dauer verleiht.

Man mag einwenden, dass die platonische Harmonie nicht dasselbe ist wie Fairness, doch würde eine perfekte Verteilung der Rollen und Belohnungen Konflikte so selten machen, dass die gewöhnliche Billigkeit dadurch überflüssig würde. Die Herrscher einer vernünftigen Gesellschaft müssten nicht auf die übliche Weise gerecht sein, obwohl sie sich dazu entschließen könnten.[26] Ihre Aufgabe besteht nach Platon darin, Seelen zu formen und den Menschen dieser Gesellschaft die richtige Arbeit zuzuweisen, was nicht die gewöhnliche Form einer gerechten Regierung ist. Letztere sei jedoch äußerst widersprüchlich, weil sie Gerechtigkeit dadurch durchzusetzen beabsichtige, dass sie zur Ungerechtigkeit geradezu ermuntere. Insofern sei sie durch und durch irrational.

Selbst eine völlig unvernünftige Gesellschaft würde besser als die uns bekannten aussehen. In ihr würden die Menschen, Schweinen ähnlich, von nichts als ihren physischen und unmittelbaren Bedürfnissen angetrieben. Die Verteilung von Arbeit, Produktion und Konsumption würde durch die zwingenden Forderungen körperlicher Notwendigkeit eingeschränkt und reguliert werden, und es gäbe keinen Raum für Unordnung, Gesetze oder Ungerechtigkeit. Wenn das Reich der Notwendigkeit allerdings vom Reich der Begierden abgelöst werde, dann beträten wir den Bezirk gewöhnlicher Gerechtigkeit, die lediglich bezwecke, Bedürfnisse einzuhegen, nicht aber dem Verhalten der Menschen, die beständig miteinander, mit anderen Städten und sich selbst Krieg führen, eine andere Richtung zu weisen. Gerichtshöfe, Rechtsanwälte, Versammlungen, Geschworene und alle gewöhnlichen politischen Institutionen seien nur Mittel, diese ungeordneten öffentlichen Triebe zu organisieren, die das psychische Chaos der einzelnen Bürger widerspiegelten.

Mangel, Überfluss und ihre Folgen lägen an der Wurzel gewöhnlicher Gerechtigkeit und ihr Wirken verstärke sie noch. All das kann nach Platon allein deshalb so weitergehen, weil wir moralisch unwissend sind, unfähig, die Verwirrung unserer Seele oder die Struktur der öffentlichen Unordnung zu verstehen. Es sei nicht so, dass die Menschen die Dinge, so wie sie stehen, gutheißen würden, aber sie seien eben ganz und gar unfähig, sich selbst und die Weise zu erkennen, in der sie ein geordnetes und glückliches Leben führen könnten. Folglich begnügten sie sich mit den Ungerechtigkeiten der gewöhnlichen Gerechtigkeit, die sie in einer ewigen Unwissenheit erstarren lasse.

Anders als das gewöhnliche Modell stellt Platon uns einen vorrechtlichen Friedenszustand und einen juridischen Alptraum vor Augen. Wenn seine Idee einer vernünftigen Ordnung auch schwerlich verwirklicht werden kann, wirft sie doch ein gespenstisches Licht auf das, was wir normalerweise für Gerechtigkeit halten, die an ihren eigenen Maßstäben gemessen tatsächlich ungerecht ist. Denn die gewöhnliche Gerechtigkeit erfüllt ihre selbstgesetzten Zwecke nicht und kann es auch nicht. Was jemand verdient, kann weder gleich noch proportional verteilt werden, denn es ist nicht einmal bekannt, worin der Wert des Menschen besteht. Niemand erhält oder gibt das Schuldige und niemand erreicht den Zustand des Gleichgewichts, weder des psychischen noch des sozialen, den Gerechtigkeit errichten soll. Das ist unweigerlich das Werk der Unwissenheit.

Für Platon ist Ungerechtigkeit zuerst und hauptsächlich ein Erkenntnisproblem. Unser Unvermögen, das Ganze zu sehen und zu verstehen, wie eine vernünftige Gesellschaft in ihrer Gesamtheit und all ihren Beziehungen aussähe, nehme uns jede Möglichkeit, eine gerechte Ordnung aufzubauen. Selbst wenn wir über ein vollständiges Wissen verfügten, könnten wir es aller Wahrscheinlichkeit nach nicht ertragen. Man mag aus dieser Anklage, die Platon gegen die Geschichte erhebt, schließen, dass wir, obwohl wir eine nur allzu deutliche Vorstellung von der Ungerechtigkeit besitzen, niemals erfahren haben, wie Gerechtigkeit aussieht; vielleicht sind wir nicht einmal in der Lage, sie uns vorzustellen. Sokrates' junge Freunde behaupten ja genau dies und ihnen wird kein großer Trost zuteil. Was Gerechtigkeit sei, wird ihnen nicht erklärt, lediglich unter welchen Bedingungen man sagen könne, es existiere eine gerechte Ordnung. Da wir nicht erwarten dürfen, je dazu in der Lage zu sein, bleibt uns nichts, als eine flammende Verurteilung unserer wirklichen Fähigkeiten zu ertragen. Unwissenheit besiegelt Ungerechtigkeit, nicht nur in dieser oder jener Gesellschaft, sondern in allen Gesellschaften, in traditionellen nicht weniger als in solchen, die sich bewusst selbst verändern.

In seinem paradoxen Versuch, das Modell eines vernünftig konstruierten und stimmig traditionellen Stadtstaates anzubieten, dem es planmäßig gelingen soll, unveränderliche Sitten und Überzeugungen hervorzubringen, zeigte Platon indirekt, dass die gute alte Ordnung ebenso schimärenhaft und impraktikabel war wie der radikal rationale Entwurf. Frömmigkeit, felsenfester Glaube, das Gespenst der Entweihung und die Gefahr, die Götter zu beleidigen, würden eine solche Anzahl von Beamten und Erziehern zur Überwachung der Ordnung erfordern, dass man annehmen muss, es gebe mehr Regenten als Regierte in der Stadt in Platons *Gesetzen*. Gewöhnliche Gerechtigkeit hätte hier tatsächlich ihren Ort, aber ihre Gültigkeit beschränkte sich darauf, Strafen zu verhängen, die ebenso notwendig sind, Veränderung zu verhindern, wie alle Anzeichen von Unfrömmigkeit mit der Wurzel auszureißen. Nach platonischer Auffassung versagt auch hier die gewöhnliche Gerechtigkeit, weil deren schiere Notwendigkeit den Zusammenbruch heiliger, sich selbst Geltung verschaffender und furchteinflößender Traditionen beweist. Das Recht sei eine armselige Medizin für eine Gesellschaft, denn es erkennt nicht, dass man vorgängige Harmonie brauche – beruhe sie nun auf Vernunft oder Frömmigkeit –, um Ungerechtigkeit zu überwinden. Das konventionelle Denken bekomme einfach nicht das Ausmaß und die Stärke der Ungerechtigkeit in allen möglichen Gesellschaften zu fassen, seien sie nun traditionell oder rational, überkommen oder neu geschaffen. Der gesunde Menschenverstand begnüge sich mit wirkungslosen Heilverfahren, weil er keine gute Regierung hervorzubringen vermöge. In unserer Unwissenheit verrieten wir alle unsere Hoffnungen, alte und neue. Platon bietet Konservativen keinen Trost, auch wenn er Liberale beunruhigt.

Religiöser Glaube steht häufig zum gewöhnlichen Modell ebenso in Widerspruch wie vollkommene Vernünftigkeit. Neben Augustinus wird man in der europäischen Theologie niemanden finden, der eine kompromisslosere und strengere Vision der Beziehungen zwischen einem siegreichen und entrückten Gott und einer zutiefst sündigen und selbstzerstörerischen Menschheit verträte. Die augustinische Düsternis lässt keinen Raum für die selbstzufriedenen Konsequenzen der meisten Gerechtigkeitstheorien. Gewiss, es gibt bei ihm keine manichäische Behauptung, die totale Gerechtigkeit und Ungerechtigkeit, Gott und Luzifer, teilten sich gleichberechtigt die Herrschaft über die Welt oder noch schlimmer, das Böse habe universell über das Gute gesiegt. An der kommenden Erlösung durch Christus besteht kein Zweifel, doch hat sie mit menschlicher Gerechtigkeit nichts zu tun. Die Situation der sündigen Menschen im Hier und Jetzt sei so beschaffen, dass Recht und Gerechtigkeit an ihrer ererbten Schuld und dem fortdauernden Bösen nicht viel ändern könnten. Ohne Frage seien wir ohne zwangsbewehrte Regierung und ohne Beschränkungen aller Art noch sehr viel ungerechter, doch verhinderten diese Maßnahmen lediglich das Schlimmste. Und zu den Folgen der Sünde zählt für Augustinus eine so tiefe Unwissenheit, dass wir einfach nicht gerecht sein können, weil wir nie genug übereinander wissen, um angemessene Urteile zu fällen.[27]

Der christliche Fürst oder Richter, der versucht, gerecht zu sein, sei zum Scheitern verurteilt. Seine »beklagenswerten Urteile« gründeten auf seiner Unwissenheit über den Charakter der Zeugen, die er foltert, und der Angeklagten, die er verurteilt. Unsere Unkenntnis der Menschen mache richtige Entscheidungen unmöglich und je gewissenhafter ein Richter vorgehe, um so wahrscheinlicher werde er die Last seines Amtes beklagen. Gleichwohl sei er dazu verdammt, seine sich selbst disqualifizierenden Pflichten auszuüben, denn ohne harte Strafen wären die Menschen in jeder Hinsicht noch schlechter.[28] Der christliche Fürst mag sich wahrhaft um Frieden bemühen und bestenfalls nur gerechte Kriege führen, gleichwohl dürfe er nicht erwarten, echte Eintracht herbeizuführen. Auch er betreibe allenfalls Schadensbegrenzung mit ausgesprochen mäßigen Erfolgsaussichten.

Wie Platon und andere Skeptiker sah Augustinus in der Ungerechtigkeit einen Ausdruck unseres beschränkten Erkenntnisvermögens. Doch nicht allein die Heiden seien unwissend. Wir alle wüssten nicht genug, um Gott oder den Menschen zu geben, was wir ihnen schulden. Der heidnische Staat könne nicht wissen, was er Gott schulde, und auch der zum Teil gerechte, von einem christlichen Herrscher regierte Staat vermöge seine Pflichten nicht zu erfüllen, selbst wenn es ihm an guten Absichten nicht fehle. Obwohl es in moralischer Hinsicht einen großen Unterschied mache, ob die Absicht gut sei, bleibe das politische Handeln immer unvollkommen. Mit guten Absichten allein könne man nicht gegen das ungeheuerliche moralische Unrecht ankämpfen, das Menschen im Laufe eines gewöhnlichen Tages begehen. Die Gerechtigkeit scheitere also aus zwei Gründen, aus praktischen und erkenntnismäßigen, und das Reich der Ungerechtigkeit stelle sich als derart weitläufig heraus, dass selbst eine wirksame politische Gesetzgebung und Ordnung keine Heilmittel sein könnten. Das Böse sei derart überwältigend, dass wir in unserer durch die Sünde geschaffenen Unwissenheit nicht gerecht zu sein vermöchten. Die augustinische Vorstellung der Ungerechtigkeit schließt mehr als diejenigen sozialen Übel ein, die durch Gerechtigkeit gemildert werden könnten. Es sei die Summe unserer moralischen Verfehlungen als sündige Menschen, die uns von Anfang an dazu verurteile, ungerecht zu sein. Ein christlicher Herrscher werde versuchen, es besser als ein heidnischer zu machen, aber er sollte keinen großen Erfolg erwarten.

Der heidnische Staat übt nur soziale Kontrolle durch Disziplinierung aus. Selbst in Rom geschah alles bestenfalls um des Ruhmes willen. Aus Augustinus' Blickwinkel war die stolze Behauptung, die römische Republik sei eine gerechte Gesellschaft gewesen, mehr als bloße Torheit. Die Römer am Maßstab ihrer wirklichen Ideologie und Leidenschaften zu messen, die alle auf Krieg und Ruhm abzielten, sei falsch. So musste Cicero, der behauptet hatte, Rom sei eine wirkliche Republik gewesen, in der jeder das Seinige erhielt, unvermeidlich zur Zielscheibe des augustinischen Hohns werden. Für eine derartige Selbstzufriedenheit könne es in einem heidnischen Staat keinen Grund geben, zuallerletzt im kriegerischen Rom. Nicht dass Cicero sich mit seiner Liebe zu gesetzestreuer Redlichkeit einfach im Irrtum befunden hätte, vielmehr habe er eine viel zu enge Vorstellung vom Reich der Ungerechtigkeit und den wahren Forderungen der Gerechtigkeit. Er sei in zweifacher Hinsicht unwissend, zunächst als Mensch und dann als Heide. Das war, glaube ich, kein faires Urteil.

Platon und Augustinus erschöpfen nicht alle skeptischen Bedenken gegen das gewöhnliche Modell von Gerechtigkeit. Es gibt auch den rein psychologischen Skeptizismus, der nicht nur bezweifelt, wir könnten jemals genug über einander wissen, um Regeln für unser Zusammenleben zu entwerfen, sondern zudem vermutet, dass unsere diesbezüglichen Bemühungen uns eher schaden als nutzen. Montaigne ist der beste Repräsentant dieser Denkweise. Sich selbst zu erkennen hielt er für möglich, freilich würden die anderen uns niemals in derselben Weise wahrnehmen. Unsere subjektiven, persönlichen Erfahrungen seien zu vielfältig und unkommunizierbar, als dass sie sich in allgemeine Verhaltensregeln einzwängen ließen, weshalb der Versuch, solche Regeln verbindlich vorzuschreiben, dazu neige, unerwünschte Wirkungen zu zeitigen. Weit davon entfernt, unsere Grausamkeiten zu verringern, lenkten Regeln unsere Wildheit nur in andere Bahnen und kleideten sie in konventionelle Formen. Darüber hinaus würden unsere Gedanken und Gefühle durch die Regeln der Sprache verzerrt, unsere Erinnerungen durch die Regeln der Interpretation verändert und gesellschaftliche Regeln stünden unseren besten moralischen Neigungen im Weg. Und welche Regeln wir auch immer erfänden, keine wären besser als andere, weil wir zu unwissend und zu verschieden seien, als dass man uns in irgendein einzelnes normatives Schema pressen könnte. Wir seien einander fremd und zu ahnungslos, um Urteile über einander zu fällen.

Das ist nicht alles. Vertrauten wir den Regeln, neigten wir dazu, uns unserer Kenntnis zu sicher zu sein, was uns arrogant, grausam und tyrannisch mache. Kurz gesagt, das gewöhnliche Modell der Gerechtigkeit möge völlig einwandfrei sein, aber es sei einfach nicht für uns gemacht. Es sei nicht falsch, sondern in der Praxis nutzlos und trügerisch, weil es uns psychologische und intellektuelle Eigenschaften zuschreibe, die wir nun einmal nicht besäßen. Deshalb können wir nach Montaigne in unserer radikalen Ungewissheit bestenfalls unsere unüberwindlichen Beschränkungen beklagen und so wenig Schaden wie möglich anrichten.[29] Man könne sogar hoffen, unsere Gesellschaft wäre weniger gewalttätig und von Ängsten geplagt, urteilten und verurteilten wir weniger eifrig.

Diese Schlussfolgerung hat Platon nicht gezogen, wiewohl die von Montaigne gegen die Konventionen der Gerechtigkeit ins Feld geführten Gründe den seinen recht ähnlich waren. In unserer kognitiven Armut riskierten wir selbstverschuldete Niederlagen, wenn wir glaubten, unsere kleinen institutionellen Erfindungen könnten es mit unserer ungeheuren Ungerechtigkeit aufnehmen. Tatsächlich erweiterten sie nur ihre Herrschaft.

Montaignes psychologischer Skeptizismus hat nichts von seiner Schärfe verloren. Im Gegenteil, die Ergebnisse der heutigen Sozialpsychologie verleihen seinen Zweifeln nur größeres Gewicht. Dass sehr wenige Menschen fähig sind, statistische Informationen anzuwenden oder auch nur einfache Wahrscheinlichkeitserwägungen anzustellen, scheint festzustehen. Da wir unvollständig informierte Urteile fällen, legen die meisten von uns die verfügbaren Anhaltspunkte falsch aus. Wir benötigen Statistiken und Prognosen, um gesellschaftliche Entscheidungen zu treffen, aber wir weigern uns, ihre intellektuelle Disziplin zu akzeptieren. Die Unfähigkeit, angemessen zu denken, ist zudem keine Frage der Intelligenz oder Bildung. Wir sind nun einmal so. Gleichermaßen entmutigend ist unsere Unbeweglichkeit, Überzeugungen zu verändern, wenn neue Informationen uns dazu bewegen sollten, uns eines anderen zu besinnen. Die Geläufigkeit, mit der wir in kausalen Zusammenhängen denken, erlaubt uns einfach, neue Indizien aufzunehmen, ohne dass wir unsere zuvor festgelegten Erwartungen ändern. Auch scheint es, als neigten wir bei den Erklärungen für unser Verhalten dazu, unser eigenes Tun äußeren Umwelteinflüssen zuzuschreiben, während wir das Verhalten anderer Menschen auf innere Beweggründe zurückführen.[30] Intuitiv sind wir voller Ausflüchte.

Die meisten Menschen sind keine Gelegenheitswissenschaftler und der gesunde Menschenverstand ist – wie auch Montaigne meinte – durch und durch fehleranfällig. Hält man sich das vor Augen, dann mag man seine Überzeugung teilen, dass wir für Gerechtigkeitssysteme, die unsere psychologischen und kognitiven Grenzen außer Acht lassen, nicht gemacht sind. In der Folge mag es uns, wie Montaigne annahm, nicht nur misslingen, Gerechtigkeit durchzusetzen, sondern wir können auch ein Klima allgemeiner Härte und sozialer Unbeweglichkeit schaffen, das Täuschungen über Zweckdienlichkeit und eine falsche Selbstsicherheit zum Ausdruck bringt. Der Skeptizismus lässt hier der Ungerechtigkeit Gerechtigkeit widerfahren, denn er erkennt, dass wir unsere Urteile ins Ungewisse hinein treffen, und er zweifelt an ihrer Richtigkeit. Derartige Zweifel müssen nicht zu einem platonischen Rundumschlag gegen unsere Fähigkeiten zur Selbstregierung führen, aber sie drängen dem nachdenklichen Leser einen stärkeren Sinn für die Herrschaft der Ungerechtigkeit auf. Die Geschichte des skeptischen Denkens habe ich nur zu einem Zweck an den Anfang gestellt: Ich wollte den Sinn für die Ungeheuerlichkeit menschlicher Ungerechtigkeit wiederbeleben, den der Skeptizismus offenbart.

Wenn Ungerechtigkeit so komplex und unbändig ist, wie sie zu sein scheint, dann bietet sich eine weniger regelgebundene Phänomenologie als der bessere Weg an, das Problem zu untersuchen. Außerdem ergibt sich eine ganze Schar von Fragen, wenn dem Zweifel erst einmal Tür und Tor geöffnet worden sind. Zu ihnen gehört ein neues Interesse für die Opfer von Ungerechtigkeit – nicht zuletzt, weil uns die Skeptiker fragen lassen, wer eigentlich die Opfer sind. Sind wir nicht alle Opfer der Unwissenheit? Wie klassifizieren wir die Opfer? Vielleicht sind die Ungerechten die ersten Opfer ihrer eigenen Untaten? Was schulden wir den Ungerechten ebenso wie ihren unmittelbaren Opfern? Und wie erkennen wir überhaupt, wer die Opfer der Ungerechtigkeit sind?

WER SIND DIE OPFER DER UNGERECHTIGKEIT? DIE UNGERECHT HANDELNDEN ODER DIE UNGERECHT BEHANDELTEN?

Folgt man Aristoteles, dann ist die ungerechte Person kein irgendwie geartetes Opfer. Sie werde nur von einem einzigen Laster beherrscht, der Habgier. Deshalb breche sie die Regeln des Rechts und der Fairness. Sie wolle einfach von allem mehr besitzen: mehr materielle Güter, mehr Ansehen, mehr Macht. Und die Folgen ihrer Habgier bekämen ausschließlich andere zu spüren, die wegen des gierigen Verhaltens weniger erhalten, als ihnen zusteht.

Die ungerechte Person sei jedoch in erster Linie sich selbst gegenüber ungerecht, indem sie ständig ihrer eigenen Seele Schaden zufüge. Das war jedenfalls Platons Meinung, denn er glaubte, ungerechte Menschen verstünden nicht recht, was sie tun, handelten nicht freiwillig und wären gewöhnlich so fehlgeleitet, dass sie eigentlich unser Mitleid verdienten. Sie litten an einer zerrütteten Psyche und würden von Trieben und Rasereien gequält, die sie weder befriedigen noch beherrschen könnten. Irrationalität, Überheblichkeit, unbeherrschbare Begierden, Aggressivität und reine Dummheit seien alle auf ihre Weise psychische Krankheiten, die uns ungerecht machten. Wir täten solchen Menschen keinen Gefallen, wenn wir ihnen erlaubten, in diesem Zustand zu verharren.[31]

Ist Ungerechtigkeit die Unterdrückung der Vernunft und die Herrschaft der niedrigsten menschlichen Eigenschaften über die höheren, dann handelt die ungerechte Person sich selbst gegenüber nicht weniger unfair als gegenüber anderen. Gemäß der gewöhnlichen Auffassung ist dies jedoch, wie Thomas von Aquin formulierte, bloß eine »metaphorische« Ungerechtigkeit.[32] Füge sich denn irgendwer tatsächlich freiwillig Schaden zu?[33] Wenn Ungerechtigkeit aus freiwilligen

Handlungen besteht, braucht es mindestens zwei Personen, einen Täter und ein passives Opfer, und oftmals noch eine dritte Person, die zwischen ihren widerstreitenden Ansprüchen entscheiden soll. Trotz des aristotelischen gesunden Menschenverstandes sind wir uns selbst gegenüber häufig ungerecht, aber nicht dadurch, dass wir unserer Seele Schaden zufügen, wie Platon meinte. Wir geben uns die Schuld daran, Dinge getan zu haben, die wir nicht getan haben, und fühlen uns für eingebildete Fehler schuldig. Irrationalerweise bestrafen wir uns selbst.

In vielen älteren kulturellen Kontexten kann die Rede, sich selbst gegenüber ungerecht zu sein, zudem durchaus Sinn haben. Denn der Tempelräuber oder der Mörder, vor allem der Mörder eigener Verwandter, ist, wie Platon uns erinnert, entweiht. Ein solcher Mensch laufe zudem Gefahr, die ihm Nahestehenden zu entweihen und den göttlichen Zorn auf alle zu ziehen. Nicht nur das eigene Gemeinwesen, sondern auch die eigenen Nachkommen seien gefährdet, denn sie würden die ungesühnte Schuld erben.[34] Um ihn und die Gemeinschaft zu reinigen, müsse der ungerechte Mensch bestraft und geläutert werden, wobei Strafe die einzige Hoffnung auf Besserung sei und zugleich andere Menschen lehren solle, solche Verbrechen nicht zu begehen.[35] Die Wurzeln der Vorstellung, wonach ein ungerechter Mensch geistig krank ist, reichen offensichtlich bis in die Antike zurück, was sie aber für weniger traditionelle Gesellschaften nicht bedeutungslos macht. Wahnsinn ist ein extremer Fall und Platon ruft uns auch in Erinnerung, dass einige ungerechte Handlungen, die nicht entweihen, etwa einen Sklaven zu misshandeln, den eigenen Charakter gleichwohl unabänderlich verderben. Wir entstellen uns selbst, wenn wir über unsere Untergebenen in Zorn geraten.[36] Aber selbst wenn sich der ungerechte Mensch nur in extremen Fällen entweihe, so sei er doch immer selbstzerstörerisch. Verlangt werde also eine Strafe, die selbst um den Preis des Lebens reinige und heile, obwohl auch die Verbannung demselben Zweck dienen könne.

Verglichen mit Platons Beschreibung des Elends ungerechter Personen ist Aristoteles' Behandlung des Themas undramatisch. Die ungerechte Person handele ohne Frage nicht einfach nur aus einem Wutanfall heraus oder in einem Augenblick der Leidenschaft, sondern habe einen dauerhaft verderbten Charakter, da Habgier zur Gewohnheit geworden sei. Und je häufiger sie zudem ungerechte Handlungen begehe, umso schlimmer werde die ganze Persönlichkeit. Was eine solche Person antreibe, sei einfach Habgier, ein einzelner, fester Charakterzug. Obwohl er Feigheit für ein Laster hielt, erwähnt Aristoteles sie und die ihr zugesellten Gefühle nicht als wichtige Ursachen ungerechten Verhaltens. Dennoch ist es eine Tatsache, dass wir viele Ungerechtigkeiten begehen oder geschehen lassen, weil wir träge sind oder uns fürchten oder beides. Der ungerecht Handelnde bei Aristoteles aber hat nur ein Motiv, die Habgier. Außerdem schlagen sich seine Fehler gänzlich in den Folgen seines unfairen Verhaltens nieder. Wir wissen, dass er ungerecht ist, weil er zu wenig gegeben und zu viel von den erstrebenswerten und angenehmen Dingen genommen hat, die es zu teilen galt.[37] Der ungerechte Mensch neige einfach dazu, alles an sich zu reißen, was er bekommen kann, ohne sich um andere zu kümmern. Genau diese Sorge um die anderen fordert Aristoteles' Modell der gewöhnlichen Gerechtigkeit aber. Es kann ohne Weiteres das Ziel erreichen, allen, die Ansprüche erheben, ihren gebührenden Anteil zukommen zu lassen.

Die besten literarischen Charakterdarstellungen, die Geschichtsschreibung und Biografien sowie unsere eigene Erfahrung sagen uns, dass die ungerechte Person ein ganzes Knäuel von Motiven hat und nicht bloß von Habgier getrieben ist. Selbst wenn am Anfang Habgier und Ehrgeiz stehen, kommen bald andere Neigungen ins Spiel. In der ungerechten Politik gesellen sich zur Habgier Ideologie, Fanatismus, Vorurteile, Fremdenhass und Sexismus. Politisch betrachtet gibt es wenig emotionale Phänomene, die verhängnisvoller sind als der Verlust von Hemmungen, den kollektives Handeln in sonst anständigen Menschen bewirken kann.[38] Den Impuls, ungerecht zu handeln, auf bloße Habgier zu reduzieren, bedeutet, die meisten ungerechten politischen Maßnahmen nahezu unbegreiflich zu machen.

Wenn einfache Habgier zum einzigen Motiv für Ungerechtigkeit wird, dann stellt sich, keineswegs als die geringste der Schwierigkeiten, der Anschein ein, man klage auch die Person an, die sich weniger nimmt, als ihr zusteht, die nicht habgierig genug ist. Eine großzügige Person ist nicht ungerecht, denn ihr Verhalten schädigt vermutlich niemanden und der eigene Charakter wird im Ganzen durch solche Handlungen verbessert.[39] Dennoch sind die Folgen von Großzügigkeit in zweierlei Hinsicht ungerecht. Erstens sind die Konsequenzen ungerecht, wenn die einen weniger und die anderen mehr als den ihnen zustehenden Teil bekommen; denn eben dadurch ist Gerechtigkeit definiert. Zweitens wird die öffentliche Gerechtigkeit verhöhnt. Denn ein großzügiger und hochherziger Mensch verschmäht es, die gewöhnliche Gerechtigkeit zu respektieren und schwächt somit ihre politische Wirksamkeit. Es mag in der Tat das Zeichen eines edlen Charakters sein, sich zu weigern, kleinen Geldbeträgen auf dem Rechtsweg hinterherzujagen, gleichwohl setzt dieses Verhalten implizit das Ansehen der rechtlichen Ordnung herab. Einem edelmütigen Menschen ist die Selbstvervollkommnung wichtig, nicht die Aufrechterhaltung einer gerechten öffentlichen Ordnung. Um konsequent zu sein hätte Aristoteles dem gerechten Menschen eine beschränkte

Großzügigkeit als Gegenstück zur ungezügelten Habgier des Ungerechten zusprechen müssen. Er hat sich – vielleicht zuungunsten der Stimmigkeit seiner Theorie – für die Vervollkommnung entschieden, aber viele seiner Erben gaben sich mit moralischer Mittelmäßigkeit zufrieden.

Alle moralpsychologischen Unzulänglichkeiten, mit denen das gewöhnliche Modell von Gerechtigkeit bei Aristoteles behaftet ist, sind wahrscheinlich den Erfordernissen der Fairness geschuldet. Um unparteiisch zu sein, darf man die ungerechte Person nicht im Ganzen betrachten, sondern nur jene Züge und Handlungen, die für die Beurteilung eines gegebenen Falles relevant sind. Ja, wenn man einen zu genauen Blick auf die Motive derer wirft, die zu viel nehmen und bekommen, mag man zu einem unfairen Urteil verleitet werden. Habgier reicht als oberflächliche Erklärung für das Verhalten aus, das für diejenigen, die ein Urteil fällen müssen, von Bedeutung ist. Außerdem wirkt es jeder Neigung, für die Gesetzlosen Mitgefühl zu haben, entgegen. Hält man, wie Platon, die Ungerechten für Opfer einer verwirrten Seele, könnte man versucht sein, eher sie als diejenigen, denen sie Schaden zugefügt haben, zu bemitleiden. Obwohl die ungerechte Person sich wahrscheinlich keines guten Lebens erfreut, ist das Opfer ohne Frage schlechter dran und das sollten wir nicht vergessen. Seien sie nun unglücklich oder nicht, der gesunde Menschenverstand lehrt uns, dass die Ungerechten nicht die wirklichen Opfer ihrer Untaten sind. Dennoch scheint niemand den Opfern der Ungerechtigkeit annähernd soviel Interesse entgegenzubringen wie denjenigen, die ihnen Unrecht antun.

Es überrascht nicht, dass die Opfer in der aristokratischen Ethik der Selbstvervollkommnung fehlen. Diese betrachtet in erster Linie den Charakter der Handelnden. Weder Platon noch Aristoteles widmen den letztendlichen Opfern der

Ungerechtigkeit so viel Aufmerksamkeit wie den Tätern. Es sind der ungerechte Bürgerregent oder die Tyrannen und ihre gestörten Seelen, die die größte Wichtigkeit besitzen. Platon meinte, von politisch Unterlegenen regiert zu werden und sich seinen niederen Trieben zu überlassen, seien parallele Erfahrungen von Ungerechtigkeit. In einer ungeordneten Polis zu leben, sei schlimm genug, doch an einer sich selbst zugefügten Schmach zu leiden, wie der Ungerechte es tut, sei schlimmer. Ein derart elendes Geschöpf ist ein wirkliches Opfer. Wir wissen, dass Sokrates lieber Selbstmord beging, als zuzulassen, dass seine Seele solch ein Schicksal erleide. Nur wirkliche Unwissenheit könne einen dazu bewegen.[40]

Sogar Aristoteles, der eine andere Ansicht vertrat – die nämlich Entschuldigungen für ungerechte Menschen ausschloss und in ihnen sicherlich auch keine Opfer erkannte –, konnte Mitgefühl für sie aufbringen. Niemand, der wirklich begriffen hätte, was ungerechtes Verhalten letztlich aus seinem Charakter mache, könne sich zu einem derartigen Verhalten entschließen. Denn das Ergebnis sei eine derart kranke Persönlichkeit, dass es den Ungerechten schlimmer ergehe als denen, die nicht den ihnen gebührenden Teil erhielten.[41] Selbst wenn man uns nicht darin bestärkt, Mitgefühl gegenüber der ungerechten Person zu empfinden, nehmen wir doch Anteil an ihrer persönlichen Situation. Sicherlich sollten wir genug Interesse für sie aufbringen, um ein weiteres Verderben ihres Charakters zu verhindern und sie zu bestrafen. Von Christen erwartet man natürlich, dass sie mit solchen Sündern Mitleid empfinden. Den Sündern gilt dabei eine weitaus größere Aufmerksamkeit als den wirklichen Opfern.

Die Suche nach ewiger Erlösung kann ebenso wie das aristokratische Verlangen nach Selbstvervollkommnung dazu führen, die Opfer der Ungerechtigkeit beiseitezuschieben. In

Augustinus' *Gottesstaat* erfahren wir, dass Opfer politischer Ungerechtigkeit, vor allem Sklaven, letztlich weniger Opfer seien als die Eigentümer – seien jene doch bei Weitem nicht so vielen Versuchungen ausgesetzt. Und wenn die Sklavin ihr Los geduldig ertrage, dürfe sie nach dem Tod ein besseres Leben erwarten als ihr stolzer Herr. Die Sklavin sei eher in der Lage, geistig frei zu sein, sei sie doch weniger als ihr Herr an materielle Besitztümer gebunden. Auch hier ist es wieder nicht diejenige, die einen sozialen Schaden erleidet, sondern der ungerechte Täter, der als das wahre Opfer erscheint.[42] In der durch und durch sündigen Welt seien zudem nicht nur die Herren die Opfer ihres Reichtums, auch die Regierenden seien besonderen moralischen Gefahren ausgesetzt. Alle Großen dieser Welt seien verdammt. Nach christlicher Auffassung sind die Mächtigen die wirklichen Opfer, während die Ärmsten und Elendesten die besten Chancen haben, der Sünde zu entgehen. Jedes Bild des Jüngsten Gerichts wird von den Vorteilen berichten, die sie genießen.

In deutlichem Kontrast zu dieser düsteren Auffassung und mit offensichtlichem Vergnügen behauptete Nietzsche, dass in den Tagen des fröhlichen Heidentums der Griechen Bestrafungen eine Unterhaltung gewesen seien, die es einem gestattete, der eigenen Grausamkeit gegenüber dem Opfer Luft zu machen.[43] Wenigstens herrschte zu jener Zeit kein Zweifel daran, wer das Opfer war. Außerdem habe sich niemand darum gesorgt, ob die Verfahren fair verliefen. Es spielt keine Rolle, dass es sich hierbei um ein historisches Wunschbild handelt, das höchstens auf die Götter zutraf. Es sollte auf die Vervielfältigung der Opfer und die Heiligung des Opferseins durch die denkenden Klassen Europas hinweisen. Nietzsche hätte mit Freuden der Überzeugung angehangen, dass der durchschnittliche Verbrecher eher ein wahrhaft sich Geltung verschaffender Machtmensch sei als ein erbärmlicher Stümper. Tatsächlich sind die meisten Verbrecher nicht nur keine Helden, sondern ziehen es vermutlich vor, sich als Opfer auszugeben, wenn gemeinhin auch nicht aus platonischen oder augustinischen Gründen.

Gewöhnliche Verbrecher werden eine Reihe offensichtlicherer Ausflüchte machen, sie werden etwa behaupten, die Opfer hätten – insbesondere bei Vergewaltigungen – den Angriff provoziert und sie zu ihrem Verbrechen verleitet. Sie mögen vorbringen, die Anklage sei völlig übertrieben. Und wenn es sich um Tätlichkeiten oder Betrug handelt, werden sie mit Sicherheit klagen, die Not habe sie zu ihren Taten getrieben. Aber, für uns am wichtigsten, könnten sie bei Rousseau und seinen Nachfolgern gelernt haben, dass eine ungerechte Gesellschaft ihnen die ungerechten Handlungen aufgezwungen habe – eine Gesellschaft, die ihre moralischen Empfindungen entstellt und verzerrt und sie aller materiellen und moralischen Unterstützung beraubt habe, sodass wiederum sie die eigentlichen Opfer seien. Man sollte nicht meinen, das sei bloße Heuchelei, vielmehr handelt es sich nur um die letzte aus einer langen Reihe von Begründungen, die im Verbrecher das wahre Opfer sehen. Die Stärke der Versuchung und die Empfindung, beständig ein Opfer der Gesellschaft zu sein, sind so wahr wie alle anderen Erklärungen, die aus dem ungerechten Menschen vorrangig das Opfer seines Verhaltens oder seiner Umgebung machen. Die christliche Sicht auf den geschädigten Sklaven als den Nutznießer der Ungerechtigkeit des Herren-Opfers ist nur ein weitaus extremeres Beispiel für die Verwandlung des ungerechten Menschen in das eigentliche Opfer. In keinem Fall aber wird das tatsächliche Opfer einer Ungerechtigkeit als ein solches behandelt. Dem ungerecht Handelnden wird die eigene Selbstbehauptung verwehrt und die Erfahrungen des Opfers werden verzerrt. Augustinus' wie Nietzsches Anhänger dürfen sich einbilden, es zahle sich aus, geschädigt zu werden. Die Opfer kommen entweder in den Himmel oder werden zu den siegreichen Unterdrückern des wahrhaft edlen und freien Menschen.

Die Macht derer, die zu Opfern wurden, mag nicht für jeden auf der Hand liegen, aber Nietzsche sah in ihrem Sieg einen kollektiven Triumph. Er sei das Ergebnis eines erfolgreichen Sklavenaufstandes gewesen, angeführt von ressentimentgeladenen Priestern, die schon immer entschlossen gewesen seien, den Freien und Edlen in Ketten zu legen und zu vernichten. Das war kein origineller Gedanke, denn bereits Kallikles hatte ihn Sokrates entgegengehalten.[44] Kallikles sah sich selbst in der Rolle des Opfers und des zu Unrecht Regierten – nicht, weil er schwach und hilflos war, sondern weil er sich in jeder Hinsicht den meisten anderen Menschen überlegen wusste. Da er mit ihnen nicht nach seinem Gutdünken verfahren konnte, meinte er, nicht zu erhalten, was ihm zustand. Eine sich gegenseitig schützende Gesellschaft unterlegener Menschen habe sich gegen ihn verschworen und regiere nun die Stadt. Die Schwachen hätten sich vereinigt, um die ihnen Überlegeneren abzuwehren, auf die sie nun ihre unterdrückende und ungerechte Herrschaft ausdehnten. Weit davon entfernt, sich zur Unterwerfung unter das ethische und politische System seiner Peiniger verpflichtet zu fühlen, verfolgte Kallikles nur die Absicht zu tun, was ihm beliebt, ihren Gesetzen und Regeln zum Trotz.

Kallikles – und das sollte man festhalten – ist nicht irgendein armseliger Gauner oder ein kleiner Dieb. Er ist das Muster eines Griechen, der seine Gesetzlosigkeit offen erklärt, weil er meint, einen vollkommenen Anspruch darauf zu haben, selbst zu herrschen, und zwar zu seinem eigenen Wohl. Er glaubt nämlich, in jeder Hinsicht besser als andere Menschen zu sein. Stimmt man seiner Einschätzung von sich selbst und seiner Situation zu, dann ist er in der Tat das Opfer der vereinigten Kraft der Verdammten dieser Erde. *Der Staat* ist weitgehend eine Antwort auf Kallikles' trotzige Herausforderung, wie sie von Sokrates' jungen, gequälten Freunden dargestellt wird, die wollen, dass Sokrates sie vernichtend abweist.

Gewöhnliche Gerechtigkeit kann einem Kallikles wenig entgegenhalten, denn am Ende wird uns nicht gesagt, dass die Weisheit der wahrhaften Regenten, die seine edlen Widersacher sind, sie glücklicher machen würde. Ihr Leben wäre harmonisch und vernünftig, würden sie die Stadt gemäß einer Vision der Wahrheit regieren und nicht als Mittel zur Erfüllung ihrer grenzenlosen und stetig wachsenden Begierden, wie Kallikles es täte, bekäme er seinen Willen. Kallikles' psychologisches Programm ist vielleicht undurchführbar, aber wenn er wirklich so überlegen ist, dann gibt es für ihn keinen Grund, die Herrschaft der ihm Unterlegenen, wie zahlreich sie auch seien, als gerecht zu akzeptieren. Er mag ein potentiell gesetzloser Verbrecher sein, reif für die Verbannung, doch aus seiner Perspektive ist er das Opfer eines Systems konventioneller Gerechtigkeit, die ihm nicht gibt, was ihm seiner Meinung nach zusteht. Aus Sokrates' Perspektive war Kallikles tatsächlich ein Opfer, nicht das der anderen, sondern das seiner eigenen gestörten Leidenschaften. Weder Nietzsche noch Kallikles hätten diese Ansicht geteilt. Und ihre Opfer, wenn sie welche gehabt hätten, würden auch anders über sie geurteilt haben.

Was ist nun mit den wirklichen Opfern der Ungerechtigkeit? Die Philosophie hat nicht viel über sie zu sagen, auch wenn sie sie nicht eigens verurteilt. Kallikles und Nietzsche zum Trotz aber kommt es auf die Opfer an. Wie steht es um den Charakter der Geschädigten? Was wissen wir über sie? Solange wir ihre Erfahrungen nicht uneingeschränkt in

Betracht ziehen, ist das Bild der Ungerechtigkeit unvollständig. Man versteht, warum ein aristokratisches Ethos ihnen gegenüber relativ gleichgültig ist, aber keine demokratische politische Theorie kann den Sinn für Ungerechtigkeit übergehen, der in der Psyche eines Opfers von Ungerechtigkeit schwelt. Sollte die Demokratie eine moralische Dimension haben, dann ist es die, dass das Leben aller Bürger von Bedeutung ist und dass sich ihr Rechtsempfinden durchsetzen muss. Zumindest verdient jeder, angehört zu werden, und die Art und Weise, in der Bürger ihre sozialen und persönlichen Kränkungen wahrnehmen, kann nicht außer Acht gelassen werden. Das demokratische Ethos nimmt an, dass wir alle einen Sinn für Ungerechtigkeit besitzen und dass er eine wichtige Rolle darin spielt, wie wir einander und unsere Gesellschaft beurteilen. Die Stimme des Opfers – des Menschen, der angibt, ungerecht behandelt worden zu sein – darf also in einer Demokratie prinzipiell nicht zum Schweigen gebracht werden. Doch wer sind die Opfer? Wie ist es, ein Opfer zu sein?

Es ist unmöglich, Opfer zu charakterisieren. Sie sind schlicht Menschen, die sich zur falschen Zeit am falschen Ort in der falschen Gesellschaft wiederfanden. Der ungerechte Mensch hat einen ganzen Charakter, das Opfer nicht einmal eine Rolle. Viele Opfer von heute werden morgen andere zu Opfern machen. Opfersein ist ein passiver Begriff, wie man nur allzu deutlich an der Herkunft des Wortes *victim* erkennen kann. Dem Oxford English Dictionary zufolge bezog sich das Wort früher auf Lebewesen, die man tötete und einer Gottheit opferte. Erst seit dem 17. Jahrhundert wurde es auch auf Menschen angewandt, die zu Tode gebracht oder einer grausamen und unterdrückenden Behandlung unterworfen werden. Schließlich erstreckte sich seine Bedeutung auch auf diejenigen, die bloß übervorteilt wurden, und selbst auf solche, die in Folge freiwilliger Handlungen Leid erfahren. Diese Definitionserweiterung mag einen Zuwachs an Menschlichkeit zum Ausdruck bringen, doch hat sie die Zahl der unter uns lebenden Opfer kaum verringert.

Unsere beharrliche Grausamkeit kommt in den Schrecken des Bürgerkrieges ebenso offensichtlich zum Ausdruck wie in dem Vergnügen daran, andere auszulachen. Außerdem genießen es die meisten von uns, sich einmal richtig auf Kosten der Opfer zu amüsieren. Slapstick-Komödien beruhen auf dieser Neigung. Was ist schon lustiger als ein unschuldiger Passant, der eine Sahnetorte ins Gesicht bekommt, auf einer Bananenschale ausrutscht und auf einem Müllwagen landet? Gesellschaftskomödien sind fast immer auf Kosten der glücklosen Opfer lustig. Molières unsterblicher George Dandin mag für sie alle stehen. Er ist ein reicher Bauer, der in eine verarmte Adelsfamilie einheiratet. Seine Frau betrügt ihn, seine Schwiegereltern machen ihn lächerlich und behandelt ihn mit Verachtung. Und wenn er in der Mitte des Stücks ausruft: »Du hast's gewollt, es geschieht dir ganz recht!«,[45] lacht das Publikum und lacht immer weiter, während das Leben dieses armen Mannes schrecklicher und schrecklicher wird. Es ist alles andere als selbstverständlich, dass wir uns spontan auf die Seite des Geschädigten und Zurückgewiesenen stellen. Nur einige tun das, gelegentlich.

Obwohl es wahrscheinlich unmöglich ist, alle Formen des Opferseins aufzuzählen, gibt es keinen Grund, sie alle durch rein individuelle Akte der Ungerechtigkeit zu erklären. Sie fallen sicherlich ins Auge, aber sowohl von Menschen herbeigeführte wie auch natürlich verursachte Katastrophen sind für eine große Anzahl von Opfern verantwortlich. Ja, oftmals ist der Unterschied zwischen ihnen für ein Verständnis der Ungerechtigkeit entscheidend. Es reicht jedoch nicht aus, nur auf die Ursachen der Leiden zu sehen; auch dem Selbstverständnis der Opfer muss in einer vollständigen Theorie der Ungerechtigkeit Rechnung getragen werden. Außerdem sollte sich eine solche Theorie sowohl mit den *formellen* wie den *informellen* Opfern beschäftigen – mit denen, die sowohl dem Recht wie den Konventionen nach als solche anerkannt sind, und denen, die auch in den besten gesellschaftlichen Bestandsaufnahmen von Ungerechtigkeiten nicht auftauchen.[46] Denn es gibt viele Opfer, die ganz und gar außerhalb des Bereichs öffentlicher Regeln stehen. Dies ist weiterhin der Fall, auch wenn sich das Recht durch den Prozess der Demokratisierung zunehmend mit den Opfern von Verbrechen beschäftigt.

Neuseeland war das erste Land, Gesetze zu verabschieden, die den Opfern von Straftaten Ausgleichszahlungen, Entschädigungen und soziale Dienstleistungen garantieren, und mehrere Bundesstaaten der USA haben mittlerweile nachgezogen. Diese allmählichen, aber wirklichen Veränderungen werden nun von einer wachsenden Literatur über Viktimologie begleitet. Vor allem die Schrecken unserer Welt seit dem Ausbruch des Zweiten Weltkrieges und der Anstieg der Gewaltverbrechen in den amerikanischen Städten haben solche Texte angeregt. Ihre Autoren neigen dazu, radikal zu sein. Sie haben bemerkt, dass die meisten Opfer von Verbrechen, und nicht nur die Verbrecher selbst, zu den Armen gehören. Doch trotz der Tendenz dieser Literatur gibt es keinen Grund, nicht auch aus der Mittelschicht stammende Opfer von gebrochenen Versprechen und Betrug zu berücksichtigen. Politisch bedeutsam wird Viktimologie, weil sie zeigt, dass der Sinn für Ungerechtigkeit demokratische Reaktionen bewirkt und dass er nicht nur vor sich hin schwelt, sondern zu neuen Institutionen führt.

Trotz dieser Veränderungen hat das gewöhnliche Modell von Gerechtigkeit weiterhin enorme Schwierigkeiten, mit den Opfern zurechtzukommen. Es beschränkt sich darauf, ihre Situation anhand bestehender Regeln zu beurteilen; das reicht aber nicht aus, um Opfer zu identifizieren. Zum Opfersein gehört ein unabweisbar subjektives Moment, das das gewöhnliche Modell von Gerechtigkeit nicht ohne Weiteres berücksichtigt. Wenn ich das Opfer enttäuschter Erwartungen bin, wer kann dann darüber entscheiden, ob ich sie zu Recht oder zu Unrecht gehegt habe? Gab es eine Regel, eine Sitte oder ein Einvernehmen, wie ich behaupte, oder nicht? Hätte es sie geben sollen? Irre ich mich, bin ich unaufrichtig oder im Recht? Wer kann das entscheiden? Sollten wir dem Opfer, das benachteiligt ist – eingedenk der Tatsache, dass zwischen uns immer in irgendeiner Hinsicht Ungleichheit herrscht –, oder dem scheinbaren Nutznießer seiner Lage Vertrauen schenken? Und das ist nicht alles. Wenn gesellschaftliche Umstände oder ideologische Veränderungen neue Erwartungen schaffen, die allen vorherigen Annahmen zuwiderlaufen, wer kann dann darüber befinden, welche Regeln es, wenn überhaupt, einer Gruppe erlauben, sich als Opfer zu fühlen oder nicht? Haben sie die Regeln gemacht? Wer tat es und zu wessen Vorteil? Sollte es Regeln geben, die in solchen Konfliktfällen entscheiden, dann sind sie, wenn erst einmal Zweifel zur Sprache gebracht wurden, alles andere als eindeutig. Und in einer pluralistischen Gesellschaft mit vielen sich verändernden Regeln und widerstreitenden Ordnungen ist es unmöglich, sie überhaupt zu formalisieren. Ja, oftmals handeln wir Vergleiche aus, von denen viele alles andere als gerecht sind, einfach um unsere verschiedenen Vorhaben durchführen zu können, und die Opfer »müssen lernen, damit zu leben«. Das mag sehr wohl das Höchste unserer Möglichkeiten sein. Solche Fragen aufzuwerfen, heißt nicht, nach Antworten zu suchen oder welche vorzuschlagen, sondern nur anzuerkennen, was wir bereits über uns wissen.

Nicht nur politische Bequemlichkeit und moralische Meinungsverschiedenheiten erschweren uns die Erkenntnis, wer die wirklichen Opfer sind. Menschen unterscheiden sich schlicht sehr deutlich darin, was sie persönlich als ungerecht empfinden.[47] Wir weigern uns nicht nur häufig, die Opfer zu erkennen, oft sind sie selbst nicht fähig oder willens, ihre Klagen vorzubringen. Darüber hinaus muss ein Moment von Selbstidentifikation im Spiel sein. Viele, die Außenstehende für Opfer halten könnten, betrachten sich selbst nicht so. Die geschlagene Ehefrau, die weder die Polizei rufen noch eine Klage einreichen will, ist nicht die Einzige, die sich nicht als öffentliches Opfer sehen möchte. Die Weigerung, Opfer zu sein, hat subtilere Gründe als Furcht und Hilflosigkeit. Häufig sind sie von großer politischer Bedeutung, vor allem für Menschen, denen die Mitgliedschaft in einer bestimmten Gruppe von außen zugeschrieben wird.

Gerade die gesellschaftliche Diskriminierung von Mitgliedern solcher Gruppen ist eine simple Art von Taschenspielertrick. Erst wirft man den Opfern zu Unrecht Fehler und Versagen vor und dann behandelt man sie entsprechend. Aber überraschenderweise wollen viele die Ungerechtigkeit ihrer Situation nicht einsehen. Eine extreme Antwort auf diese Art von Ungerechtigkeit ist, »sich mit dem Aggressor zu identifizieren« und seine Verunglimpfung unterwürfig als wahrhaft verdient hinzunehmen. In diesem Fall hasst die geschädigte Person sich selbst, glaubt aber nicht, sie sei das Opfer einer Ungerechtigkeit. Sie empfängt nur die Verachtung und Geringschätzung, die sie zu verdienen meint.[48] Weit weniger selbstzerstörerisch ist es, wenn Frauen vorziehen, ihre Selbstachtung zu wahren und nicht alle erlittenen Ungerechtigkeiten aufrechnen. Viele Frauen, denen bewusst ist, dass Beschäftigungsverhältnisse und Gehälter von Frauen im Allgemeinen ungerecht sind, werden gleichwohl – trotz gegenteiliger Beweise – bestreiten, dass sie persönlich jemals ungerecht behandelt worden sind. Es gibt immer ein Dutzend Umstände, die den eigenen Fall zur Ausnahme machen, der daher nicht wirklich ungerecht ist. Man weiß, dass Arbeiter häufig genauso handeln. Dies mag jene aufbringen, die sich fragen, warum sich Arbeiter nicht so verhalten, wie Marx es von ihnen erwartete. Doch unverständlich ist das nicht. Die meisten wollen sich nicht als Opfer sehen; nichts könnte schließlich erniedrigender sein. Die meisten von uns würden lieber die Realität uminterpretieren als zuzugeben, dass wir Ungerechtigkeiten hilflos ausgeliefert sind. Sogar Selbsttäuschung ist besser, als sich Niederlagen eingestehen zu müssen.[49]

Es gibt immer Wege, die Tatsache, ein Opfer zu sein, ins Gute zu wenden und sie in einen Vorteil umzumünzen. Selbst die Opfer »zuschreibender« Ungerechtigkeit,[50] besonders die Opfer rassistischer oder religiöser Diskriminierung, mögen Stolz und Stärke daraus beziehen, dass sie sich selbst mit ihren Folterern vergleichen, wie es viele Juden über die Jahrhunderte hinweg taten. Doch in Wahrheit leiden sehr viel mehr Menschen schweigend und beschuldigen sich selbst. Und viele Opfer lernen, wie Frauen es häufig tun, hilflos zu sein, was ihnen erlaubt, dem Bewusstsein zu entfliehen, dass sie Opfer sind. Sie müssen allerdings einen schrecklichen Preis dafür zahlen. Letztlich ist die Weigerung, der Ungerechtigkeit ins Gesicht zu sehen, weder realistisch noch fair. Sie spendet allenfalls einen gewissen Trost, denn es scheint so, als hätten die meisten von uns das starke Bedürfnis, an eine gerechte Welt zu glauben, in der die Menschen normalerweise erhalten, was sie verdienen. Die Opfer zu beschuldigen ist eine allgemein verbreitete Reaktion. Sie kann aber nicht einfach auf niedere Gesinnungen zurückgeführt werden, sie bringt auch unser Bedürfnis zum Ausdruck, der gesellschaftlichen Ordnung, in der wir leben, vertrauen zu können.[51]

Trotz unserer gewöhnlichen Gleichgültigkeit und Schlimmerem ist es gleichwohl nicht das wirkliche und bewusste Opfer allein, das Ungerechtigkeit als Ungerechtigkeit erkennt. Menschen, die sich aus ideologischen Gründen der Sache der Opfer verschreiben, haben Ungerechtigkeit und ihre Demütigungen oft nicht am eigenen Leib erfahren. Politik, vor allem die Politik des Protests, ist kein eigennütziges Unternehmen. Überzeugung, nicht Eigeninteresse, ist die treibende Kraft, besonders, wenn es um Symbolpolitik geht. Die radikalsten franko-kanadischen Studierenden gaben bereitwillig zu, dass sie persönlich ein sehr gutes Leben führten, und die Leute, die sich am heftigsten gegen Schulbusse als Mittel der Rassenintegration zur Wehr setzten, hatten selten Kinder in den betroffenen Schulen.[52] Menschen, die sich der politischen Sache der Verdammten dieser Welt verschreiben, müssen häufig nicht unter einem sie persönlich betreffenden Sinn für Ungerechtigkeit leiden.

Diejenigen politischen Akteure, die sich zur Identifikation mit den Opfern entschieden haben, handeln so, wie diese ihrer Überzeugung nach handeln sollten. Man könnte sagen, sie werden zu Stellvertretern der Opfer, die selbst nicht mehr die Kraft haben, gegen eine Ungerechtigkeit anzugehen. Es ist wahrscheinlicher, dass sie sich an politischen Protesten beteiligen. Tatsächlich haben Menschen, die sich wehren, die Neigung, einer Sache zu dienen und ihren eigenen Wert sowie ihre Kraft positiv einzuschätzen. Selbstverständlich kann es sich dabei auch um gefährliche Fanatiker handeln und möglicherweise ziehen wir ein gewisses Maß an Ungerechtigkeit ihrem rechtschaffenen Eifer und der Art politischer Herrschaft vor, die sie uns aufzwingen wollen. Wir sollten auch nicht die politischen Scharlatane vergessen, die die Nöte anderer in ihren Vorteil ummünzen. Sie sind, gelinde gesagt, schlechte Bürger – freilich nicht die einzigen, wenngleich sie uns daran erinnern, wie gefährlich ein erbarmungsloser Sinn für Ungerechtigkeit sein kann.

PASSIVE UNGERECHTIGKEIT: WIE MAN EIN SCHLECHTER BÜRGER IST

Ungerechtigkeit gedeiht nicht nur, weil die Regeln der Gerechtigkeit tagtäglich von ungerechten Menschen verletzt werden. Die passiven Bürger, die sich von wirklichen und potentiellen Opfern abwenden, tragen ihren Teil zur Summe des Unrechts bei. Einer der Mängel des gewöhnlichen Modells besteht darin, dass es nur die Handelnden betrachtet, nicht diejenigen, die durch eigene Untätigkeit zur Ungerechtigkeit beitragen. Dies ist keine notwendige Schwäche. Schließlich war es ein berühmter römischer Anwalt – Cicero –, der sehr wirkungsvoll die universale Vorherrschaft der passiven Ungerechtigkeit beleuchtet hat. Auch er war in vielen Hinsichten ein Skeptiker. Doch anders als Platon wandte er sich nicht von republikanischer Staatsbürgerschaft ab. Außerdem waren seine Auffassungen weit weniger beschränkt, als es Augustinus' Angriffe auf ihn vermuten lassen. Als ausgezeichneter Jurist war er ein glühender Anhänger des gewöhnlichen Modells, der sich besonders um Fairness und den Zugang zu öffentlichen juristischen Leistungen kümmerte. Ciceros Kritik war schneidend, eben weil er meinte, wir wüssten eigentlich genug, um auch gerecht zu sein. Die Mängel, die er im gewöhnlichen Modell entdeckte, waren politischer, nicht kognitiver Art. Daher trug er als Staatsbürger und nicht als Philosoph zur Theorie der Ungerechtigkeit bei.

Cicero erweiterte und schmückte das gewöhnliche Modell derart aus, dass er die Vorstellung von Ungerechtigkeit mit einer neuen Dimension versah. Als er über Ungerechtigkeit nachdachte, hatte man ihn schon aus dem öffentlichen Leben vertrieben. In tiefer Gemütsverbitterung gelangte er dazu, sie dort aufzuspüren, wohin die meisten Römer ihre Augen nicht wenden wollten, etwa bei ihrer Behandlung loyaler Verbündeter, die sie töteten, wenn es ihnen zupasskam. Cicero befürchtete zudem, dass das Recht selbst, während es verfeinert und komplexer werde, seine eigenen Ungerechtigkeiten schaffen könne. Aber seine wirkliche Originalität lag darin, dass er zwei Arten von Ungerechtigkeit unterschied – die aktive und die passive.[53] »Wer dem Schlechten nicht entgegentritt oder es verhindert, hat er die Macht dazu, ist ebenso schuldig, unrecht gehandelt zu haben, als verriete er sein Vaterland.« Dies ist ein Gedanke, der für jede antike oder moderne Theorie, die sich mit dem Gedanken republikanischer Bürgerschaft beschäftigt, von besonderer Bedeutung ist.

Passive Ungerechtigkeit besteht in mehr als nur darin, nicht gerecht zu sein. Passiv ungerecht zu sein bedeutet, die persönlichen Maßstäbe von Staatsbürgerschaft zu unterschreiten. Ohne Zweifel wurde der Ungerechtigkeit in Ciceros republikanischer Ideologie ein weitaus größerer Wirkungskreis zugesprochen, als ihr im gewöhnlichen Modell zukommt, das dazu neigt, nur aktives Fehlverhalten zu betrachten. Es lässt die Übel außer Acht, die wir dadurch verursachen, dass wir die Angelegenheiten, die uns nicht unmittelbar betreffen, einfach ihren Lauf nehmen lassen. Aristoteles erwähnt nicht, dass es passiv ungerechte Menschen gibt, obwohl Platon sich dessen, wie man erwarten könnte, sehr wohl bewusst war. Er meinte, ein kräftiger Mensch, der nicht einschreitet, wenn ein junger Raubmörder einen alten Mann überfällt, sei ebenso schuldig wie der Angreifer.[54]

Man muss sich klarmachen, dass passive Ungerechtigkeit ein Begriff ist, der sich strikt aus der Vorstellung dessen ergibt, was es heißt, ein Staatsbürger zu sein. Er muss nicht von irgendeiner besonderen Moraltheorie untermauert sein, weder von negativen noch von positiven Spielarten des Utilitarismus, auch nicht von Vertragstheorien oder einer Pflichtenlehre. Alle diese Entwürfe könnten dazu dienen, eine Theorie aktiver republikanischer Bürgerschaft zu entwickeln, die passive Ungerechtigkeit verurteilt. Rein menschliche moralische Konflikte wären für eine solche Theorie außerdem keine Themen.[55] Passive Ungerechtigkeit bezieht sich auf unsere öffentlichen Rollen und ihren politischen Kontext – auf die Tatsache, dass wir Bürger in einer konstitutionellen Demokratie sind. Von Untertanen einer Schreckensherrschaft, sei sie nun modern oder traditionell, kann man vernünftigerweise nicht erwarten, dass sie sich politisch wie die Bürger einer freien Republik verhalten.[56] Letztere haben andere Rechte, Verantwortlichkeiten, Möglichkeiten und Erwartungen aneinander. Passive Ungerechtigkeit bezeichnet das Versagen dieser republikanischen Bürger, ihre hauptsächlichen Aufgaben wahrzunehmen: nämlich darauf zu achten, dass die Regeln der Gerechtigkeit aufrechterhalten werden, und aktiv jene informellen Beziehungen zu unterstützen, auf denen die republikanische Ordnung beruht und die ihr Ethos vorschreibt. Es sollte ihnen nicht genügen, darauf zu warten, dass staatliche Instanzen einschreiten, wenn ein klar zutage tretendes öffentliches Unrecht begangen worden ist.

Passiv ungerecht zu sein bedeutet nicht, es an Nächstenliebe fehlen zu lassen, die mehr von uns verlangt. Der Heilige gewährt Hilfe, die über die menschlichen Regeln und selbst den Ruf der Pflicht hinausgeht; er steht höher als alles, was gerecht oder richtig genannt werden kann. Der passiv ungerechte Mensch wird nicht beschuldigt, nicht über die Grenzen der Pflicht hinausgegangen zu sein, sondern nicht erkannt zu haben, dass seine Rolle als Staatsbürger mehr einschließt, als die gewöhnliche Gerechtigkeit verlangt. Der gewöhnlich ungerechte Mensch ist schuldig, Gesetz und Sitte zu missachten, indem er sie aktiv verletzt, und auch, weil er unfair handelt. Der passiv ungerechte Mensch jedoch tut etwas anderes – ihm ist es schlicht gleichgültig, was um ihn herum geschieht, insbesondere wenn er zum Augenzeugen von Betrug und Gewalt wird. Er versagt in seiner Eigenschaft als Bürger. Sein Versagen gründet nicht in einem Mangel an allgemein menschlicher Güte. Wenn er eine rechtswidrige Handlung oder ein Verbrechen sieht, schaut er einfach weg.[57] Handelt es sich um einen Staatsdiener, ist sein Vergehen besonders schwerwiegend. Er ist ein Tyrann, der die Ungerechtigkeit dadurch entschuldigt, dass er sie übersieht, oder ein gleichgültiger Beamter, der nichts tut, um soziale oder natürliche Katastrophen zu mildern oder zu verhindern. Er ist es, der immer zuerst sagt, »das Leben ist ungerecht«, und dabei die Opfer vergisst.

In Ciceros Denken ist Ungerechtigkeit ein bürgerliches Laster, einzigartig in Charakter und Reichweite. Es ist weder die Summe aller Schlechtigkeiten noch vollkommene Unredlichkeit, sondern umfasst all jene Laster, die eine schlechte Regierung auszeichnen, sowie jene der gleichgültigen Bürger, die sie wachsen und gedeihen lassen, auch wenn sie zu verhindern gewesen wären. Dieses Versagen ist typisch für Personen, die die Vorteile einer konstitutionellen Demokratie genießen, aber nichts tun, um sie aufrechtzuerhalten. Ungerecht sind nicht allein diejenigen, die unmittelbar aus ungerechten Handlungen Nutzen schlagen, sondern diejenigen, die ihre Augen vor der Ungerechtigkeit verschließen, die in ihrer Mitte herrscht.

In unseren Städten würde ein Geistesverwandter Ciceros nicht nur die Ungerechtigkeiten sehen, die von Beamten, Verbrechern oder Betrügern begangen werden, sondern gerade auch die Ungerechtigkeiten von Bürgern, die sich weigern, Verbrechen anzuzeigen, die Polizei zu verständigen, als Zeugen vor Gericht aufzutreten und den Opfern zu Hilfe zu eilen, nur weil das mit Unannehmlichkeiten verbunden ist. Sie schweigen zu Gesetzen und Verordnungen, die sie für ungerecht und unterdrückend halten. Wenn sie überhaupt einen Grund dafür anführen, persönliches Engagement zu scheuen, dann lasten sie dies ihren Nachbarn und der Polizei an. Aber das trifft nicht einmal auf den typischen passiven Bürger zu – der zieht es einfach vor, dass ihm ein anderer seine Pflicht abnimmt. Er ist ein Trittbrettfahrer und nichts sonst. Normalerweise wählt er nicht, geht nicht zu Versammlungen, hält sich nicht auf dem Laufenden und äußert seine Meinung nicht. Und es wirft ein schlechtes Licht auf das Gemeinwesen, in dem ein Bürger lebt, wenn es ihn zu solch einer Passivität ermutigt.

Was ist das für ein Mensch, der Gewalt und Betrug nicht entgegentritt, obwohl er es könnte? Passiv ungerecht ist nicht derjenige, der versäumt, über die gewöhnlichen Pflichten eines Bürgers hinauszugehen, um mehr als das moralisch Gebotene zu tun oder Heiliger und Held zu sein. Denn dazu ist vermutlich niemand verpflichtet.[58] Betrug und Gewalt zu verhindern, wenn wir es können, ist eine Handlung, die uns als Bürgern ansteht, und keine Handlung besonderer Menschlichkeit. Passiv ungerecht sind wir nicht nur bei aufsehenerregenden Fällen, wie demjenigen von Kitty Genovese, die ermordet wurde, während ihre Nachbarn hinter den Fenstern standen und zusahen, offenbar zu gleichgültig oder zu verängstigt, um die Polizei zu rufen.[59] Passiv ungerecht sind wir vielmehr auch, wenn wir unsere Augen vor kleinen alltäglichen Ungerechtigkeiten verschließen, selbst wenn wir uns von solch harmlosen Motiven leiten lassen wie kein Aufhebens machen zu wollen, nicht querulantisch zu sein oder nicht die Ruhe zu stören, welche immer das auch sein mag.

Wenn wir den Nachbarn lieber ruhig seine Frau schlagen lassen als einzuschreiten, oder beiseite schauen, wenn ein Kollege regelmäßig aus reiner Faulheit Noten willkürlich und nach dem Zufallsprinzip verteilt, dann sind wir passiv ungerecht. Wir mögen sagen, Streit in der Familie sei eine Privatsache und die betreffende Ehefrau ohnehin kein angenehmer Mensch. Wir können argumentieren, der höfliche Umgang zwischen Fakultätsmitgliedern sei wichtiger als ein faires Verhalten gegenüber Studierenden, aber der Preis für diese Ruhe wäre doch Ungerechtigkeit. Diese Beispiele zeigen, dass niemand schwerer an der Last passiver Ungerechtigkeit zu tragen hat als der einzelne Bürger. Unsere Feigheiten und Ausflüchte haben sowohl öffentliche wie private Folgen. Amerikanische Staatsbürgerschaft findet schließlich nicht nur im politischen Mitspracherecht ihre Krönung, sondern auch in der Demokratie des täglichen Lebens, in den Gebräuchen der Gleichheit und in der Gegenseitigkeit gewöhnlicher Verpflichtungen zwischen Staatsbürgern. Dieses Ideal bleibt oft unerfüllt, weil wir uns so häufig dafür entscheiden, passiv ungerecht zu sein.

Nehmen wir den Fall eines Kunden, dem der Kassierer in einem Supermarkt falsches Wechselgeld herausgibt. Es handelt sich um 2,50 Dollar und das ist für ihn eine beträchtliche Summe. Er protestiert, wird aber abgewimmelt. Der Kassierer ist klarerweise aktiv ungerecht. Die Frau, die hinter dem Kunden in der Schlange steht, verhält sich jedoch passiv ungerecht, wenn sie, wofür es sicherlich keine Entschuldigung gibt, an dieser Stelle nicht einschreitet. Ihre Motive mögen von Misanthropie zu bloßer Eile reichen, aber das ändert nichts an der Tatsache, dass sie sich heraushält, obwohl keine Gefahr für sie besteht. Wir verfügen über zuverlässige empirische Belege dafür, dass sie möglicherweise einschreiten würde, wäre sie allein in der Schlange, doch wenn andere Personen um sie herumstehen, wird sie nichts tun – teils aus Sorge aufzufallen, teils in der Hoffnung, dass ein anderer die Verantwortung übernimmt. Die meisten Menschen sind sich in einer solchen Situation vollkommen darüber im Klaren, was sie tun: Sie spielen der Ungerechtigkeit in die Hände, können sich jedoch nicht dazu aufraffen, etwas zu tun, obwohl sie die besten Voraussetzungen haben, dem beobachteten Unrecht entgegenzutreten.[60]

Der geschädigte Kunde wendet sich nun mit einer Beschwerde an die Geschäftsleiterin. Aber die wimmelt ihn ebenfalls ab. Gewiss gehört es zu ihren Aufgaben, sich seiner Beschwerde anzunehmen. Man könnte sagen, dass sie in Anbetracht ihrer Rolle ebenso aktiv ungerecht ist wie der Kassierer, vielleicht sogar noch ungerechter. Sie steht in einer Hierarchie und ihre Verantwortung sollte ihrer Autorität entsprechen. Es sollte ihre Sache und nicht die der anderen Kunden sein, darauf zu achten, dass niemand zu kurz kommt. Sie ist doppelt ungerecht, sowohl als Geschäftsleiterin wie als Bürgerin. Sie sieht es freilich anders, denn in Ruritanien[61] gibt es zu wenig Arbeitskräfte und es ist ihre Pflicht, dafür zu sorgen, dass die Angestellten sich leidlich wohlfühlen. Sie betrachtet ihre Rolle als Geschäftsleiterin aus der Innenperspektive und hält ihre Pflichten gegenüber dem Betrieb für mildernde Umstände. Doch nicht allein ein Rollenkonflikt bewegt sie, auch ideologische Überzeugungen sind im Spiel – und Ideologie darf man nie vernachlässigen, wenn man Ungerechtigkeit bewerten will. Unsere Geschäftsleiterin ist eine glühende Anhängerin des Kommunitarismus[62] und auch ihr Arbeitgeber pflegt Mitglieder ihrer gemeinsamen ethnischen und religiösen Gruppe einzustellen und zu schützen. Beide sind in dem Glauben erzogen worden, dass die Bewahrung dieser Bindungen und der Traditionen, die ihre Gruppe zusammenhalten, einen stärkeren Anspruch an ihre Loyalität stellt als die Regeln der Gesellschaft im Ganzen. Sie meinen, auch andere Gruppen sollten diesem Ethos folgen. Unsere Geschäftsleiterin wird den Kassierer später tadeln und zurechtweisen, nicht jedoch in Gegenwart von Fremden. Die Vergehen der Angestellten sind ihr also nicht gleichgültig, aber Gerechtigkeit gegenüber einem Außenstehenden ist für sie moralisch betrachtet weit weniger wichtig als die Solidaritätsbande innerhalb der Gemeinschaft.

Wir können zumindest sagen, dass die Geschäftsleiterin schließlich dafür eingestellt worden ist, den Betrieb reibungslos laufen zu lassen, und dass sie eine ideologisch begründete Entschuldigung für ihr Verhalten hat. Deshalb schickt sie unseren Kunden zum ruritanischen Amtsgericht, das für kleinere Beschwerden dieser Art zuständig ist. Dort wird er abgewiesen, weil sich das Gericht nicht mit Streitfällen unter 5 Dollar beschäftigt. Dies steht in Einklang mit der primären Gerechtigkeit, denn die Ruritanier ließen in den letzten Wahlen wissen, dass sie nicht wünschten, Steuern für weitere Beamte und weitere öffentliche Leistungen auszugeben, die stattdessen dem Bau neuer Schulen und Einrichtungen zur Abwasserbeseitigung zukommen sollten. Bildung und Gesundheit sind in der Tat wichtige Werte. Dennoch sind 2,50 Dollar eine Menge Geld für unseren armen älteren Kunden und er hat sicherlich allen Grund, sich ungerecht behandelt zu fühlen. Man hat ihm überall die Tür gewiesen.

Wer war am ungerechtesten? Der Kassierer und die schweigende Kundin können, im Gegensatz zu den anderen, überhaupt keine Entschuldigung geltend machen. Letztere tritt in dieser Geschichte rein als Bürgerin auf, die sich nicht auf andere, sie in Anspruch nehmende Verpflichtungen berufen kann. Sie macht sich am meisten der passiven Ungerechtigkeit schuldig. Die Ausflucht der Geschäftsleiterin muss gegen ihre Verantwortlichkeiten abgewogen werden, aber ihre ideologische Haltung begründet keinen völlig wertlosen Anspruch. Das Gericht konnte nicht anders handeln. Es hat nicht einfach Anordnungen Folge geleistet, sondern sich so verhalten, wie es einer demokratischen Institution zukommt. Soweit es all diese Zuschauer betrifft, handelt es sich selbstverständlich bloß um ein Unglück. Niemand ist in einer Position, etwas an der anfänglichen Ungerechtigkeit des Kassierers zu ändern oder sich des armen Kunden anzunehmen. Am Anfang stand eine Ungerechtigkeit, die sich am Schluss als ein Unglück herausstellte. Pech. Tatsächlich aber hätten all diese Leute die Regeln ihres »Spiels« übertreten und auf die Klage des Mannes reagieren können. Sie alle sind passiv ungerecht. Die Bürgerin hielt still, die Geschäftsleiterin zog ihren Gemeinschaftssinn der Gerechtigkeit vor und selbst der Justizangestellte hätte ein privates Wort mit dem Geschäftsbesitzer wechseln können. Man kann aus diesem durch und durch alltäglichen Ereignis nur zwei mögliche Schlüsse ziehen: Uns liegt nicht so viel an Gerechtigkeit wie wir behaupten und in Wahrheit bevorzugen wir Ruhe und eine vielgestaltige Gesellschaft, selbst wenn sie ungerecht sein sollte. Zweitens kann Ungerechtigkeit nicht entscheidend vermindert werden, ohne eine massive und wirkungsvolle Umerziehung aller Staatsbürger zu bürgerschaftlicher Tugend. Da wir die Freiheit dieser Aussicht vorziehen, ist es nur fair zu sagen, dass wir uns zu passiver und aktiver Ungerechtigkeit entschieden haben. Für unsere zahllosen ungerechten Handlungen lassen wir uns allerhand plausible Entschuldigungen einfallen. Und der am weitesten verbreitete Trick besteht darin, Ungerechtigkeit in Unglück umzudeuten.

Ein Grund, warum es kein Heilmittel für Ungerechtigkeit gibt, liegt darin, dass selbst leidlich rechtschaffene Bürger keines wollen. Dies ist nicht darauf zurückzuführen, dass wir uns uneins darüber sind, was ungerecht ist, sondern auf eine mangelnde Bereitschaft, die Ruhe aufzugeben, die Ungerechtigkeit uns bietet. Es mag sein, dass die Bürger damit Recht haben. Eine anständige Gesellschaft benötigt ein ganzes Bündel positiver Bedingungen; Ruhe und eine allgemeine Atmosphäre der Toleranz sind dabei gewiss nicht von geringer Bedeutung. Eine weltkluge Skeptikerin könnte daher ein gewisses Maß an Ungerechtigkeit billigen, da dies nun einmal der Preis für andere gesellschaftliche Güter ist. Sie mag auch anmerken, dass aktive Staatsbürgerschaft nicht ohne Weiteres zu einer weisen, gerechten und humanen Politik führt. Der aktive Bürger mag ein guter Nachbar sein, aber er könnte sich ebenso gut als rasender Fanatiker, Revolutionär oder beides herausstellen.

Die Grenzen der Gerechtigkeit anzuerkennen kann nicht heißen, jedwede Erscheinungsform der Ungerechtigkeit untätig hinzunehmen. Es ist schwer vorstellbar, dass Bürger sich freiwillig entscheiden würden, in einer Tyrannei zu leben, es sei denn, sie hielten sich für deren unmittelbare Nutznießer. Der Frieden und die Ruhe, die moderne Diktatoren versprechen, werden selten Wirklichkeit, wie einige ihrer Unterstützer zu ihrem eigenen Nachteil erkennen müssen. Es lässt sich jedoch nicht bestreiten, dass es Tyrannen keineswegs an Anhängern fehlt, auf die sie sich stützen können. Denn ein wirklich unterdrückerisches Regime mag nicht nur aktiv ungerecht sein, sondern seine Untertanen selbst zur Ungerechtigkeit anstiften. Obwohl der passiv ungerechte Mensch zuerst und vor allem ein gewöhnlicher Bürger ist, ist er häufig doch auch ein Regierender oder ein Beamter. Untätige Regierungen sind oft die ungerechtesten von allen.

Giotto, *L'Ingiustizia* (Die Ungerechtigkeit, um 1306), Cappella degli Scrovegni in Padua.

Tatsächlich findet sich die vollkommene Darstellung eines solchen Regenten in der Cappella degli Scrovegni zu Padua; es ist Giottos *Ingiustizia*.[63] Im Mittelpunkt der Darstellungen anderer Laster stehend, ersetzt sie die christliche Sünde des Hochmuts, hat aber gleichwohl eine religiöse Dimension, denn die Allegorie zeigt das zur rechten Seite gewandte Profil eines Mannes, der jenen Teil des Jüngsten Gerichts betrachtet, der in unvergleichlichem Detailreichtum die Schrecken der Hölle ausmalt. Giottos Ungerechtigkeit hat einen kalten, grausamen Gesichtsausdruck, aus dem Mund ragen seitlich kleine, hauerartige Zähne. Die Figur trägt den Hut eines Richters oder Regenten, allerdings verkehrt herum, und in ihrer Hand hält sie eine gefährliche Heckensichel statt eines Zepters oder eines Bischofsstabs. Was die Ungerechtigkeit gesät hat, wird sie ohne Zweifel ernten, denn einige der sie umgebenden Bäume wurzeln in der Erde zu ihren Füßen, wo das Verbrechen gedeiht. Sie selbst wird von einem verfallenen Tor eingerahmt, unter diesem aber sehen wir den wirklichen Charakter passiver Ungerechtigkeit.[64] Dort lauern Diebstahl, Vergewaltigung und Mord. Zwei Soldaten beobachten das Geschehen, aber weder sie noch der Regent greifen ein. Der Wald, schon immer besonders gefährlich, ist unbewacht. Er ist der Ort, an dem die Art Menschen, die unter passiver Ungerechtigkeit gedeihen, so gewalttätig sein können, wie sie wollen. Sie werden von einem grausamen Tyrannen regiert, doch sie verdienen einander, ja bringen sich wechselseitig hervor. Die Bäume, die diese Figuren umgeben, sind nicht »die Frucht des Geistes«, sondern »das Werk des Fleisches«, wie Paulus in seiner Aufzählung der Sünden schrieb.[65] Sie werden nicht nur von aktiver Ungerechtigkeit gepflanzt, sondern von einer Regierung, die sie untätig geschehen lässt. Damit wird trefflich illustriert, warum Richter Brennan so leidenschaftlich der empörenden Entscheidung im Fall DeShaney widersprochen hatte: »Untätig zu sein kann ein ebenso großer Missbrauch von Macht sein, wie tätig zu werden. Unterdrückung kann sich einstellen, wenn ein Staat eine grundlegende Pflicht übernimmt und sie dann nicht erfüllt.«[66]

Anders als Giottos übrige Laster scheint die Ungerechtigkeit nicht zu leiden. Sie wirkt völlig gefühllos. Der Allegorie des Neides kriecht eine Schlange aus dem Mund, die sie anspringt. Der Zorn ist eine Frau, die in einem Wutausbruch ihre eigene Brust zerfleischt. Ihr Gesicht ist ein Spiegel des Schmerzes, da sich all ihre fürchterliche Leidenschaft gegen sie selbst richtet. Gewiss hatte Giotto eine weniger optimistische Meinung vom Zorn als Aristoteles, der glaubte, dieser kenne trotz seiner Leiden auch seine Freuden, da er erwartungsvoll der Rache entgegensehe. Keinen geziemenden Zorn zu zeigen sei Zeichen einer kleinmütigen Seele und ein schwerwiegender Charaktermangel.[67] Giotto aber sah in lasterhaften Menschen gepeinigte Wesen. Viele von ihnen waren schon während ihres irdischen Lebens unglücklich und alle waren zur ewigen Bestrafung verdammt. In diesem Sinne ist auch seine Ungerechtigkeit letztlich ein Opfer.

Doch zu wissen, dass die Ungerechtigkeit in Giottos Hölle enden wird, tröstet uns wenig, solange wir noch vergewaltigt, beraubt und ermordet werden. Was sie uns lehrt, ist, wie der durch und durch ungerechte Beamte wirklich aussieht. Es ist ihm schlicht gleichgültig, was anderen Menschen als Folge seines oder des Verhaltens anderer zustößt. Ob er nun mit Regierungsfunktionen beauftragt oder ein Privatbürger ist, es spielt für ihn weder in der einen noch in der anderen Hinsicht eine Rolle, ob andere Menschen geschädigt werden. Der ungerechte, öffentliche Funktionen wahrnehmende Mensch offenbart sich als einer, der entweder kühn genug ist, andere ihrer Würde und ihres Lebens zu berauben, oder als einer, dem solches gleichgültig ist. Obwohl er das Opfer seiner eigenen Niedertracht sein mag, erweckt er in uns kein Mitgefühl, denn wir sehen ihn so, wie ihn seine Opfer sehen. In jedem Fall ist er eine Personifizierung der Ungerechtigkeit, wie wir sie alle verüben.

Politisch bedeutsam daran ist, dass der ungerechte Bürger, wie die Ungerechtigkeit selbst, nicht als bloß gewalttätig und habgierig betrachtet werden darf, sondern auch als moralisch blind und distanziert. Er ist dafür verantwortlich, dass er schlechte Regierungen unterstützt und ihnen dient und dass er im täglichen Leben Betrug und Aggression zulässt. Er greift die Opfer der Ungerechtigkeit nicht nur direkt an, sondern übergeht zudem ihre Ansprüche. Er zieht es vor, da, wo die Opfer Ungerechtigkeit wahrnehmen, nur ihr eigenes Pech zu erkennen. Kein Wunder, dass sie zornig sind. Aristoteles mag geglaubt haben, dass Zorn seine guten Seiten habe, aber ich meine, dass Giotto der Wahrheit näher kam. Nichts ist quälender und psychisch destruktiver als Zorn. Wenn wir dadurch Zorn verursachen, dass wir jemandes Sinn für Ungerechtigkeit wachrufen, können wir den angerichteten Schaden nicht einfach mit Blick auf greifbare Verluste bemessen. Wir müssen auch den psychologischen Schaden miteinbeziehen, den wir zufügen, und vor allem den anhaltenden Zorn, den wir erregen. Man muss bloß die Kränkungen der rassistischen Diskriminierung betrachten, um zu erkennen, dass es nicht nur ungerecht ist, den Menschen ihre gesellschaftlichen Rechte zu nehmen, sondern dass es auch eine Ungerechtigkeit darstellt, in ihnen den Zorn und die Verbitterung darüber zu erwecken, gedemütigt worden zu sein. Auch sollten wir den politischen Preis organisierter Wut nicht außer Acht lassen.

Giottos Porträt veranschaulicht, wie die Opfer auf die Ungerechtigkeit blicken, nicht irgendein abseitsstehender Zuschauer. Seine Ungerechtigkeit ist eine öffentliche Plage, eine physische Bedrohung für alle, nicht nur wegen ihrer Taten, sondern auch, weil sie dem Schicksal anderer Menschen und den Auswirkungen ihres Verhaltens auf sie gleichgültig gegenübersteht. Ihr Wesen erkennen wir am besten, wenn wir in der Ungerechtigkeit die passive Betrachterin der Demütigungen anderer sehen. Giottos Bild breitet die Moralpsychologie der Ungerechtigkeit in all ihrer Tiefe vor uns aus. Es führt uns, dank des darin zum Ausdruck gebrachten unverwässerten Sinns für Ungerechtigkeit, weit vollständiger als das gewöhnliche Modell der Gerechtigkeit vor Augen, wie der ungerechte Staatsdiener aussieht. Keine Theorie der Gerechtigkeit oder Ungerechtigkeit kann Vollständigkeit beanspruchen, wenn sie nicht den subjektiven Sinn für Ungerechtigkeit berücksichtigt und die Empfindungen, die uns nach Rache verlangen lassen. Doch gerade die Existenz juristischer Institutionen trägt dazu bei, dass wir uns vieler Ungerechtigkeiten, die unter uns geschehen, überhaupt erst bewusst werden. Staatliche Gerechtigkeit ist ihrem Wesen nach paradox: Je besser sie ihre Aufgaben erfüllt, umso größer wird das öffentliche Bewusstsein für Ungerechtigkeit; und mit diesem Bewusstsein gehen dann auch zunehmend Forderungen nach effektiver Rache sowie nach mehr Rechtsleistungen einher. Es ist ein politisches Wettrennen, das die juristischen Institutionen niemals gewinnen können.

Der skeptischen Beobachterin scheint es offensichtlich, dass das gewöhnliche Modell in seiner kognitiven Selbstzufriedenheit vergisst, wie Irrationalität, Habsucht, Furcht, Gleichgültigkeit, Aggression und Ungleichheit der Ungerechtigkeit erst ihre Macht verleihen. Das gewöhnliche Modell der Gerechtigkeit, an dem wir uns festhalten, ist nicht dazu geeignet, die Merkmale der Ungerechtigkeit oder ihrer Opfer zu untersuchen. Es erzählt uns keineswegs alles, was wir über sie wissen sollten. Ja, seine ureigenen Zielsetzungen hindern es daran, zu diesem Wissen beizutragen. Die ethischen Zwecksetzungen einer Theorie der Gerechtigkeit, wie der Gerechtigkeit selbst, begrenzen ihre intellektuelle Reichweite. Beide entsprechen den Forderungen der am Recht orientierten Vernunft, der Unpersönlichkeit, der Fairness und der Unparteilichkeit. Rechtschaffenheit kommt in diesem Fall einem Spekulationsverbot gleich. Und das ist auch richtig so. Die juridische Denkungsart richtet sich nur auf das, was ihren gesellschaftlichen Zwecken dienlich ist, nicht auf überhaupt alles, was wir über Unglück und Ungerechtigkeit wissen sollten.

Die Aufgaben Politischer Theorie sind aber ganz andere und weniger eingeschränkt. Sie kann und sollte alle nur möglichen Fragen über Ungerechtigkeit als persönliches Charaktermerkmal, als Beziehung zwischen Individuen und als politisches Phänomen aufwerfen. Vor allem aber kann Politische Theorie dem Sinn für Ungerechtigkeit nicht den Rücken kehren, denn er ist ein integraler Bestandteil unserer gesellschaftlichen und persönlichen Erfahrungen, der privaten so gut wie der öffentlichen, und spielt eine entscheidende Rolle in der Theorie und Praxis von Demokratie. Sie ist ideal dazu geeignet, die Frage zu untersuchen, wie sich Ungerechtigkeit von Unglück unterscheiden lässt. Eine solche Untersuchung wird eher Rätsel aufgeben als lösen, doch ist das von einem skeptischen Blickwinkel aus gesehen kein Mangel.

Beschuldigen wir beispielsweise den unmittelbaren Täter, sei er nun ein menschliches oder göttliches Wesen, der das Unglück über uns gebracht hat? Oder sollten wir uns nach mächtigen kollektiven Verursachern umsehen, die sich vielleicht in entfernten Zeiten und Räumen verbergen? Was hat natürliche und was menschliche Ursachen – und ist das wichtig? Was wäre zu verhindern und zu mildern gewesen, und wer hätte darauf achten können? Warum erheben wir entweder irrationale Anschuldigungen oder nehmen unser Schicksal zu schnell hin? Was ist unvermeidbar oder notwendig und was nicht, und wie gut sind die den Opfern angebotenen Entschuldigungen: »Das Leben ist nun einmal so« oder: »Die Natur ist ungerecht«? Wieviel Ungerechtigkeit gibt es überhaupt? Die Skeptikerin wird es nicht wagen, diese quälenden Probleme ein für alle Mal zu lösen, aber anders als jene, die nur die Gerechtigkeit und ihre Gewissheiten betrachten, will sie der Ungerechtigkeit Gerechtigkeit widerfahren lassen und ihr geben, was ihr zusteht.

2 – UNGLÜCK UND UNGERECHTIGKEIT

Die Neuzeit hat viele Geburtstage. Mir ist jener Tag im Jahre 1755 der liebste, an dem Lissabon von einem Erdbeben heimgesucht wurde. Was dieses Ereignis zu einer so denkwürdigen Katastrophe machte, war weder die Zerstörung einer reichen und prächtigen Stadt noch der Tod von etwa zehn- bis fünfzehntausend Menschen, die in den Trümmern umkamen, sondern die intellektuelle Reaktion, die es in ganz Europa hervorrief. Zum letzten Mal wurden Gottes Wege für die Menschen zum Gegenstand einer allgemeinen öffentlichen Debatte und von den besten Köpfen der Zeit diskutiert. Es war der letzte bedeutende Aufschrei gegen die göttliche Ungerechtigkeit, die wenig später aufhörte, die Geister zu beschäftigen. Theologen und einige Laien rätselten natürlich auch weiterhin, warum Gott zuließ, dass Unschuldige litten, aber die Frage verschwand von der intellektuellen Tagesordnung. Seit diesem Ereignis lag die Verantwortlichkeit für unsere Leiden ganz bei uns und einer gleichgültigen Natur, und dabei ist es bis heute geblieben.

Die Bürger von Lissabon standen nicht allein mit ihrer Frage: Warum wurden wir derart heimgesucht? Voltaire, Rousseau und Kant waren nur die bemerkenswertesten unter all den Stimmen, die eine Antwort finden wollten. Etwa sechzig Jahre später sollte Goethe sich daran erinnern, wie sehr ihn diese Frage in seiner Kindheit verstört hatte. Wie konnte ein gerechter und gnädiger Gott Gerechte und Ungerechte gleichermaßen vernichten? Der gesamte Klerus und alle Frankfurter Bürger um ihn herum warnten, stritten und zitterten, als die Einzelheiten der Katastrophe bekannt wurden.[68]

In der zerstörten Stadt selbst dachten wenige, es habe sich wie bei den jährlichen Überschwemmungen nur um ein natürliches Ereignis gehandelt. Viele, insbesondere die Geistlichen, behaupteten, das Erdbeben sei eine gerechte Strafe gewesen, mit der Gott die sündige Stadt heimgesucht habe. Andere glaubten dagegen nicht, dass die Bewohner Lissabons unbedingt schlechter waren als die anderer Städte, auch wenn sie ihre Schlechtigkeit durchaus zugaben. Auf die Fragen, warum wir und warum jetzt, schien es keine klare Antwort zu geben. Und wir wissen, dass man heute so wenig wie damals angemessene Antworten auf diese quälenden Verwirrungen geben kann. Doch der Jesuitenpriester, der die Bevölkerung allzu erfolgreich zum Gebet und zur Buße aufrief, wurde auf Geheiß des Marquis de Pombal hingerichtet, der den Auftrag hatte, in Lissabon die Ordnung wiederherzustellen und dafür zu sorgen, dass man in der Stadt wieder leben konnte. Es war nicht die Zeit für Bußübungen und Gebete. Pombals Anordnungen wurden zudem von der weitgehend geteilten Überzeugung gestützt, dass Gott zwar gerecht, aber völlig unbegreiflich sei.[69]

Während die Bewohner Lissabons versuchten, ihr Leben wieder aufzunehmen, überließ sich das restliche Europa der Spekulation. Das erste Signal kam von Voltaire. Er fühlte sich schon seit Langem von Popes und Leibniz' kosmischem Optimismus abgestoßen, wonach »alles was ist, gut ist« oder zumindest für irgendein allgemeines Gut notwendig sei. Das *Gedicht über die Katastrophe von Lissabon* ist ein entschlossener Angriff auf den abgedroschenen Grundsatz des »Alles ist gut«.

Werdet ihr angesichts dieser Unzahl von Opfern sagen:
»Gott hat sich gerächt, ihr Tod ist der Preis für ihre
Verbrechen?«

Was tut Gott uns an? Warum musste das sein?

Er ist frei, er ist gerecht, er ist durchaus nicht
unversöhnlich
Warum leiden wir dann unter einem gerechten Herrn?[70]

Das Buch des Schicksals ist uns verschlossen, das Böse ist offensichtlich überall und obwohl Gott vielleicht existiert, wird er der Menschheit sicher nicht zur Hilfe eilen. Voltaire rät uns, wie sein Held Candide auf Nummer sicher zu gehen. Aber die Empfindung, verraten worden zu sein, die an der Wurzel des Sinnes für Ungerechtigkeit liegt, wurde nicht besänftigt. Sie quillt aus jeder Zeile des Gedichts.

Voltaires Streit mit Gott musste Rousseau zwangsläufig in Wut versetzen, denn er schien die Aufmerksamkeit von den wirklichen Verursachern der Ungerechtigkeit abzulenken: den Reichen und Mächtigen. Rousseau, seit jeher ganz Mann des Volkes, feuerte einen Schuss ab, der Voltaire daran erinnern sollte, dass er den Armen und Elenden ihre letzte und einzige Hoffnung nahm, ihren Glauben an einen gütigen Gott und ein Leben nach dem Tod. Das Erdbeben sei ein Naturereignis gewesen und nur deshalb eine Katastrophe, weil die Menschen sechs- oder siebenstöckige Häuser gebaut hatten. In einer Wüste oder einem Dorf nur mit Hütten hätte es keinen Schaden angerichtet. Es sei unsere eigene Schuld. Die Kleriker und Philosophen seien ebenfalls allesamt im Irrtum, ein Naturereignis mit der Vorsehung erklären zu wollen. Erstere seien abergläubisch und Letztere so eingebildet, dass sie die Vorsehung noch für ihre Zahnschmerzen verantwortlich machten. Was man bräuchte, sei eine neue, bürgerliche Religion, die sowohl die geistigen als auch die sozialen Bedürfnisse gewöhnlicher Menschen befriedige, und keine entmutigende Antitheologie, die nur für Müßiggänger und gelangweilte Menschen tauge.[71] Die Armen und Zurückgestoßenen müssten genug Leid erdulden und hätten es nicht verdient, auch noch die Last kosmischer Verzweiflung tragen zu müssen.

Doch waren die zwei nicht so weit voneinander entfernt, wie Rousseau es vorgeben wollte. »Unheimliche Zufälle« waren auch ihm nicht fremd. In seiner *Abhandlung über die Ungleichheit* hatte er behauptet, dass einige derartige Kataklysmen uns aus unserer natürlichen Zufriedenheit in die Arme eines künstlichen, stets schädlichen gesellschaftlichen Lebens getrieben hätten. Nichts lag ihm ferner, als die Gegenwart des Bösen zu leugnen; niemand erkannte sie klarer als er. Er wollte nur Gott nicht für etwas anklagen, was unserem eigenen Tun zuzuschreiben war. Letztlich verbannte er Gott weit radikaler aus unserem Leben als Voltaire. Tatsächlich wüssten wir nicht einmal genau, wie es zu unserer größten Katastrophe gekommen sei. Von wo aus immer sie ihren Ausgang genommen habe, keine größere Katastrophe sei je über uns hereingebrochen als jene, die unsere Abkehr von der Natur hin zur Kultur bewirkt habe. Kann man sich eine größere, kosmischere Ungerechtigkeit vorstellen als den Vorfall, der uns zu unüberwindbarer Ungleichheit und Unterdrückung verdammte?[72] Weil er sein Augenmerk vor allem auf dies, auf unser wirkliches gesellschaftliches Unglück richten wollte, wies Rousseau Voltaires metaphysische Anklage voller Hohn zurück.

Kant war zur Zeit der Katastrophe von Lissabon noch ein junger Privatdozent, der über naturwissenschaftliche Gegenstände las. Nachdem er von der Katastrophe erfahren hatte, schrieb er drei Abhandlungen über Erdbeben, in denen er sich – was kaum überrascht – den Gedanken Rousseaus annäherte. Er bot seinen Lesern eine Darstellung der gängigen wissenschaftlichen Erklärungen von Erdbeben an, versicherte ihnen, dass es sich um notwendige, in gewisser Hinsicht sogar nützliche Erscheinungen handele, und warnte sie schließlich davor, Gottes unerforschliche Wege zu ergründen. Auch sollten sie ihre Zeit nicht damit verschwenden, Technologien zu entwickeln, die die menschlichen Möglichkeiten überstiegen. Wenn Menschen etwas gegen wirkliches, die Menschheit zerstörendes Unglück tun wollten, dann sollten sie die Kriege abschaffen – die am meisten zerstörerischen Katastrophen.[73] Schon Cicero hatte, als er Naturkatastrophen mit menschlich verursachten verglich, denselben Gedanken vorgetragen.[74] Niemand wird sich heutzutage dieser Erkenntnis verschließen, doch neu ist sie nicht, was uns nicht überraschen sollte, wenn wir an das Schicksal Karthagos denken und daran, dass Deutschland im Jahre 1648 ungefähr so aussah wie 1945.

Selbst als die Philosophen Gottes Macht vergrößerten, indem sie ihn zum Schöpfer und Beherrscher zahlloser Planeten erklärten, entrückten sie ihn den unmittelbaren Belangen der Menschheit, wie etwa dem Erdbeben von Lissabon. Weder die Leiden der Einzelnen noch die Katastrophen, in denen eine große Anzahl Menschen umkommen, betreffen ihn auch nur entfernt. Der Ausdruck »höhere Gewalt« [*act of God*] ist zu einer zynischen Entschuldigung geworden, um rechtlicher Haftbarkeit zu entgehen. Nur zufälliges Pech einerseits und kalte Notwendigkeit andererseits bleiben uns noch, um uns unserer Verantwortlichkeit zu entziehen. Dennoch stoßen wir – wenn auch in irrationaler und inkonsistenter Weise – weiterhin unsere Klagen aus, das Leben sei unfair und die Natur ungerecht. Ja, oft beschuldigen wir uns ganz grundlos selbst, einfach, weil eine willkürliche und völlig unpersönliche Welt uns schwerer erträglich scheint als eine ungerechte, in der wenigstens irgendeine Macht die Ereignisse verantwortet.

WER TRÄGT DIE SCHULD?

Aber irgendjemand muss doch schuld sein, damit man den unauslöschlichen Glauben an eine vernünftige Welt aufrechterhalten kann. Doch dass wir Gott freigesprochen haben, hat es uns nicht leichter gemacht zu erkennen, wen wir anklagen sollen. Auch hat es uns nicht geholfen, darüber zu befinden, welche unserer Mühsale der Ungerechtigkeit geschuldet sind und welche dem Unglück. Wann können wir andere beschuldigen und wann sind unsere Leiden nur eine Frage natürlicher Notwendigkeit oder einfaches Pech? Wie wir schon gesehen haben, ist es immer schwierig, die wirklichen Opfer von denen zu unterscheiden, die ungerechtfertigte Ansprüche stellen. Weil wir alle potentielle Opfer und Täter sind, fällt es uns leicht, einen Unfall oder eine Katastrophe aus beiden Perspektiven zu betrachten. Wenn wir uns mit dem Opfer identifizieren, werden wir wahrscheinlich über Ungerechtigkeit klagen. Hingegen werden wir etwas für ein Unglück halten, wenn wir meinen, wir könnten die tatsächlichen oder auch nur die denkbaren Täter sein. Es scheint überhaupt keinen Maßstab zu geben. Wenn der sprichwörtliche unparteiische Beobachter entschiede, dass man aufgrund der zugänglichen Beweisgründe nicht sagen könne, wer dies den armen Leidenden angetan habe, und dem Opfer sagte, es solle sich eben damit abfinden, könnte er sich in seiner Schlussfolgerung irren. Das Opfer mag sich sehr wohl weiterhin geschädigt fühlen und seine gesellschaftlichen Erwartungen könnten immer noch durch die augenscheinliche öffentliche Gleichgültigkeit den Folgen der gerade erlittenen Katastrophe gegenüber schwer enttäuscht sein. An diesem Punkt ist sein Sinn für Ungerechtigkeit durch passive, nicht durch aktive Ungerechtigkeit wachgerufen worden, durch das Versäumnis, seine gegenwärtige Lage verhindert zu haben oder nun zu lindern. Haben wir zu entscheiden, ob eine Ungerechtigkeit begangen worden ist oder nicht, geht es hier, wie so oft, um unsere Bereitschaft zu handeln. Und wie immer ist da der stets übermächtige Drang, wo möglich, nichts zu tun. Wir alle neigen dazu, auf passive Weise ungerecht zu sein.

Mitunter kann die Unterscheidung zwischen Ungerechtigkeit und Unglück selbst schädlich sein. Sie bestärkt uns häufig darin, entweder zu viel oder zu wenig zu tun. Dass etwas das Werk der Natur oder einer unsichtbaren gesellschaftlichen Hand ist, befreit uns nicht von der Verpflichtung, den Schaden zu beheben und eine Wiederholung so weit wie möglich zu verhindern. Auch können wir nicht auf jeden Akt von Ungerechtigkeit reagieren. Amerikas Lieblingsbeschäftigung, die Schuld auf andere abzuwälzen, ist nicht immer konstruktiv. Die Suche nach menschlichen Tätern mag in Wirklichkeit nur begrenzt nützlich sein, nämlich als Vorspiel für Schadensersatzklagen der Opfer oder als mögliche Abschreckung gegen zukünftigen Leichtsinn. Auf der Grenze zwischen Unglück und Ungerechtigkeit müssen wir uns mit dem Opfer so gut wie möglich auseinandersetzen, ohne zu fragen, ob sein Fall diesseits oder jenseits der Grenze liegt.

Die Hoffnung, wir könnten jemals darauf verzichten, nach Ungerechtigkeit Ausschau zu halten oder Unglück als eine Entschuldigung gelten zu lassen, ist jedoch ein rationalistischer Traum. Und er ist noch nicht einmal wünschenswert. Unser Sinn für Ungerechtigkeit ist unser bester Schutz vor

Unterdrückung. Wir dürfen uns nicht dazu hinreißen lassen, Voltaires unnachgiebige Anklage zu vergessen. Wir dürfen auch nicht außer Acht lassen, dass es wirklich Unglücksfälle gibt, mit denen wir uns abfinden müssen, wollen wir uns nicht in Allmachtsfantasien über die Möglichkeit völliger Sicherheit verlieren. Der Begriff des Unglücks verweist auf die Tatsache, dass unseren Möglichkeiten Grenzen gesetzt sind, vor allem durch technische Mittel, nach denen wir in unseren Herrschaftsträumen stets zu greifen pflegen. Sie bestärken uns nur darin, schweren Entscheidungen aus dem Weg zu gehen.

Der Gegensatz zwischen Unglück und Ungerechtigkeit sollte erhalten bleiben, nicht nur aus psychologischen und politischen Gründen. In einer Demokratie ist es unsere Aufgabe, Staatsdiener zu kritisieren, die sich nicht um Katastrophen und Unfälle kümmern – entweder um sie zu verhindern oder um ihre Folgen abzuschwächen. Sie sind in ihrer Untätigkeit und Gleichgültigkeit passiv ungerecht. Tatsächlich sollten wir unseren Sinn für Ungerechtigkeit weniger auf die Suche nach möglichen Auslösern und unmittelbaren Ursachen von Katastrophen richten als auf diejenigen, die nichts tun, um sie zu verhindern oder den Opfern zu helfen. Öffentliche Bedienstete müssen in einer Demokratie der Öffentlichkeit gegenüber verantwortlich sein. Unser erster Verdacht sollte sich auf Regierungs- und halböffentliche Einrichtungen richten, denn es ist nicht unwahrscheinlich, dass sie in der Vergangenheit mehr hätten tun können und in der Zukunft mehr tun sollten, um unsere Sicherheit zu gewährleisten. Auch wenn wir die schrecklichen Lasten, die uns unsere verstorbenen Vorgänger hinterlassen haben, oder das Werk der unsichtbaren Hand und einer grausamen, aber vorhersagbaren Natur nicht als aktiv ungerecht identifizieren können, lassen sie sich doch allemal mindern. Wer ihren Lauf ändern oder ihre Auswirkungen abwenden kann, ist, sofern er nichts tut, passiv ungerecht. Was die Politik betrifft, so ist die Unterscheidung zwischen Unglück und Ungerechtigkeit sicherlich sinnvoll und unseren Interessen dienlich – wenn wir sie klug einsetzen.

Jedenfalls wird unser Sinn für Ungerechtigkeit nicht weniger als unser offenbar unerschöpfliches und tiefes Bedürfnis, einen Zweck in der Natur zu entdecken, dafür sorgen, dass wir auch weiterhin anklagen und verfluchen, wenn unverdientes Leid über uns kommt. Kein geringerer Psychologe als William James bestärkt uns in der Überzeugung, dass wir ein Erdbeben als einen persönlichen Angriff erfahren, als eine gegen uns gerichtete böse Tat. Er war zur Zeit des großen Erdbebens von San Francisco zufällig in Palo Alto und schrieb: »Ich personifizierte das Erdbeben als dauerhafte individuelle Entität [...]. Es stürzte sich direkt auf *mich*. Es stahl sich hinter meinem Rücken in mein Zimmer und ich war ihm, als es einmal dort war, ganz ausgeliefert und es konnte sich mir eindringlich bekunden. Feindseligkeit und Absicht wären in keiner menschlichen Handlung gegenwärtiger gewesen, auch verwies keine menschliche Tätigkeit jemals entschiedener auf einen lebendigen Urheber als ihre Quelle und ihren Ursprung.« Und: »Für mich war *das Erdbeben* die *Ursache* des Aufruhrs und es war mir unmöglich, es nicht als einen lebendigen Täter wahrzunehmen. Es war von einer überwältigenden, dramatischen Eindringlichkeit.«[75] Er fand es natürlich, dass der »ungebildete Mensch« in einem solchen Ereignis Ermahnung und Vergeltung erkannte. Wenn schon William James solche Regungen verspürte, ist es kaum verwunderlich, dass auch wir die Empfindung haben, wir seien gezielt angegriffen worden, und entsprechend darauf reagieren, indem wir uns nach jemandem umsehen, dem wir die Schuld geben können. Je unerwarteter und unerträglicher die

Furcht und das Leiden sind, etwa wenn wir ein Kind durch einen qualvollen Tod verlieren, desto mehr fühlen wir, dass das Los ungerechterweise auf uns gefallen ist. Die Frage: »Warum ich?« oder »Warum wir?« verlangt nach mehr als einer Erklärung; sie fordert etwas, das moralisch Sinn ergibt.

So haben Ärzte ein gewisses Reaktionsmuster gegenüber Trauer beobachtet, in dem der Sinn für Ungerechtigkeit, das Gefühl, verraten worden zu sein, eine feste Rolle spielt. Die erste Reaktion ist Unglaube, dann tauchen Fragen auf: Warum geschah es und wie? und dann steigt Zorn hoch: Warum er (oder sie)? »Ich kann mir eine Reihe von Menschen vorstellen, die das eher als sie (oder er) verdient hätten.« Und: »Man kann Gott nicht lieben.« Danach stellt sich Resignation ein und schließlich Entschlossenheit. Einige Patienten beginnen, bevor sie die Tatsache akzeptieren, dass sie an einer lebensgefährlichen Krankheit leiden, mit Gott zu feilschen. Bezeichnenderweise verfluchen selbst nichtreligiöse Menschen Gott, teilt man ihnen mit, dass ihr Kind sterben wird. Wenn irgendein Ereignis unser privates und gesellschaftliches Gleichgewicht völlig zerstört, fordern wir von Gott zumindest eine Rechtfertigung. Sogar Selbstanklagen, Schuld und Scham sind als Antworten auf die Frage »Warum ich?« dem völligen Schweigen oder einem geistlosen moralischen Vakuum vorzuziehen.[76]

Nur eine Gruppe von Menschen sieht in solchen Ereignissen gern Un- oder Zufälle und behauptet eilfertig, dass Katastrophen »nun einmal passieren«. Es sind jene, die fürchten, sie könnten darin potentiell oder tatsächlich verwickelt sein und Tadel auf sich ziehen. Für sie ist das ein Schachzug, mit dem sie sich im Hinblick auf ähnliche zukünftige Ereignisse selbst schützen wollen. Typischerweise haben sie keinen Grund, sich selbst als Opfer zu begreifen oder als jemanden, der mit den Opfern verbunden ist.[77] Sie suchen in der Regel nach einer vernünftigen Erklärung. Aber für die Leidenden muss es da mehr geben, etwas Persönlicheres, eben so etwas wie eine Ungerechtigkeit und nicht bloß eine zufällige Enttäuschung.

Sieht man sich die historischen Zeugnisse über Selbstanklagen, Sündenböcke, Beeinflussung übernatürlicher Kräfte und das Aufspüren von Verschwörungen an, dann könnte man zu dem Schluss gelangen, dass wir ein weit größeres Bedürfnis haben, an die Vorherrschaft von Ungerechtigkeit zu glauben, als die Dinge so zu sehen, wie sie wirklich sind. Solange wir den Glauben an eine gerechte Welt aufrechterhalten können, ist selbst ein ungerechtes Universum erträglicher als ein sinnloses. Häufig scheint es, als beschuldigten wir uns selbst oder andere, nur um eine zusammenhängende Geschichte von Ursachen und Ereignissen erzählen zu können, und nicht, um uns zum Handeln zu animieren. Nicht dass es immer realistisch wäre, sich bewusst in ein Unglück zu schicken – bei Weitem nicht. Es kann sich dabei einfach um eine vernunftlose fatalistische Einstellung handeln. Selbstverständlich kann uns die Unfähigkeit zu entscheiden, ob ein Ereignis oder ein Sachverhalt als Unglück, Ungerechtigkeit oder ein wenig von beidem betrachtet werden soll, manchmal wirklich lähmen. Aber an dieser Verwirrung sind unsere Präferenzen, unser Status, unsere Perspektiven und unsere politische Ideologie beteiligt, besonders wenn es um die öffentliche Ordnung geht.

Ist es beispielsweise ein Unglück oder eine Ungerechtigkeit, eine Frau zu sein? Wie steht es mit Hungersnöten? Arbeitslosigkeit? Armut? Unsere Antworten auf solche Fragen werden weitgehend davon abhängen, was wir als unvermeidlich und unveränderbar anerkennen oder dafür halten wollen. Auch trägt politische Ideologie viel zu unserer Überzeugung bei, etwas sei notwendig. Daraus folgt nicht, dass ein ausgeprägter Sinn für Ungerechtigkeit uns immer geneigt machen wird, in allen Katastrophen vermeidbare menschliche Verhaltensweisen und Fehler zu sehen. Doch wird er uns, wie Kant, dazu veranlassen, jene Ursachen menschlichen Elends aufs Schärfste zu verurteilen, für die wir unbestreitbar allein verantwortlich sind, wie etwa Kriege. Vermutlich ist ein allzu bereitwilliges Akzeptieren der gesellschaftlichen Notwendigkeit vieler Katastrophen eher ideologisch zweckdienlich denn Ausdruck eines ehernen Gesetzes historischen und wirtschaftlichen Fortschritts. Unsere Gebete, Flüche und Rechtfertigungen bei Unfällen und Katastrophen sind ohne Frage ein Zeugnis der Weigerung, uns mit einer unendlich grausamen Welt abzufinden.

Ein Polytheist klagt seine vielen Götter an, ein Manichäer mag sich der Verzweiflung hingeben, während der Monotheist vor einem rachsüchtigen Gott zittert. Doch sie alle wissen zumindest, warum das Geschehene geschehen ist.[78] Juden neigen dazu, sich selbst persönlich oder kollektiv anzuklagen. Hiobs Freunde sind Muster dieser Haltung, wenn sie ihn daran erinnern, dass Gott gerecht und der Mensch sündhaft ist. »Kam jemals ein Unschuldiger zu Schaden?« und »Verkehrt Gott die Gerechtigkeit?«, fragen sie den leidgeprüften Hiob. Gegenüber einer solchen Gottheit empfiehlt sich natürlich Passivität. Üblicherweise aber will man die übernatürlichen Kräfte beeinflussen. Komplizierte magische Rituale zur Beendigung von Epidemien sind weitverbreitet. Im mittelalterlichen Europa versuchten die Flagellanten und Veitstänzer, die bösen Geister zu vertreiben, die den Schwarzen Tod verursachten. In Ermangelung alternativer Glaubensvorstellungen scheint Misserfolg solche rituellen Reaktionen nicht zu entmutigen.[79] Wirklich ungewöhnlich ist eine fatalistische Haltung, die alles mit dem Gemeinplatz »Solche Dinge geschehen eben« erträgt.

Gottheiten sind nicht mehr die einzigen mächtigen Gewalten, denen man Schuld zuschreibt, zumal in unserer Zeit. Nicht einmal die christlichen Sekten in den USA beschuldigen heute Gott, für Katastrophen verantwortlich zu sein. Einige verlieren ihren Glauben an Gott und die Natur, »weil sie an seinem Tun verzweifeln«, die meisten aber wissen, wen sie anklagen sollten und von wem sie Hilfe erwarten dürfen – und das ist nicht Gott.[80] Sie beschuldigen örtliche Firmen sowie öffentliche Behörden und erwarten, dass die Bundesregierung Katastrophenhilfe leistet. Billy Graham war die Ausnahme unter den evangelikalen Predigern, als er behauptete, der Wirbelsturm, der 1953 Waco, Texas, heimsuchte, hätte gezeigt, »was Gott anrichten kann, wenn wir nicht Buße tun«.[81] Die meisten Amerikaner glauben – ihrem Verständnis der technischen Möglichkeiten entsprechend –, dass man Naturgewalten beherrschen und ihre Folgen beheben kann, obwohl es unter den verschiedenen ethnischen Gruppen kulturelle Unterschiede gibt, was das jeweilige Maß an Passivität angeht.[82] Auch Individuen nehmen natürlich je nach ihrer psychischen Verfassung persönliche Katastrophen unterschiedlich auf. Manche todkranken Patienten mögen ein ungerechtes Schicksal anklagen. »Die Guten leiden immer«, sagen sie und finden sich mit einer ungerechten Welt ab. Andere tun nichts dergleichen.

Um zu verstehen, was Ungerechtigkeit ist, sind vor allem Opfer, die sich schuldig fühlen, von größter Bedeutung, denn sie sind ohne Zweifel sich selbst gegenüber ungerecht. Sie laufen beispielsweise Gefahr, vor lauter Scham nicht rechtzeitig ärztliche Hilfe aufzusuchen.[83] Es ist einer der abstoßenderen Züge unserer abergläubischen Kultur, dass eine Krebserkrankung als ebenso schmachvoll wie der Verlust des Arbeitsplatzes gilt, der ja auch dem Opfer angelastet wird. Kranke und Arbeitslose sind nicht die Einzigen, die Schuldgefühle plagen. Das bloße Überleben kann Menschen, die Teil einer großen öffentlichen Katastrophe waren, für den Rest ihres Lebens mit Schuldgefühlen belasten. Die Frage: »Warum ich?« quält auch die Überlebenden.

Gleichwohl können Schuldgefühle trotz ihrer offensichtlichen Ungerechtigkeit auch nützlich sein. Patienten, die sich selbst oder andere früherer sexueller Fehltritte beschuldigen, sind optimistischer als Fatalisten. Das erklärt auch, warum einige Opfer zerstörerischer Naturkatastrophen häufig schneller in ihre Häuser zurückkehren, als es die Vorsicht gebieten würde, denn sie glauben, für ihre Schuld bezahlt zu haben und nun vor weiteren Unglücken geschützt zu sein. In gesunder Eile sind sie bemüht, ihr Leben wieder aufzunehmen. Schuldgefühle ermöglichen es uns auch, mit dem Schicksal zu feilschen. Soldaten, die in die Schlacht ziehen, üben oft sexuelle Enthaltsamkeit in der Hoffnung, dass ihre Tugend belohnt werde. Vor allem erlauben Schuldgefühle uns, die »Mittelpunktsillusion« zu wahren, also der Vorstellung anzuhängen, persönlich ausgewählt worden zu sein. Das lässt uns die von William James beschriebenen Gefühle für sinnvoll halten und macht uns glauben, dass jeder mehr als eine bloße Nummer ist.[84] Mit einem Wort kann die Selbstanklage, auch die ungerechte, Befriedigung verschaffen. Sie kann den Glauben an eine gerechte Welt festigen und das Gefühl vermitteln, wenigstens eine gewisse Kontrolle über die eigene Situation zu haben. Gewiss, die Kosten dafür sind nicht gering, denn gewöhnlich bürden uns Selbstanklagen zusätzlich zu unseren Ängsten und Kümmernissen noch eine weitere Last auf.

Neben Schuldgefühlen ist die Praxis, einen Sündenbock auszumachen, die wahrhaft ungerechteste und am wenigsten zu rechtfertigende Reaktion auf Unfälle und Katastrophen, vor allem wenn sie schwerwiegend sind. Wenige können ertragen, was Kleopatras Nase uns gelehrt hat.[85] Sie brauchen Ursachen, die genauso gewichtig sind wie ihre Folgen. Tritt ein schrecklicher, von Menschen verursachter Schaden ein, müssen gewisse Leute, wahrscheinlich wichtige und mächtige Persönlichkeiten, die Schuld tragen. Man braucht sich nur an einen aufsehenerregenden und bestens untersuchten Fall zu erinnern, den Brand im Bostoner Nachtlokal Cocoanut Grove am 28. November 1942, bei dem fast 500 Menschen umkamen.[86] Die unmittelbare Ursache des Brandes war ein Streichholz, das ein Hilfskellner in eine künstliche Pflanze geworfen hatte. Die *wirkliche* Ursache war, wie man schließlich entdeckte, ein chemischer Stoff in den Kunstlederbezügen der Sitze, der durch das Feuer Atemgifte absonderte. Die meisten Besucher erstickten oder wurden Opfer der ausbrechenden Panik. Diesen Kunstlederbezug hatten die Sitzbänke der meisten amerikanischen Nachtklubs, doch waren in jener Nacht im Cocoanut Grove außerdem zu viele Ausgänge blockiert. Auch lag eine Reihe von Verstößen gegen die Sicherheitsbestimmungen vor, allerdings keiner davon schwerwiegend. Beweise dafür, dass die Bauaufsicht bestochen worden war, um einer Überprüfung zu entgehen, gab es nicht. Nichts war am Fall Cocoanut Grove ungewöhnlich – die Art, wie in Boston Geschäfte gemacht wurden und werden, einmal vorausgesetzt.

Die Presse ist, wie immer bei solch sensationellen Katastrophen, mehr noch als die Freunde der Opfer oder die Überlebenden darauf aus, einen Schuldigen zu finden.[87] So waren während eines ganzen Monats, und das mitten im Zweiten Weltkrieg, mehr als die Hälfte der Bostoner Nachrichten dem Brand, den Ermittlungen und den anschließenden Anklagen gewidmet. Der Besitzer, Barnett Welansky, wurde schnell wegen Totschlags zu einer Gefängnisstrafe verurteilt und erst kurz vor seinem Tod begnadigt. Sofort als die

Feuerwehr mit ihren Anhörungen begann, verlautbarte der *Christian Science Monitor*: »Diese ganze Weißwäscherei ist ekelhaft.« Die tatsächliche und die moralische Ursache müssten voneinander getrennt werden. Letztere könne nur bei der Feuerwehr und der Polizei, dem Bürgermeister und der gesamten Stadtverwaltung zu suchen sein – die alle mit dem jüdischen Besitzer des Cocoanut Grove unter einer Decke steckten. »Sie« seien ein korrupter Haufen und »sie« hätten sich im Endeffekt verschworen, den Brand herbeizuführen, wenn auch nicht unmittelbar und persönlich.

Damals wie heute war die Politik in Boston alles andere als sauber, doch gab es nicht die Spur eines Beweises, dass Bürgermeister Tobin oder Welansky etwas hatten vertuschen wollen. Wonach man angesichts des Ausmaßes der Katastrophe verlangte, war jedoch ein vergleichbarer Grad an auslösender Bosheit. Tag für Tag fanden die Zeitungen sie in den Reihen »jener«. Weder der Hilfskellner noch die verschlossenen Notausgänge, der Rauch oder die ausbrechende Panik reichten als Erklärung aus. Die Schuld an einem so offensichtlichen Versagen musste bei einer wichtigen Persönlichkeit liegen. Das ist an sich nicht ungewöhnlich. Sowohl die Schwere der Verluste als auch die gesellschaftliche Position der tatsächlichen oder potentiellen Täter bestimmen das Ausmaß der Beschuldigungen, die bei jedem schwerwiegenden, durch menschliches Versagen verursachten Unfall, vor allem in der Industrie und im Transportwesen, erhoben werden. In Boston waren es das ganze politische Establishment und der Besitzer des Klubs. Und die Zeitungen und ihre Leser waren sich schon am darauffolgenden Tag der wirklichen Schuldigen sicher.

Die ganze Komplexität einer durch »viele Hände« verursachten Katastrophe kam im Cocoanut-Grove-Brand zum Tragen. Die Bürger Bostons hatten allen Grund, das Verhalten der Stadtverwaltung, insbesondere jenes der Aufsichtsbehörde, zu missbilligen. Ohne Zweifel gab es Laxheit und Boston war chronisch schlecht verwaltet. Der Unglücksfall war jedoch um ein so Vielfaches größer als irgendeine der unmittelbaren oder zurückliegenden Untaten, die ihn verursacht hatten, dass eine sichtbare Person oder Gruppe – der schweren Bestechung, verbrecherischen Habgier und Nachlässigkeit schuldig – als adäquat verantwortlicher Akteur gefunden werden musste. Es musste eine Verschwörung und einen Schurken geben; weniger wäre zu wenig gewesen. Die Verantwortung für den Brand war über viele Personen verteilt, und Bürgermeister Tobin der Komplizenschaft mit dem Besitzer des Cocoanut Grove zu beschuldigen, war ebenso absurd, wie diesen für einen bösartigen Kriminellen zu halten. Als erster Mann des Bostoner Stadtrates war der Bürgermeister sicherlich für die schlechten Leistungen der Stadt verantwortlich, doch waren die Vorwürfe sowohl ungerecht als auch nichtig, eben weil sie entweder zu spezifisch oder zu allgemein waren. Welansky verdiente es nicht, ins Gefängnis zu gehen, und man erreicht gar nichts, wenn man dem ganzen Establishment die Schuld gibt.

Wir beschuldigen uns selbst und andere zu Unrecht, weil wir Voltaires Schlussfolgerung entgehen wollen, die Welt sei eine Anhäufung aus willkürlichem Bösen und schierem Pech. Eine unpersönliche, geteilte, verflochtene und gesichtslose Verantwortlichkeit hinzunehmen, geht über unsere Kräfte. Wie im Fall von Selbstanklagen ist die Jagd nach Verschwörungen und Sündenböcken alles andere als fatalistisch. Hinter jeder Katastrophe muss böser Wille und Verschulden stecken, und auch ihre Folgen stellen sich nicht einfach ein. Ihr Eintreten wird durch uns und mächtige andere geplant. So ergibt Ungerechtigkeit Sinn; wir können sie verarbeiten und dann zur Tagesordnung übergehen. Trotz aller jahrhundertelang bestehenden Unterschiede haben die meisten Kulturen diese schrecklichen Trugbilder gepflegt, da sie zumeist äußerst zweckmäßig sind und viel zur Aufrechterhaltung der gesellschaftlichen Ordnung beitragen. In afrikanischen Stammesgesellschaften, die über wenig technische Mittel verfügen und stark sozial verflochten sind, gibt man gewöhnlich den Menschen, die der leidenden Person bekannt sind, die Schuld an deren persönlichem Unglück. Die Erfahrung, im Guten wie im Schlechten aufeinander angewiesen zu sein, wird schlicht so weit ausgelegt, dass sie sich auf alle Dinge erstreckt, die uns bloß zu widerfahren scheinen.

Geht es um die Frage »Warum ich?«, ist Magie weder eine bessere noch eine schlechtere Antwort als irgendeine andere. Ein afrikanischer Lehrer sagte einem Ethnologen, er sei sich vollkommen darüber im Klaren, dass einer seiner Schüler an einer Infektionskrankheit gestorben sei, begreife aber nicht, warum es gerade dieses Kind getroffen habe und keines der anderen, die der Krankheit ebenfalls ausgesetzt waren. Magie lieferte ihm eine ganz und gar annehmbare Erklärung.[88] Sie integriert Unglück in das bestehende soziale und moralische System und ermahnt die Menschen, sich nicht ihrem Groll zu überlassen. Auch wenn Magie bestimmte Zwecke erfüllt, ist sie für eine moderne demokratische Gesellschaft so unannehmbar wie die Überzeugung patriarchaler Gesellschaften, nach der die Kinder für die Sünden ihrer Väter büßen müssen. Magie als Erklärung heranzuziehen bedeutet allerdings nicht, jemanden im heutigen Sinn zum Sündenbock zu machen, denn es wird nicht nach Schuldigen gesucht, vielmehr handelt es sich um geteiltes Wissen über das Eintreten von Unglücksfällen, das die Betroffenen ebenso wie ihre Feinde uneingeschränkt anerkennen.

Auch wäre es falsch zu sagen, man mache jemanden zum Sündenbock, wenn von Schuldzuweisungen innerhalb der wenigen noch bestehenden wirklich hierarchischen Organisationen die Rede ist – etwa der Armee der Vereinigten Staaten. In derartigen sozialen Hierarchien wird erwartet, dass die Untergebenen ihren Vorgesetzten nicht nur gehorchen, sondern auch vertrauen. Wenn die US-Armee eine Niederlage erleidet, müssen die Kommandierenden die ganze Last der Verantwortung auf sich nehmen. Außerdem müssen sich alle, die auf die Armee zu ihrer Verteidigung angewiesen sind, verraten fühlen, wenn diese einen großen Fehler macht, denn amerikanische Bürger werden stets dazu ermutigt, großes Vertrauen in das Militär zu setzen. Obwohl Erwartungen recht deutlich enttäuscht worden sein müssen, bevor denjenigen, die den Verteidigungsauftrag erhielten, Schuld zugeschrieben wird, hat der verantwortliche Kommandant den ganzen Zorn der Öffentlichkeit zu erdulden – vor allem, wenn die Katastrophe so spektakulär ist wie jene von Pearl Harbor. Tatsächlich war sie die Folge eines komplexen Verfahrensfehlers und nicht der Inkompetenz von Admiral Kimmel geschuldet. Doch als Befehlshaber traf ihn der größte Teil der Kritik. Natürlich ist die amerikanische Gesellschaft nicht so ungerecht, dass sie ihn des Verrats beschuldigte, aber er musste mehr als seinen gerechten Teil der Vorwürfe über sich ergehen lassen, denn eine Hierarchie, die Bestand haben soll, kann nur so funktionieren.

In der Armee muss die Verantwortlichkeit bei Personen auf der höchsten Organisationsebene liegen, denn die Befehlsstruktur beruht auf den Prinzipien des Gehorsams und der Zuverlässigkeit. Militärhistoriker mögen mit Bedauern feststellen, dass die Dinge in der Geschäftswelt anders liegen. Niemand schob Henry Ford die Schuld am Misserfolg des Modells »Edsel« zu, aber wir müssen uns auf unsere Autohersteller auch nicht in derselben Weise wie auf unser Militär verlassen können. Wir können es uns nicht leisten, philosophisch Unterscheidungen zu treffen, wenn unsere Sicherheit davon abhängt, dass die Prinzipien der hierarchischen Verantwortlichkeit für militärische Siege und vor allem für Niederlagen aufrechterhalten werden.[89] Hätte es zudem eine ähnlich schwerwiegende industrielle Katastrophe in einem der Ford-Betriebe gegeben, wäre wohl auch der Direktor des Unternehmens angeklagt worden. Wir trennen also Ursachen von Verantwortlichkeiten, weil wir es für einen notwendigen Mythos halten, dass die Schuld an der Spitze zu suchen ist. Das mag natürlich falsch sein und kann uns viele Probleme bescheren, weil es unter Umständen dazu führt, dass wir historische und organisatorische Tatsachen vor uns selbst verbergen, was ausgesprochen gefährlich ist.

Es ist gut möglich, dass der Sinn für Ungerechtigkeit in einer technisch fortgeschrittenen Gesellschaft nicht so einfach besänftigt werden kann wie in traditionellen Gesellschaften. Wie die Rache kann uns das Prinzip der hierarchischen Verantwortlichkeit tiefe Genugtuung bereiten. Mit der tatsächlichen Funktionsweise einer komplexen modernen Gesellschaftsordnung ist es aber wohl ebenso wenig wie jene zu vereinbaren, weshalb wir dieses Prinzip als zu irrational fallen lassen mögen. Dann bliebe uns nur die Wahl, weiterhin jemanden zum Sündenbock zu machen oder damit zu leben, auf militärische Niederlagen nicht mehr mit Schuldvorwürfen reagieren zu können.[90]

Die Wahl zwischen bestrafenden Schuldzuweisungen und Gleichgültigkeit kann entschärft werden, wenn wir, statt nach persönlichem Vertrauensverrat, Verschwörung oder schuldhafter Unfähigkeit zu suchen, unsere Aufmerksamkeit darauf richten, warum es uns nicht gelungen ist, vermeidbare Fehler zu verhindern, um ihre Wiederholung unwahrscheinlicher zu machen und den Schaden so gut wie möglich zu beheben. In vielen Fällen tun wir das schon. Da wir die Kosten für die

Verhinderung aller vermeidbaren Katastrophen häufig jedoch nicht tragen wollen, betrachten wir uns als Opfer technologischer Notwendigkeiten und schließen Versicherungen ab, die uns helfen sollen, mit ihren Folgen fertig zu werden. Solche vernünftigen, utilitaristischen Vorschläge sind allerdings für Menschen, die Schaden erlitten haben und deren Sinn für Ungerechtigkeit wachgerufen worden ist, keine befriedigende Antwort. Sie werden weiterhin nach einem Schuldigen suchen, und möglicherweise wird das die Regierung sein.

Ohne Zweifel wird man einige Brände, Überschwemmungen, Stürme und Erdbeben nach wie vor als natürlich und unvermeidbar ansehen, aber wir erwarten, dass die Regierung uns warnt, schützt und uns hilft, sobald sie eintreten. Tödliche Kinderkrankheiten kennen wir nicht mehr und Epidemien sind derart selten, dass uns ihr Auftreten – wie beispielsweise AIDS – entsetzt und die Opfer dem Staat sein Unvermögen vorhalten, etwas dagegen zu tun. In all diesen Fällen haben wir die Empfindung, dass wir mit den uns zur Verfügung stehenden technischen Möglichkeiten in der Lage sein sollten, jede Naturkatastrophe in einen bloßen Rückschlag zu verwandeln, der handhabbar ist. Misslingt dies, wird unser Sinn für Ungerechtigkeit zutiefst erschüttert. Unsere Erwartungen an die Technik sind oft zu hoch, doch angesichts der Leistungen der letzten zwei Generationen vermuten wir, dass schuldhafte Gleichgültigkeit oder Ungerechtigkeit vorliegt, wenn uns niemand vor den noch ungezähmten Naturgewalten schützt. In Wirklichkeit ist es weder die Schuld der Wissenschaftler noch die der Beamten, dass zum jetzigen Zeitpunkt wenig getan werden kann. Auch verhalten sie sich gegenüber der gegenwärtigen Epidemie nicht schuldhaft gleichgültig. Den Opfern scheint ihr Unglück aber erträglicher zu sein, können sie darin sowohl Ungerechtigkeit als auch Pech erkennen.

Der Drang, die Regierung zu beschuldigen, mag oft sehr unfair und unvernünftig sein, doch an sich ist er nicht irrational. Ungerechtigkeit stellt strenggenommen eine soziale Kränkung durch die Mächtigen dar und wir sollten uns vergewissern, dass sie uns kein Unrecht zugefügt haben. Außerdem ist Politik der Bereich der Entscheidungen und Pläne; Beamte sollten nicht in der Meinung bestärkt werden, sie befänden sich in den Klauen der Notwendigkeit und seien persönlich machtlos. Für gewöhnlich können sie ihren Aufgaben besser und verantwortlicher nachkommen, als sie es tun, und sich zumindest nur der passiven statt der aktiven Ungerechtigkeit schuldig machen.

WANN WIRD UNGLÜCK ZU UNGERECHTIGKEIT?

Gibt es für uns in den Vereinigten Staaten also bloß noch Ungerechtigkeit, aber kein Unglück mehr? Wie steht es damit, eine Frau zu sein? Es gibt keine natürliche Gegebenheiten, die gesellschaftlichen Definitionen stärker unterlägen als Geschlecht und Fortpflanzung. Orthodoxe Juden danken Gott jeden Morgen in ihren Gebeten dafür, dass er sie nicht als Frauen geschaffen hat. Sie sind nur aufrichtig und sprechen aus, was die meisten Männer denken. Unsere ganze Literatur ist voller Mitleid für ein Geschlecht, das sein eigenes Unglück nicht einmal klar erkennt und das man mit Herablassung, bei Gelegenheit auch mit Schlägen behandeln muss. Worin gründet dieses Unglück? Es liegt im weiblichen Körper und in der Rolle, die Frauen für die Fortpflanzung der Gattung spielen. Daran ist nichts ungerecht. Es ist nur eine schmerzhafte, natürliche Notwendigkeit, verstärkt durch viele männliche Fantasien, die Frauen als Naturgewalten und den ursprünglichen Lebensquellen besonders nahestehend betrachten. Welche Art Schicksal ein solches Wesen erwartet, sehen wir in Thomas Hardys Roman *Tess von den d'Urbervilles.*[91] Hardy lässt keinen Zweifel daran, dass Tess' Schicksal mehr als ein gesellschaftlich bedingtes Unheil ist. Sie ist, wie der Untertitel des Romans festhält, eine »reine« Frau und das heißt: nichts als eine Frau. Das ist alles, was sie ist, und es ist ausdrücklich ein natürlicher Fluch. Ein Mann verführt sie und ihr Kind stirbt. Ein anderer heiratet und verstößt sie, als er von ihrer Vergangenheit erfährt. Als ihr Verführer sich ihr wieder nähert, tötet sie ihn, denn anders kann sie sich nicht selbst behaupten. Sie wird dann nach dem Gesetz für dieses Verbrechen gehängt. Die Geschichte wäre selbst ohne die Zufälle und ärmlichen Charakterisierungen unglaubwürdig. Ihre Kraft bezieht sie allein aus der Gestalt der Tess. Sie ist durch und durch Geschlecht, das, was eine reine, natürliche Frau eben ist. Das Übrige folgt mit Notwendigkeit, wie ein mythischer Fluch. Das kann man nicht ungerecht nennen, denn im Roman wird vorausgesetzt, dass Tess nach geltendem Recht verurteilt worden ist. Es war Pech, dass sie diesen Männern begegnet ist, doch gründet ihre wirkliche Tragödie in der Struktur der Natur; es ist ihre Weiblichkeit. Nichts kann einem ein besseres Verständnis des schieren Unglücks vermitteln eine anziehende Frau zu sein, betrachtet man ihr Leben als einen Konflikt zwischen Natur und Kultur.

Was aber, wenn man das Schicksal der Frauen weniger fatalistisch auffasst? Was, wenn alle Schwächen der Frauen in ihren Fortpflanzungsfunktionen wurzelten und alles andere Unglück nur die Folge davon wäre? Was, wenn nun technische Mittel existierten, diese Einschränkungen zu beseitigen? Dann wäre es bloß eine Ungerechtigkeit, würde nichts unternommen, Frauen diese Befreiungsinstrumente an die

Hand zu geben. Sobald einmal die Erwartung geweckt ist, es sei möglich, ein natürliches Unglück zum Besseren zu wenden, dann wird es ungerecht, die Hoffnungen der Opfer zu enttäuschen. Ihr Sinn für Ungerechtigkeit wäre zu Recht wachgerufen. Nach der Lektüre von Shulamith Firestone wissen wir genau, wer uns um unsere Freiheit betrügt. Kinder können künstlich ausgetragen und von denen aufgezogen werden, die es wollen oder für diese sehr anspruchsvolle Aufgabe besonders geeignet sind. So betrachtet ist es früher tatsächlich ein Unglück gewesen, eine Frau zu sein, während es heute eine Ungerechtigkeit ist. Ob man nun wie Firestone glaubt, diese Befreiung sei historisch unvermeidlich, oder ob man weniger optimistisch ist – unser Sinn für Ungerechtigkeit wird an dieser Stelle herausgefordert. Denn Frauen die technischen Mittel zur Befreiung vorzuenthalten, heißt, ihnen etwas zu verweigern, dessen Erwartung bei ihnen geschürt worden ist: die Verfügbarkeit von Technologien, die sie von Schmerzen und Plackerei befreien und ihnen erlauben, ein erfülltes und produktives gesellschaftliches Leben zu führen.[92]

Man könnte natürlich auch der Meinung sein, dieses technische Szenario sei zu wenig und biete weder eine Erklärung noch eine vollständige Lösung für das Unglück an, das darin besteht, eine Frau zu sein. Die Technik hat lediglich ein Schlaglicht auf diese Situation geworfen. Was, wenn eine Frau zu sein nicht nur ein körperliches Unglück, sondern kulturell so tief verwurzelt wäre, dass nur eine vollständige Veränderung der Gesellschaft – nichts weniger als allgemeine Geschwisterlichkeit – es je lindern könnte? Simone de Beauvoir hat nicht bestritten, dass es immer eine Ungerechtigkeit gewesen ist, eine Frau zu sein, aber sie glaubte, diese Ungerechtigkeit wurzele zu tief in einer wirren Mischung natürlicher und gesellschaftlicher Bedingtheiten, als dass einfache technische Mittel sie beheben könnten. Zudem meinte sie, dass man in einer ungerechten Gesellschaft unmöglich gerecht sein könne. Eine glückliche Ausnahme von der Regel zu sein, weil man einen reichen Mann heiratet und eine anständige Arbeit hat, ändere nichts an den ungerechten Bedingungen, unter denen man als Frau lebe, als Mitglied einer körperlich und kulturell definierten Gruppe von Menschen zweiter Klasse. Es sei mehr oder weniger so, wie Schwarze als weiß oder Juden als Christen »durchgehen« können.[93]

Was de Beauvoir außer Acht lässt, ist die Möglichkeit einer demokratischen politischen und gesellschaftlichen Veränderung, um die von Frauen erlittenen Ungerechtigkeiten schrittweise aufzuheben. Es bleibt das Unglück. Wird es wirklich noch ein Unglück sein, wenn die Ungerechtigkeit beseitigt ist? Gewiss handelt es sich nur dann um ein Unglück, wenn wir es als solches akzeptieren und uns ihm untätig unterwerfen. Könnte meine Enkelin Gott nicht eines Tages in ihren Gebeten danken, dass er sie nicht als Mann erschaffen hat? Warum nicht? Denn die existentialistische Deutung Simone de Beauvoirs sieht eine dritte Möglichkeit vor: Man kann das Vorgegebene akzeptieren und verändern, sofern man es zum eigenen Entwurf macht und nicht bloß als etwas von außen Auferlegtes erträgt.[94] Anstatt sich der Bestimmung durch andere zu unterwerfen, greift man sie auf, macht den Geschlechterunterschied zu einer Sache des persönlichen Stolzes und drängt mit allen uns zur Verfügung stehenden Mitteln nach vorne, um die Freiheit und Gleichheit von Frauen als Frauen durchzusetzen. Schließlich sind wir alle das Produkt sowohl von Natur als auch von Geschichte, aber wir müssen nicht ihre passiven Opfer bleiben. Wir alle können uns bemühen, das Unglück herumzudrehen, es als Ungerechtigkeit zu betrachten und aus dieser Erkenntnis heraus zu handeln.

Eine Frau zu sein ist ein Unglück, das zu einer Ungerechtigkeit wurde, weil wir unseren Stand verändern wollen. Hungersnöte sind aus ähnlichen Gründen auch nicht mehr, was sie früher einmal waren. Wie viele Unglücksfälle, die nicht länger reines Unglück sind, wird der unmittelbare Ausbruch einer Hungersnot durch ein natürliches Unglück verursacht, aber ihr Anhalten ist weit mehr menschlicher Ungerechtigkeit oder Torheit oder beidem geschuldet. Weil es ein nichtmenschliches Element in Hungersnöten gibt, ist es besonders naheliegend zu meinen, sie seien so unvermeidlich wie Erdbeben. Noch interessanter sind die Notwendigkeiten, auf die sich jene berufen, die sich dazu entschieden haben, nichts mehr gegen sie zu unternehmen. Und in der Tat werfen Hungersnöte ein grelles Licht auf den ganzen Bereich der Notwendigkeit, insoweit er menschliche Angelegenheiten betrifft.

Betrachten wir die Hungersnot, die in den überlieferten Erinnerungen vieler Amerikaner noch lebendig ist: *the Great Hunger* in Irland in der Mitte des 19. Jahrhunderts.[95] Sie brach aus, nachdem die Kartoffelernte durch Pilzbefall vernichtet worden war. Die Ursache der Zerstörung wurde nicht erkannt und hätte weder verhindert noch aufgehalten werden können. Die Agrarwissenschaft steckte noch in den Kinderschuhen. Eine rein technische Lösung gab es nicht. Doch ist es tatsächlich reines Unglück gewesen, dass so viele irische Bauern von einer einzigen Ernte lebten und die Bodenrechte landwirtschaftlichen Verbesserungen so große Hindernisse in den Weg legten? Solche Erwägungen können die unmöglich zu beantwortende Frage nach historischer Gerechtigkeit aufwerfen, doch haben wir in unserem Fall allen Grund, passive Ungerechtigkeit zu vermuten. Nicht nur im Rückblick ist zu sehen, dass die Regierung eine Reihe alternativer Maßnahmen hätte ergreifen können, und viele ihrer Kritiker in England traten für Veränderungen ein und schlugen eine Anzahl positiver und vernünftiger Maßnahmen vor. Auch sollte man in diesem Zusammenhang die ungeheure Verachtung der meisten Engländer für die Iren nicht übergehen.

Als die Hungersnot wahrhaft schreckliche Ausmaße angenommen hatte, musste man sich nach Abhilfen umschauen. Viele Intellektuelle und Politiker fühlten sich zwischen religiöser und wirtschaftlicher Notwendigkeit hin- und hergerissen. Die religiöse Pflicht verlangte, dass die Regierung den Opfern der Hungersnot helfe. Die Wirtschaftstheorie verbot jeden Eingriff in das freie Unternehmertum. Die Verantwortlichen handelten genauso, wie wir es erwarten würden. Sie arbeiteten wie besessen an Entwürfen und Berichten. Niemand könnte ihnen persönlich Gefühllosigkeit und Gleichgültigkeit zum Vorwurf machen. Sie kamen ihrer religiösen Pflicht durch großzügige medizinische Hilfe, Unterstützung von Krankenhäusern und Spendenaufrufe nach. Aber sobald die Whigs an der Macht waren, wurden die von Premierminister Robert Peel geschaffenen Lagerhäuser der Regierung geschlossen, die Korn billig verteilen und die Preise für Nahrungsmittel niedrig halten sollten. Nichts geschah bezüglich der irischen Grundbesitzer. Einige zufällig herausgegriffene Äußerungen von Staatsmännern und Beamten in London veranschaulichen, wie sehr die Idee wirtschaftlicher Notwendigkeit ihre Köpfe vernebelt hatte. So schrieb der Politiker und Intellektuelle Cornewall Lewis in einem von der Regierung in Auftrag gegebenen Bericht, dass »der Plan, die Regierung solle die Angelegenheiten des Volkes ganz in ihre Hände nehmen […], zwangsläufig zu Trägheit und Hilflosigkeit im Volk« führen werde. Dass die Iren vor Hunger schon ganz abgestumpft waren, schien nicht zu zählen. Was ihn beunruhigte, war, dass sich Betrug, bürokratische Unfähigkeit und eine Katastrophe einstellen würden, ersetzte man die Kapitalisten durch Regierungsbeauftragte. Charles Trevelyan, der für die Finanzen zuständige Mann, bemerkte, es sei »eine für die Natur und den Zweck der Regierung völlig ungeeignete Aufgabe, selbst unmittelbar dafür zu sorgen, das ganze Land umfassend zu entwässern und agrarisch zu erschließen«. Man sollte die Hungersnot am besten als Lösung der Überbevölkerung ansehen, die der wahrhafte Fluch Irlands sei. So schrieb er 1846: »Da dieses [Problem] die Macht des Menschen übersteigt, [trat] der durch einen unmittelbaren Schlag einer weisen Vorsehung ausgebrochene Fluch auf eine so unerwartete und unvorhergesehene Weise ein, dass er wahrscheinlich Wirkung zeigen wird.«

Ein Jahr zuvor hatte Trevelyan darauf bestanden, dass »es nur eine einzige mit den Prinzipien der allgemeinen Wohlfahrt vereinbare Möglichkeit gibt, gab und geben wird, den Notleidenden zu helfen, nämlich ihr Wohlergehen in die Verantwortung der örtlichen Behörden zu legen«. Da die irischen Grundbesitzer mittlerweile ebenso ruiniert waren wie ihre Pächter, war die Erhebung von Steuern zur Armenunterstützung ausschließlich aus Sicht von Trevalyans Laissez-faire-Ideologie ein realistisches Verfahren.

Das System des Landbesitzes galt als heilig. In den Worten des Whig-Politikers Lord Henry Brougham: »Das Eigentum würde seinen Wert verlieren und niemand an der Kultivierung des Landes Interesse haben, wenn es nicht als gesichert gelten könnte, dass es das unbezweifelte, unverbrüchliche und heilige Recht des Gutsbesitzers ist, mit seinem Eigentum nach Belieben zu verfahren.« Unter gar keinen Umständen dürfe die Regierung in »den üblichen Gang des Handels« eingreifen.[96] Auch gebe es politische »Notwendigkeiten« zu beachten. Die Regierung unter Premierminister Lord John Russell hätte die Aufnahme, die ein Gesetzentwurf zur Einschränkung der Macht der Grundbesitzer im Oberhaus erfahren hätte, nicht überlebt.

Die irischen Bauern, im Allgemeinen sehr fromm, zogen es vor, ihre Leiden als göttliche Heimsuchung oder Strafe zu betrachten. Ihre Nachkommen sehen es nicht mehr so und, was noch bezeichnender ist, viele in England und Irland sahen es schon zu jener Zeit anders. Vom Standpunkt der Opfer aus war es eine passive Ungerechtigkeit, ein Versagen, die Leiden zu lindern, die man hätte lindern können. Hätte man die Stimmen der Opfer privilegiert und ihnen zuerst Gehör geschenkt, und wären die aktivistischsten der auf vernünftigen Vorschlägen beruhenden Maßnahmen ergriffen worden, hätte es immer noch viel Hunger, aber keine Ungerechtigkeit gegeben. Keine dieser Möglichkeiten bestand wirklich, betrachtet man die intellektuelle Überheblichkeit ihrer Wirtschaftsorthodoxie und den Hohn und die Anschuldigungen, die die Engländer den irischen Opfern entgegenschleuderten.

Für Trevelyan erschien das alles als eine Sache tragischer Entscheidungen. Als protestantischer Christ fühlte er sich hin- und hergerissen. Entweder musste er seinen Glauben oder seine öffentlichen Pflichten verraten. Für die Opfer bedeutete es Elend und Tod, im eigenen Land oder während der entsetzlichen Überfahrt nach Amerika, insbesondere wenn zur Unterernährung auch noch Krankheiten hinzukamen. Ihr Schicksal war nicht einfach tragisch und zu Recht sprechen wir von einer großen Ungerechtigkeit, wissen wir doch, dass diese Art von Verhalten vermeidbar, ja unentschuldbar war und nicht wiederholt werden darf. Freilich können wir das feststellen, ohne Trevelyan und seinesgleichen vorwerfen zu müssen, sie selbst seien für ihre Beschränktheiten auf eine verbrecherische Weise verantwortlich. Diese Männer waren wirklich ein Unglück, denn gegen die Konventionalität der meisten Menschen ist, zumal bei Staatsdienern, nicht anzukommen. Dennoch ist eine Hungersnot eine politisch vermeidbare Katastrophe. Wird nach ihrem Ausbruch nichts getan, um ihr Einhalt zu gebieten, wird sie zur Ungerechtigkeit.

DIE POLITIK DER NOTWENDIGKEIT

Die Große Hungersnot ist ein gutes Beispiel für den Gebrauch von Ideologie, passive Ungerechtigkeit als Unglück auszugeben, indem man den Ereignissen, die in Wirklichkeit zweckgerichteten Veränderungen durch den Menschen zugänglich wären, einen Anstrich tragischer Unvermeidlichkeit verleiht. In einer wahrhaft tragischen Situation gibt es keine, aber auch gar keine gute Wahl.[97] Sie ist so überdeterminiert, dass Menschen wie Marionetten betrachtet werden müssen. Gleichwohl bleiben sie auch dann, weil sie Menschen sind, für ihren Charakter und ihr Verhalten verantwortlich. Die tragische Welt liegt in den Händen der Götter, die mit uns nach Belieben und oft verantwortungslos spielen, und dennoch können wir immer noch über einige unserer Handlungen bestimmen. Aischylos' Agamemnon hatte keine guten Alternativen, wenn man hier überhaupt davon sprechen kann, dass er eine Wahl gehabt hätte. Er muss entweder seine Tochter opfern, um Artemis zu versöhnen, oder sich Zeus widersetzen und sein Heer auf den Schiffen umkommen lassen, die wegen der Windstille nicht in See stechen können. Der Chor lastet ihm nicht die Bereitschaft an, Iphigenie zu töten, sondern wirft ihm seine Einstellung zur Tat vor. Er wendet sich von ihr ab, als sei sie nicht seine Tochter, sondern nur ein Opfertier.[98] Der Eindruck unangemessenen Verhaltens gehört wesentlich zum Sinn für Ungerechtigkeit, selbst in weitaus weniger extremen Situationen als der Agamemnons. Wenn die Mächtigen sich bei einer Katastrophe nicht so verhalten, wie man erwarten darf, kommt Verbitterung hinzu. Einige der Überlebenden des berühmten Grubenunglücks von Buffalo Creek waren besonders entrüstet darüber,[99] dass die Grubengesellschaft keine persönliche Geste des Mitgefühls für die Opfer aufbrachte. Ähnliches empfanden die Opfer von Hiroshima. Sie hätten ihr Schicksal als Teil des Krieges annehmen können, verübelten Präsident Truman aber seine Weigerung, das Geschehene zu bedauern.[100] Auch wenn wir keine Wahl haben, kann die Art und Weise, wie wir auftreten, unser Verhalten mehr oder weniger ungerecht machen. Selbst bei tragischen Entscheidungen kann man eine bessere oder schlechtere Figur abgeben, die den wahren Charakter des Handelnden zum Vorschein bringt.

Wirkliche Tragödien sind jedenfalls sehr selten. Was politische Notwendigkeit genannt wird, ist nicht wirklich schicksalhaft, keine Zwangssituation oder im eigentlichen Sinne tragisch. Seit Machiavelli hat *Notwendigkeit* dazu herhalten müssen, die Spannung zwischen ethischer Zurückhaltung und politischem Ehrgeiz zu übertünchen. Die Rede von schicksalhaften Fügungen erlaubte den Regierenden, sich zu entlasten. In der Neuzeit hat diese Täuschungsstrategie eine wahrhaft aufsehenerregende Karriere durchlaufen. Diejenigen, die Machiavellis Doktrin der »Staatsräson« von Anbeginn beargwöhnten, fanden auch die Notwendigkeiten, auf die sich Fürsten beriefen, weniger zwingend. Montaigne teilte die Auffassung nicht, ein Mann von Ehre solle für seinen Fürsten einen Treuebruch begehen. »Das öffentliche Wohl verlangt, daß man zum Verräter werde, daß man lüge und morde? Dann treten wir dieses Amt eben an Leute ab, die dienstbeflißner und anpassungsfähiger sind als wir!« Entweder ist Ehre wichtiger als das öffentliche Wohl oder die Regierenden haben von Letzterem einen falschen Begriff.

»Verrat mag in Einzelfällen entschuldbar sein, doch nur, falls er begangen wird, um Verräter zu verraten und zu bestrafen«, fährt Montaigne fort. Für ihn handelt es sich eindeutig um einen Konflikt zwischen persönlicher Ehre und öffentlichem Verrat. Ein Ehrenmann kann sich für Erstere entscheiden, aber ein Fürst wird nicht immer dazu in der Lage sein. Bei extremen und zweideutigen Fällen, in denen ein Fürst unehrenhaft zu handeln hat, kommt alles darauf an, in welchem Geist er agiert. »Ein Fürst, der durch dringende Umstände, etwa eine plötzlich eintretende Notlage seines Staats gezwungen wird, wider Treu und Glauben zu handeln [...], sollte eine solche Heimsuchung als Hieb der göttlichen Zuchtrute betrachten. [...] [E]in Unglück aber ist es gewiß.« Nur wenn der öffentliche Vorteil »völlig klar und von beträchtlichem Gewicht« ist, ist es wert, um seinetwillen das eigene Gewissen zu beflecken. Und vielleicht sollte dem Fürsten gar Ehre und Treue wichtiger sein als die eigene Sicherheit und die seines Volkes.[101]

Für Machiavelli, auf den diese Zeilen gemünzt waren, lagen nicht Ehre und Notwendigkeit miteinander im Konflikt, sondern moralische Skrupel und Politik. Seine politische Notwendigkeit ist weder durch das Schicksal noch durch das öffentliche Wohl aufgenötigt, sondern durch Schwierigkeiten, die die Aufrechterhaltung und Erweiterung der fürstlichen Macht in einer Welt sich befehdender politischer Kräfte mit sich bringen. Die Ungunst und Flatterhaftigkeit Fortunas, der Göttin, die alle unsere Absichten durchkreuzt, erleichtern dem Fürsten die Erfüllung seiner Aufgaben nicht eben. Anders als Montaigne glaubte Machiavelli, ein geschickter Fürst könne Fortuna für eine Weile, wenn nicht gar für immer, mit Kühnheit und Tücke überlisten. Natürlich ermutigt diese Hoffnung den Fürsten dazu, sich unter Verwendung aller notwendigen Mittel durchzusetzen. In diesem Drehbuch wird Misserfolg durch Fortunas Handeln forterklärt und Grausamkeit mit Notwendigkeit entschuldigt.

Nicht jeder ist willens, sich von diesem Unsinn überzeugen zu lassen. Wenn Fortuna allmächtig ist, dann ist es sinnlos, seine Ehre oder etwas anderes von Wert an den schieren Zufall zu verlieren. »Gewöhnlich werden wir an weltlichen Unternehmungen beobachten«, schrieb Montaigne, »dass Fortuna, um uns ihre Macht in allen Dingen zu beweisen, und weil es ihr gefällt, unsere Vermessenheit zu beschämen, dem Narren, weil sie ihn nicht weise machen kann, Erfolg beschert, um die Tugendhaften zu ärgern.« Kurz gesagt, die Zuversicht, die Machiavelli und seine Erben in den umsichtigen Fürsten setzen, ist nichts anderes als unreife Schwärmerei. Montaignes Passivität war ein Gebot der Vorsicht und keine verlogene Nachahmung des tragischen Geistes griechischer Dramen. Sie war eine auf den einzelnen Fall zugeschnittene, persönliche und skeptische Politik der Schadensbegrenzung inmitten eines Bürgerkrieges.

Skeptizismus ist eine ausgesprochen vernünftige Reaktion auf die für gewöhnlich kriegslüsterne Verwendung des Wortes »Notwendigkeit«. Denn in Kriegs- und Vorkriegszeiten beruft man sich generell auf Notwendigkeit, die als Rechtfertigung dienen soll. Es handelt sich um eine hartnäckige Behauptung, der es gelungen ist, Fortuna zu überleben – ihr rhetorisches Gegenstück in Sachen politischer Kasuistik. Fortuna hatte sich als ärmlicher Deckmantel militärischer Inkompetenz entpuppt. Ärgerlich war allerdings, dass es immer schon Menschen gab, die sich von der Vorstellung, die Sterne würden unser Schicksal bestimmen, nicht umgarnen ließen. Richard II. beklagt unaufhörlich, was Fortuna ihm angetan hat, aber Bolingbroke, Shakespeare und wir sind uns im Klaren, dass die Schuld allein bei ihm zu suchen ist.[102]

Seit dem 18. Jahrhundert sind weder Fortuna noch die Notwendigkeit unwidersprochen geblieben. Die Technik hat das Reich des Schicksalhaften beträchtlich verkleinert, während der Schatten Kants auf der Notwendigkeit liegt. Denn was kann man in politischen Dingen notwendig nennen? Den Trieb nach persönlicher und kollektiver Selbsterhaltung mag man für eine Naturgewalt und als solche für notwendig halten. Verteidigen Menschen sich gegen einen Angreifer, der auf ihre Vernichtung aus ist, werden sie genötigt, in den Naturzustand zurückzukehren, in dem keine Gerechtigkeit, sondern der bloße Kampf ums Überleben herrscht. Doch auf wie viele Kriege trifft eine solche Beschreibung wirklich zu? Und wie viele solcher Kriege hätte man verhindern können? Beantworten wir diese Fragen aufrichtig, dürfte klar sein, dass die Notwendigkeit zur Selbsterhaltung selten und der Wiedereintritt in einen Friedenszustand jederzeit möglich ist. Dies ist schwerlich eine neue Beobachtung. Sie führt uns auf Kant und die Elemente der Demokratie zurück.

Für Kant gab es, anders als für den Aristokraten Montaigne, keinen Gegensatz zwischen Ehre und Notwendigkeit. Er stand für die demokratische Alternative zwischen Recht und Krieg, republikanischer Regierung und monarchischer Anarchie.[103] Beide wussten gut genug, was Krieg ist, um zu begreifen, dass die Rede von Gerechtigkeit hier ganz und gar keine Bedeutung hat. Was kann an einem Unterfangen gerecht sein, bei dem die Unschuldigen häufiger als die Schuldigen umkommen und das nichts als eine Probe auf Stärke und Ausdauer ist, selbst wenn diese Kämpfe gelegentlich nach Regeln ausgetragen werden? In einen Krieg aus Gründen des bloßen Überlebens hineingezogen zu werden, mag ein Unglück sein, das die Betroffenen nicht abwenden können. Gerecht ist es nie.

Die Zukunft von Schicksal und Notwendigkeit lag in Doktrinen, die subtiler waren als die der Staatsräson, gegen die Montaigne und Kant auftraten. Ungeachtet all ihres Realismus konnte die Notwendigkeit im Kielwasser weitaus fatalistischerer Ideologien wiederauftauchen. Es ist noch nicht lange her, dass marxistische und darwinistische Geschichtsphilosophien eherne Notwendigkeiten wieder in die Politik einführten und damit maßlose Metzeleien rechtfertigten. Noch bevor Darwins Werk für rassistische Zwecke ausgeschlachtet wurde, waren die Ureinwohner Amerikas aus geografischen und biologischen Notwendigkeiten dazu verurteilt, »entfernt« zu werden.

»Im gegenwärtigen Zustand unseres Landes«, prophezeite der Ausschuss für indianische Angelegenheiten im Jahre 1818, »scheint eines von zwei Dingen notwendig. Entweder werden diese Söhne der Wildnis zivilisiert oder sie werden ausgelöscht«. Nichts könnte entlarvender sein als Senator Thomas Hart Bentons berühmte Worte zu diesem Thema. »Zivilisation oder Untergang ist von jeher das Schicksal aller Völker gewesen, die den Weg der voranschreitenden Weißen kreuzten.«[104] Das war eine Notwendigkeit, die er nicht bedauerte. Diese wohlbekannten Beispiele politischer Notwendigkeit sollten in Erinnerung rufen, dass uns jene Rhetorik zur völligen Unmenschlichkeit oder zu einem Verlust überlieferter Zurückhaltung drängt. Kann man die zwingende Gewalt des *manifest destiny* vergessen,[105] die uns nach Mexiko, Kuba und in die Philippinen führte? Die Rede des Abgeordneten Samuel S. Cox aus Ohio im Jahre 1859 war typisch: »Niemand kann dem Gesetz entkommen, dass schwächere und im Verfall begriffene Nationen in den stärkeren und wohlgeordneten Nationen aufgehen müssen. Unterlegene Nationen müssen sich denen ergeben, die eine höhere Zivilisation und ein weiter fortgeschrittenes Gemeinwesen besitzen! Die mexikanischen Rassen müssen sich dem Naturgesetz unterwerfen!« Selbst John Quincy Adams glaubte, dass es »Gesetze der politischen Schwerkraft« gebe. »Kuba kann nur in das Kraftfeld der Nordamerikanischen Union geraten, die es aufgrund desselben Gesetzes nicht aus ihrem Schoß zurückstoßen kann.«[106]

Angesichts der geschichtlichen Datierung solcher Gemeinplätze wäre es völlig unbegründet, Darwin zur Verantwortung zu ziehen. Die Wendung vom *survival of the fittest* hat man lange bestehenden Dispositionen allenfalls als schmückendes Beiwerk angeheftet. Die Rede von physischer Notwendigkeit stand bereits zu Gebote, um widerstreitende politische Forderungen und die keineswegs schweigende Opposition zu überwinden. Man könnte vermuten, dass gerade in freien Gesellschaften, in denen der Widerstand gegen eine kriegerische Politik am heftigsten ist, das Argument, Notwendigkeiten lägen vor, am lautesten vorgebracht wird. Doch ist das nicht der Fall. Es gehört überall zur Grundausstattung des ideologischen Diskurses.

Obwohl Notwendigkeit seit jeher das Lieblingswort von Außenpolitikern gewesen ist, haben sie kein Monopol auf seine Verwendung. Verfechter des freien Marktes haben ebenfalls einen Platz für sie in ihren Plädoyers gefunden. Ich will hier nicht die ökonomische Richtigkeit dieser oder jener Wirtschaftstheorie beurteilen und werde mich darauf beschränken, lediglich deren politische Implikationen zu beleuchten, insbesondere deren Begriff von gesellschaftlicher Notwendigkeit und Ungerechtigkeit. Der freie Markt mag ja tatsächlich so effizient sein, wie behauptet wird, aber das bedeutet nicht, dass all seine üblen Auswirkungen einer politischen Beurteilung enthoben sind. Sie können entweder ungerecht oder ein unabdingbares Unglück sein und einige könnten passiver Ungerechtigkeit entspringen oder zumindest nicht außerhalb menschlicher Einflussnahme liegen. In anderen Fällen mag es zu schwierig und zu teuer sein, Abhilfe zu schaffen, doch sind hohe Kosten nicht dasselbe wie Unmöglichkeit.

Libertäre verfechten die Überzeugung, unsere politischen Entscheidungsmöglichkeiten unterlägen einer einzigen wichtigen Einschränkung: Ohne einen uneingeschränkt freien Markt sei Tyrannei unvermeidlich. Milton Friedman räumt ein, dass Kapitalismus allein nicht hinreichend für Freiheit ist, wie das Vorkriegsjapan und das zaristische Russland beweisen, wohl aber sei er eine absolut notwendige Bedingung. Die im ersten Zusatz zur amerikanischen Verfassung festgelegten Rechte seien abhängig von der Möglichkeit,[107] eine andere Beschäftigung zu finden, falls wir von politischen Fanatikern entlassen werden, was unmöglich sei, wäre der Staat der einzige Arbeitgeber. Denn der Staat sei ein reines Zwangsinstrument, der Markt dagegen ein System von Transaktionen, die »auf beiden Seiten freiwillig und im vollen Wissen darüber, was geschieht« getroffen werden. Mische sich der Staat hier ein, seien die Folgen desaströs. Es komme zwangsläufig zum Verlust von Wohlstand und Freiheit. Diese Schlussfolgerung hängt allerdings weniger von historischen Analysen als vielmehr davon ab, wie Wirtschaft und Staat – und zwar *jeder* Staat – definiert werden; deshalb scheint die Schlussfolgerung derart notwendig zu sein.

Die Gesellschaft werde von einem feinen Gewebe zusammengehalten und jeder Staat, der mehr als die Sicherheit des Eigentums gewährleiste und die Regeln für das Spiel der Kräfte auf dem freien Markt aufstelle, werde zweifellos den Zusammenbruch jenes Gleichgewichts an Übereinkünften herbeiführen. Eine solche Erschütterung der zarten sozialen Bande werde zu einem wüsten Interessenkampf führen und in Chaos enden. Dennoch solle Vielfalt bestärkt werden, die – solange sie sich ohne staatliche Eingriffe verwirklichen kann – kaum gefährlich sei. Wenn sich die Welt natürlich nur aus zwei Systemen zusammensetzt, wovon das eine frei, unpersönlich und kooperativ, das andere unterdrückerisch, persönlich und zwangsbewehrt ist, dann ist es notwendig und unvermeidlich, dass nur die Vorherrschaft des ersteren den Sieg der Tyrannei abzuwenden vermag.[108]

Obwohl sich gelegentliche Verweise auf Unglücke in Friedmans Büchern finden, ist seine Theorie nicht eigentlich fatalistisch – sieht man von den unerbittlichen Forderungen der Freiheit ab, die uns keinen politischen Entscheidungsspielraum lassen. Um sowohl die Notwendigkeit des freien Marktes wie der in ihr auftretenden Unglücksfälle zu verstehen, muss man sich einem bemerkenswerten Buch Friedrich von Hayeks zuwenden. In *Das Trugbild sozialer Gerechtigkeit*, dem zweiten Teil von *Recht, Gesetz und Freiheit*, wirft er heroisch und unmissverständlich die Frage auf, ob man das Unglück, das die perfekte Wirtschaft verursacht, für ungerecht halten muss. Zwar ist er fest davon überzeugt, dass dazu kein Anlass besteht, doch geht Hayek keiner der Schwierigkeiten, die in seiner Auffassung stecken, aus dem Weg. Darin ist er meiner Meinung nach einzigartig.[109]

Wir bräuchten den freien Markt oder, wie Hayek sagt, »die spontane Ordnung«, weil wir rettungslos unwissend seien. Das ist nicht die allgemeine Unwissenheit, von der der Skeptizismus ausgeht, sondern unsere Unkenntnis der Transaktionen auf dem Markt. Individuen träfen ihre wirtschaftlichen Entscheidungen, ohne auch nur im Geringsten ihre Folgen absehen zu können, denn diese hingen vom Verhalten vieler anderer Personen ab. Wir werden Hayek zufolge nicht nur von einer unsichtbaren, sondern von einer tatsächlich unerkennbaren Hand regiert. Weder Statistiken noch Wahrscheinlichkeitsrechnungen seien für unsere Voraussagen hinsichtlich der unmittelbaren Auswirkungen nützlich, die diese Hand auf uns hat. Doch nicht deshalb, weil uns nicht gelänge, wissenschaftlich zu denken, sondern weil es schlicht nutzlos sei. Wir müssten unsere Entscheidungen notgedrungen im Dunkeln fällen.

Hayek zum Trotz lassen sich aus unserer Unkenntnis gesellschaftlicher Prozesse keine besonderen Schlüsse ziehen. Wir können in keiner Weise wissen, was wir im Zustand völliger Ungewissheit tun würden, aber es ist unwahrscheinlich, dass sich daraus eine spontane oder überhaupt eine Ordnung ergäbe. Das wahrscheinlichste Ergebnis wäre Lähmung, denn die Unwissenden würden sich in ihrer Hilflosigkeit an keinen Unternehmungen beteiligen, wenig Risiken eingehen und keine Lebenspläne aufstellen. Sie würden das Strafrecht kennen und wissen, was als Eigentum zählt, aber das gäbe ihnen keinen Hinweis auf ihre Zukunft. Unzureichend unterrichtet zu sein gehört zu unseren tatsächlichen Lebensbedingungen, was allerdings keineswegs heißt, dass wir völlig unwissend wären. Doch weder große noch geringe noch gar keine Voraussagbarkeit allein kann eine spontane und unangeleitete gesellschaftliche Zusammenarbeit hervorbringen. Unwissenheit zwingt uns keine Notwendigkeit auf. Sie führt uns in keine bestimmte Richtung, obwohl Unbeweglichkeit ihr wahrscheinlichstes Ergebnis zu sein scheint.

Hayeks Auffassung von Unwissenheit, das muss wiederholt werden, ist kein philosophischer Skeptizismus wie derjenige Platons oder Montaignes. Sie beschränkt sich auf bestimmte Fälle. Er glaubt, dass wir in Wirklichkeit eine ganze Menge wissen, vor allem über den Gang unserer Geschichte. Geschichte sei ein evolutionärer, kultureller Prozess, in dem sich die Individuen spontan und zweckmäßig an Veränderungen anpassen, um die Ordnung des Ganzen aufrechtzuerhalten. Kurz gesagt wissen wir für Hayek, was zweckmäßig ist und was nicht. Die unsichtbare Hand sei daher nicht bloß die Erklärung komplexer gesellschaftlicher Muster, die zwar das Ergebnis menschlicher Entscheidungen, jedoch nicht ausdrücklich individueller Pläne seien.[110] Sie könne auch dazu dienen, die Zukunft der ganzen Ordnung vorauszusagen. Und sie weise streng auf die starren Grenzen des Möglichen und Unmöglichen hin. Wie die Hand verfährt, lasse sich aufgrund unserer Unwissenheit nicht im Einzelnen erklären, aber wir könnten doch das Ganze erkennen und genau voraussagen, wie es sich zukünftig verhalten werde, insbesondere, wenn wir seinen Forderungen nicht gehorchen. Die sichere Strafe für Ungehorsam sei Tyrannei.

Die spontane Ordnung sei ein einziges Glücksspiel. Wir könnten nicht erraten, was uns persönlich erwartet. Das Einzige, was wir bräuchten und worüber wir verfügen sollten, seien klare und allgemeine Regeln unseres persönlichen Verhaltens und Eigentumsgesetze, die das Leben hinreichend voraussagbar machen und das Spiel selbst aufrechterhalten. Das sei die »Herrschaft des Gesetzes« [*rule of law*]. Sie bestehe aus allgemeinen Anweisungen, wie etwa Verkehrsregeln, aber aus nichts Spezifischem. Sie sei nicht das Ergebnis der Überlegungen menschlicher Gesetzgeber oder sollte es zumindest nicht sein. Der sich unglücklicherweise selbst erfüllenden Prophezeiung der Rechtspositivisten, besonders Hans Kelsens, sei es zu verdanken, dass wir die Regeln, die sich in dem integrativen Evolutionsprozess herausbilden, nicht bloß festhalten, sondern tatsächlich durch die Gesetzgebung aufstellen. Die Aufgabe allgemeiner Regeln sei es, den Menschen zu helfen, sich evolutionären Veränderungen anzupassen, die nicht geplant, sondern völlig spontane Folgen einer Vielzahl im Einzelnen blinder Handlungen sind.

Obwohl Hayek manch hartes Wort über jene verliert, die ihren ererbten animistischen Aberglauben nicht abschütteln können, ist seine Vorstellung vom Recht als einem selbstgewobenen Netz, wie ihm durchaus bewusst ist, zutiefst traditionell. Darin ist er Michael Oakeshott nicht unähnlich, der meint, dass wir nur dann eine gute Gesellschaft haben könnten, wenn wir das Regieren denen überlassen, die wenigstens drei Generationen lang die Gelegenheit hatten, sich die für diese Aufgabe erforderlichen Verhaltensweisen anzueignen.[111] Denn verlangt würden keine Fachkenntnisse oder allgemeine Ideen, sondern bloß die ererbte Fähigkeit, die Winke der eigenen Gesellschaft zu entschlüsseln und aufgrund solcher geteilter Deutungen zu handeln. Eine derartige Regierung wisse, dass sie nichts zu verteilen hat und deshalb auch nicht für die primäre Gerechtigkeit zuständig ist. Sie habe keine Verfügungsgewalt über Ehren, Ämter und Reichtümer. Sie reagiere nur intuitiv auf die Traditionen eines Volkes, nicht um irgendwelche Pläne umzusetzen oder bestimmte Ergebnisse zu erreichen, sondern lediglich um es jedermann zu ermöglichen, die von ihm gewählte Rolle in einem Stück ohne Autor aufzuführen, das einfach *da* zu sein scheine. Akzeptierten wir das Drehbuch nicht, so wie es sich über die Zeiten entwickelt hat, sähen wir uns Katastrophen gegenüber, unter denen Krieg und Tyrannei die augenfälligsten seien. Dass solche Katastrophen im alten Rom und Griechenland so wenig wie im mittelalterlichen England fehlten, bleibt bei Oakeshott unerwähnt.

Die Verbindung eines traditionalistischen Politikverständnisses mit der freien Marktwirtschaft ist alles andere als neu. William Graham Sumners Buch *Folkways* liefert eine hochmoralische Erklärung der Unmöglichkeit, gesellschaftliche Gebräuche zu modifizieren, und dieser Gedanke fand schließlich über die Entscheidung des Obersten Gerichtshofes im Falle Plessy gegen Ferguson – unseligen Angedenkens – Eingang in unser Verfassungsrecht.[112] Nicht dass es

Sumner an moralischem Eifer gemangelt hätte. Er war der Überzeugung, dass der Markt die Tugendhaften für Reichtum auserwähle und über die Taugenichtse hinwegschreite, wie sie es verdienten. Ihre Mühen machten die Millionäre zu Auserwählten und das zu unser aller Nutzen. Es ist oft bemerkt worden, dass Sumners Version der unsichtbaren Hand starke Ähnlichkeit mit der Vorsehung seiner calvinistischen Vorfahren hat.[113]

Auf seine Weise klingt bei Milton Friedman das Echo Sumners nach, wenn er uns davor warnt, den Rassismus, obwohl er »geschmacklos« sei, in einer freien Gesellschaft durch Gesetze und nicht durch sozialen Druck abschaffen zu wollen. Außerdem »sollten wir nicht so naiv sein, anzunehmen, dass tief verwurzelte Wert- und Glaubensbegriffe [...] durch gesetzliche Maßnahmen radikal geändert werden können«.[114] Die Kritiker der freien Marktwirtschaft, die sich gegen die »Atomisierung« der Gesellschaft innerhalb der spontanen Ordnung wenden, sollten diesen Traditionalismus beruhigend finden. Die kumulative Wirkung läuft, bedenkt man, wie starr die Spielregeln selbst sein müssen, faktisch auf die Beseitigung gesellschaftlicher Entscheidungen hinaus. Im Reich der Notwendigkeit ist es widersinnig, über Ungerechtigkeit zu klagen.

Verteilungsgerechtigkeit ist nicht bloß ein »Trugbild«, um Hayeks Ausdruck zu verwenden: Ungerechtigkeit ist vielmehr ein notwendiger und inhärenter Bestandteil der spontanen Gesellschaft. Wenn festgegründete, persönliche Erwartungen enttäuscht werden, dann mögen Menschen die Empfindung haben, sie erlitten eine Ungerechtigkeit, seien aber im Irrtum. Es sei bloß ein Unglück. Hayek schilt insbesondere Sumner dafür, dass er zur Verteidigung des freien Unternehmertums anführt, es belohne die Verdienstvollen. Nach Hayek tut der Markt nichts dergleichen. Seine Ergebnisse seien – moralisch betrachtet – ganz und gar zufällig. Das ist ein recht mutiges Zugeständnis, denn vieles spricht dafür, dass die amerikanische Öffentlichkeit den freien Markt genau deshalb unterstützt, weil sie sich mit Sumners moralischen Überzeugungen hinsichtlich der Gerechtigkeit ihrer Verteilung einig weiß, wie Robert Lane überzeugend nachgewiesen hat.[115] Der Markt wird als eine natürliche Ordnung betrachtet, weshalb Firmen auf den Konkurrenzdruck reagieren müssen. Soweit jedoch Individuen betroffen sind, würden Verdienst und harte Arbeit belohnt, Faulheit und mangelnde Ausbildung bestraft.

Im Gegensatz dazu begegnet man dem Staat mit tiefem Misstrauen. Das hat viele Gründe. Unfaire Besteuerung ist nicht der unwichtigste. Anders als private Erwerbungen werden die Ausgaben für gemeinschaftliche Güter normalerweise nicht recht beachtet. Schließlich kauft niemand die Autobahn, sondern lediglich das Auto. Außerdem ist der Staat immer der Zweite, wenn es gilt, den Kuchen zu verteilen. Er nimmt Umverteilungen vor und stört ein Gleichgewicht, daher sind seine Handlungen sichtbar und Gegenstand ethischer Prüfung. Niemand weiß, wie die ursprüngliche Verteilung zustande gekommen ist. Hayek hebt diesen Sachverhalt hervor. Man könne einen Regierungsbeauftragten ungerecht nennen, weil er oder sie sichtbar für sein oder ihr Verhalten verantwortlich sei, aber der Markt könne niemals gerecht oder ungerecht sein, denn er habe keinen Willen und keine Absichten. Etwas anderes zu meinen, hieße sich einem äußerst primitiven Animismus zu überlassen und hinter jeder Naturkatastrophe eine Gottheit zu wittern. Ohne Zweifel aber ist die amerikanische Öffentlichkeit nicht auf der Höhe der Zeit. Denn während sie John Rawls' Vorstellung von Gerechtigkeit nicht zu teilen scheint, billigt sie Hayeks Programm ebenso wenig. Man scheint einem Leben in einer ungerechten und zufälligen, wenn auch freien und produktiven Gesellschaft keinen großen Vorzug einzuräumen.

Es wäre jedoch völlig falsch, Hayek für einen Trevelyan unserer Tage zu halten. Er ist nicht am moralischen Selbstschutz des viktorianischen Staatsdienstes interessiert. Er gibt den Armen nicht die Schuld an ihrer Armut und er tut nicht so, als ginge es ihnen besser, als sie glauben, und als sei alles, was für sie getan werden könne, ohnehin bereits getan worden. Auch behauptet Hayek nicht, ihre Leiden seien nicht nur notwendig, sondern auch gerecht. Es spricht für ihn, dass er nicht der Versuchung erliegt, die Opfer zu beschuldigen. Er schlägt sogar vor, man solle einigen Opfern helfen. Die wirklich Hilflosen sollten nicht auf dem Markt konkurrieren müssen. Man solle für sie sorgen, doch nicht der Staat und am wenigsten ein demokratisches Regierungssystem. Denn man könne sich nicht darauf verlassen, dass Staatsdiener ihren wohltätigen Bemühungen Grenzen setzten und ihre Finger vom Markt ließen.

Weil Hayek die Unglücksfälle, die uns durch den Markt zustoßen, keineswegs verschweigt, unterscheidet sich sein Buch von anderen, die seine Ansichten ansonsten teilen. Er versucht gar nicht erst, uns diese bittere Pille zu versüßen. Sein Markt ist weder fair noch unfair: Er kennt nur Gewinner und Verlierer. Er hat keinen Willen, keine Zwecke, keine Persönlichkeit. Wir können ihn für nichts verantwortlich machen. Weil der Markt eine unpersönliche Naturgewalt ist, kann niemand, der durch ihn Schaden erleidet, behaupten, dass er eine Ungerechtigkeit erlitten habe, obwohl viele seiner normalen Erwartungen enttäuscht worden sein mögen.

Der Sinn für Ungerechtigkeit ist hier, wie im Falle von Erdbeben oder Vulkanausbrüchen, fehl am Platz. Er ist von der Ungerechtigkeit selbst gänzlich abgetrennt. Hayek geht davon aus, dass er keinerlei Berechtigung für sich hat. Diese

Schlussfolgerung ist zwingend, falls wir wirklich dazu verdammt sind, nichts über Wirkungsweisen des Marktes zu wissen, auch wenn wir in anderen Gebieten Erkenntnisse erlangen können. Auch lastet die Macht der Notwendigkeit in anderen Bereichen nicht so schwer auf uns. Wir verfügen über verschiedene Technologien und öffentliche Programme, um die Folgen von Naturkatastrophen zu lindern und würden es für ungerecht halten, sie nicht einzusetzen. Doch stimmt es, dass wir Stürme nicht länger Gott zur Last legen und nach Hayeks Meinung sollten wir auch der unsichtbaren Hand keine Verantwortung für unser persönliches Unglück aufbürden. Es hätte ihm auffallen können, dass wir von öffentlichen Behörden Hilfe und Schutz vor solchen Katastrophen gerade deshalb erwarten, weil wir sie nicht länger von Gott erhoffen.

Vielleicht finden Theoretiker ökonomischer Notwendigkeit, wie viele technologische Deterministen vor allem marxistischer Provenienz, es ebenso schwer wie die meisten anderen Menschen, die Macht des Schicksals ohne Widerspruch zu ertragen.[116] Das würde sicherlich die sie kennzeichnende Eigenart erklären, Verschwörungstheorien anzuhängen. Verschwörungen liefern, wie Fortuna, gute Erklärungen für Niederlagen, ernennen aber auch jemanden zum Verantwortlichen über eine harte Welt. Für Oakeshott sind es die Rationalisten, die Techniker, die Aufsteiger, die sich seit Descartes verschworen haben, traditionelle Gewohnheiten zu zersetzen. Manchmal sieht er aber auch einen noch verhängnisvolleren Fehler, der auf den Stoizismus und das Christentum zurückgeht, die gemeinsam um eines moralischen Idealismus willen die Kultivierung sozialverträglicher Praktiken zurückweisen. Und seien wir auch die Opfer dieses moralischen Unglücks, so seien es nichtsdestoweniger die Sozialingenieure unter uns, die darauf abzielten, Tradition,

Wohlgeordnetheit und die sie stützenden Verhaltensweisen zu untergraben.

Der Staat und mitunter auch die Monopolisten, erst recht die Gewerkschaften, seien die eigentlichen und dauerhaften Feinde. Sie hätten sich verschworen, unsere Freiheit und nicht nur sie zu zerstören. Das ist eine manichäische Welt, was nicht ohne Ironie ist, sollte uns doch die unsichtbare Hand als Erklärungsmodell ursprünglich von irrationalen Verschwörungsängsten befreien. Allerdings ist es auch eine unter Psychologen geläufige Beobachtung, dass es den meisten Menschen angenehmer ist, Verschwörungen zu wittern, als anzuerkennen, dass überhaupt niemand verantwortlich ist.[117] Sie beweist unser Bedürfnis zu beschuldigen und anzuklagen, und Hayek ist da keine Ausnahme.

Die wirkliche Botschaft der unsichtbaren Hand ist sehr einfach: Obwohl sie viel persönliches Unglück heraufbeschwöre, führe sie nicht zu Ungerechtigkeiten. Unser Sinn für Ungerechtigkeit ist hier bedeutungslos, die Grenze zwischen Unglück und Ungerechtigkeit klar und hart. Gleichwohl wird angenommen, dass unsere Welt rational ist, sich von selbst zu immer höheren Stufen der Zivilisation aufschwingt und verlangt, dass wir uns ihren historischen Erfordernissen anpassen.

Dies scheint mir ein schlechtes Argument zu sein, denn es liegt auf der Hand, dass wir passiv ungerecht sind, wenn wir herumstehen und nichts tun, obwohl wir Leiden, ganz unabhängig von seinen Ursachen, lindern könnten. Nicht der Ursprung des Schadens, sondern die Möglichkeit, ihn zu verhindern oder die Kosten zu verringern, erlaubt uns, darüber zu urteilen, ob eine ungerechtfertigte Passivität angesichts einer Katastrophe vorlag oder nicht. Auch ist der Sinn für Ungerechtigkeit keineswegs bedeutungslos. Die Stimmen der Opfer müssen immer zuerst gehört werden, nicht allein um herauszufinden, ob ihnen offiziell anerkannte gesellschaftliche Erwartungen verweigert worden sind, sondern auch, um ihrer Interpretation der Situation Gehör zu schenken. Müssen die öffentlich gebilligten Ansprüche geändert werden? Sind die Regeln von der Art, dass die Opfer ihnen hätten zustimmen können, wären sie gefragt worden? Wenn die Leiden des Opfers einem Unfall oder einem Unglück geschuldet sind, Regierungsbeauftragte aber Abhilfe schaffen können, dann ist es ungerecht, wenn keine Hilfe geleistet wird. Eine gerechtfertigte Erwartung wurde übergangen. Der Sinn des Opfers für Ungerechtigkeit sollte sich geltend machen und wir alle sollten protestieren. Das ist das Mindeste, was von den Bürgern eines demokratischen Staates erwartet werden muss.

Untersuchen wir sorgfältig, was Ungerechtigkeit ist, wird es uns nicht leichter fallen, in jeder gegebenen Situation die Frage zu beantworten: Handelt es sich um ein Unglück oder eine Ungerechtigkeit? Doch möglicherweise handeln wir weniger passiv ungerecht, wenn wir nicht einfach die Klagen mit den bestehenden Regeln vergleichen und zu einer allzu schnellen Entscheidung kommen. Die Ansprüche der Opfer unter den Gesichtspunkten zu untersuchen, die ich vorgeschlagen habe, ist nur ein vorläufiger Test zur Orientierung. Aber er entspricht nicht nur den besten demokratischen Impulsen, sondern ist unsere einzige Alternative zu einer Selbstgefälligkeit, die lediglich die Ungerechten begünstigt.

Natürlich könnten wir eines Tages so vernünftig werden, dass wir Schluss mit diesen Fragen machen, Verantwortlichkeit unbeachtet lassen, keinen Staat benötigen und ohne Ansehen der Person oder der Ursachen die Kosten von Katastrophen, Unfällen und Ungerechtigkeiten aufteilen. Doch zuerst müssten wir lernen, in einer zufälligen Welt zu leben und keinen Sinn für Ungerechtigkeit mehr zu verspüren.

Diese Aussicht ist weder wahrscheinlich noch anziehend. Bis dahin können wir zumindest mit Voltaire ausrufen: »Nein, haltet meinem bewegten Herzen nicht mehr / Diese unveränderbaren Gesetze der Notwendigkeit entgegen.«[118]

3 – DER SINN FÜR UNGERECHTIGKEIT

Wenn die Opfer von Katastrophen sich weigern, sich in ihr Unglück zu schicken und vor Zorn aufschreien, dann hören wir die Stimme des Sinns für Ungerechtigkeit. Voltaire ist ihr Dichter. Doch was ist dieser Sinn für Ungerechtigkeit? Zunächst einmal handelt es sich um eine besondere Art von Zorn, den wir dann empfinden, wenn man uns versprochene Vorteile vorenthält und wir nicht bekommen, was uns unserer Meinung nach zusteht. Es ist der Verrat, den wir erfahren, wenn andere die Erwartungen enttäuschen, die sie in uns geweckt haben. Es gab diese Empfindung seit jeher. Wir hören die Stimme des Sinns für Ungerechtigkeit bei Hiob, Jonas und Hesiod im Morgengrauen unserer Literaturgeschichte und sie klingt noch immer laut und überzeugend. Denn was wäre unsere Literatur ohne sie? Worüber hätte Dickens schreiben können, gäbe es den Sinn für Ungerechtigkeit nicht? Er erinnert uns nicht weniger als Voltaire daran, dass wir nicht allein um unseretwillen Wut empfinden, sondern auch nachdrücklich dann, wenn andere Menschen die Demütigungen der Ungerechtigkeit erfahren. Der Sinn für Ungerechtigkeit ist überaus politisch. Trotz aller Schwierigkeiten, denen wir begegnen, wenn es darum geht, eine Ungerechtigkeit von einem Unglück zu unterscheiden und die wirklichen Opfer auszumachen, wissen wir sehr wohl, was wir fühlen, haben wir sie einmal erkannt. Macht er sich geltend, ist der Sinn für Ungerechtigkeit unmissverständlich, selbst wenn wir uns weigern, ihn anzuerkennen.

DER DEMOKRATISCHE SINN FÜR UNGERECHTIGKEIT

Obwohl der Sinn für Ungerechtigkeit nicht unbemerkt geblieben ist, hat er im politischen Denken und Handeln nicht immer eine wichtige Rolle gespielt. Schließlich ist er etwas, das die Verlierer auszeichnet. Die damit verbundenen politischen Gefahren waren ohne Zweifel schon immer bekannt, denn die Ausgestoßenen von gestern können sehr wohl die revolutionären Rächer von morgen sein. Deshalb bemerkte Aristoteles, dass gefühlte Ungerechtigkeit zu Revolutionen anstachelt. Aber er interessierte sich für diesen Gegenstand nur in seinem ideologischen Ausdruck. Seine Nachfolger wiesen sehr schnell darauf hin, dass Tyrannen sich ungerecht verhielten und die Regeln der primären und sekundären Gerechtigkeit nur allzu häufig verletzten. Sie waren die Fürsten, um derentwillen Teufel dargestellt wurden, die auf die Gerechtigkeit einschlugen. Häufig teilte man den Untertanen mit, sie seien nicht verpflichtet, solchen Regenten zu gehorchen. Ihr persönlicher Sinn für Ungerechtigkeit spielte jedoch in den Theorien, die nur monarchistische und aristokratische Regierungsformen betrachteten, keine Rolle. In modernen Demokratietheorien steht dagegen der Sinn der einzelnen Bürger für Missstände sowohl in psychologischer wie in politischer Hinsicht im Mittelpunkt.

Das demokratische Denken sieht im Sinn für Ungerechtigkeit einen wesentlichen Bestandteil unserer Moralstruktur und eine angemessene Reaktion auf den Fall, dass uns etwas ungerechtfertigterweise gesellschaftlich vorenthalten wird. Die Schwierigkeiten, die diesen ihrem Wesen nach subjektiven und persönlichen Reaktionen auf Ungerechtigkeit anhaften, treten im demokratischen Denken offener zutage. Wann sind sie politisch gerechtfertigt? Wie soll man auf ihre Forderungen reagieren? Möglicherweise kann nichts den Sinn für Ungerechtigkeit so gut befriedigen wie Rache, die mit Gerechtigkeit, wie man sie gewöhnlich auffasst, unvereinbar ist. Obwohl wir dazu neigen, Ungerechtigkeit in spezifischen und individuellen Fällen zu erfahren, muss Gerechtigkeit notwendigerweise allgemein sein und sozialen Zwecken dienen. Sie macht den Sinn für Ungerechtigkeit, auf den Demokraten positiv reagieren müssen, weder unwirksam noch zerstreut sie ihn.

Zu erkennen, dass wir in einer Welt voller unabänderlicher Ungleichheit leben, heißt zu wissen, dass der Sinn für Ungerechtigkeit und seine Ursachen niemals beseitigt werden können. Selbst in Gesellschaften, für die Gleichheit ein allgemeiner Wert ist, gibt es zwangsläufig bevorteilte und benachteiligte Personen, die Starken und die Schwachen. Diese Ungleichheiten bereiten den Boden, auf dem verratene Erwartungen und der Sinn für Ungerechtigkeit gedeihen. Auch wenn Ungleichheit unvermeidlich zu sein scheint, werde ich dafür argumentieren, dass eine konstitutionelle Demokratie am ehesten in der Lage ist, eine politisch angemessene Antwort auf den Sinn für Ungerechtigkeit zu formulieren. Selbstverständlich schafft sie nicht alle Ungerechtigkeiten ab. Selbst die besten politischen Systeme zeitigen unvermeidlich Gründe für Verbitterung, aber wenigstens bringt eine demokratische Regierung die Stimmen der Geschädigten nicht zum Schweigen und versteht das zum Ausdruck gebrachte Unrechtsempfinden als einen Auftrag zur Veränderung, während die meisten anderen Regimes Zuflucht zur Unterdrückung nehmen.

Ich möchte wiederum mit ein wenig Geistesgeschichte beginnen. Der Sinn für Ungerechtigkeit als grundlegende Erfahrung spielt in der klassischen Ethik eine ziemlich unbedeutende Rolle. Aristoteles sagt etwas zu seinem Platz in politischen Streitfragen, aber davon abgesehen geht er nicht näher auf ihn ein. In Aristoteles' Darstellung persönlicher Ethik ist der Sinn für Ungerechtigkeit nur von untergeordneter Bedeutung, vor allem im Vergleich zum modernen demokratischen Denken. Es gibt bei ihm nichts, was sich auch nur entfernt dem demokratischen Begriff eines universellen Sinnes für Ungerechtigkeit zur Seite stellen ließe, wie wir ihn in Rousseaus oder Thomas Paines politischer Psychologie finden. Aristoteles zufolge heizt wahrgenommene Ungerechtigkeit den Kampf zwischen Reich und Arm an, aber eben deshalb, weil beide Parteien in einem ideologischen Streit über primäre Gerechtigkeit befangen sind. Er erwähnt auch die ehrliche Empörung, die wir beim Anblick unverdienten Glückes oder Unglückes empfinden, doch ist sie nur das Merkmal eines ethischen Charakters und bildet die Mitte zwischen den exzessiven Empfindungen von Neid und Schadenfreude. Neid werde durch das Glück anderer erregt, sei es nun verdient oder nicht, während Schadenfreude sich an den Leiden anderer erfreue. Beide seien, anders als nüchterne und ehrenwerte Empörung, keine angenehmen Charakterzüge.[119] Doch Empörung sei nicht mit dem Sinn für Ungerechtigkeit zu verwechseln. Sie sei zu kognitiv und zu unemotional, im Gegensatz zum Zorn, der die Freuden der Rache vorwegneme. Im Übrigen stehe es allein den Freien und Adeligen zu, auch tatsächlich Rache zu üben.

In Aristoteles' *Politik* kommt allein die gekränkte Ehre dem Unrechtsempfinden nahe. Junge Adelige, die eine sexuelle Demütigungen erlitten haben, töten den Tyrannen, der ihre eigene und die Ehre ihrer Familie verletzt hat. Gekränkte Ehre ist jedoch ein ausschließlich aristokratischer Charakterzug und genauso stellt Aristoteles ihn dar.[120] Er ist alles andere als universal. Adelige werden als Mitglieder einer

Kaste entehrt, während sich ein demokratischer Sinn für Ungerechtigkeit geltend macht, wenn jemandem die menschliche Würde abgesprochen wird.[121] Es gibt einen beträchtlichen Unterschied zwischen einem aristokratischen und einem demokratischen Ethos. Es ließe sich sogar behaupten, kein Aristokrat könnte jemals den Sinn für Ungerechtigkeit in seiner vollen Bedeutung ermessen. Gekränkte Ehre verlangt nach Genugtuung, doch der demokratische Sinn für Ungerechtigkeit klagt mehr ein, nämlich die öffentliche Anerkennung, dass es falsch und unrecht ist, jemandem ein Mindestmaß an menschlicher Würde zu verweigern. Daher sollte eine Demokratie den Sinn für Ungerechtigkeit prinzipiell achten und ihm einen beträchtlichen Wirkungskreis einräumen. Seitdem wir als »gleich geschaffen«[122] gedacht werden, sollten alle unsere Ansprüche zählen, und sieht man verächtlich auf sie herab, wird von uns erwartet, öffentlich dagegen zu protestieren.

Um die ganze moralische und politische Bedeutung des Sinnes für Ungerechtigkeit zu würdigen, tut man gut daran, sich der demokratischen politischen Theorie und ihrem größten Repräsentanten zuzuwenden: Rousseau. Er war ein geradezu genialer Sammler von Ungerechtigkeiten und von allen Denkern der Gleichheit der tiefsinnigste. Seine Schriften sind ein wahrhaftes Museum der mannigfaltigen Formen und Spielarten menschlicher Ungerechtigkeit. Die *Bekenntnisse* beweisen, dass selbst der Zorn ein bemerkenswertes Kunstwerk hervorzubringen vermag. Für Rousseau ist der Sinn für Ungerechtigkeit eine allgemein menschliche Disposition, ein unausrottbares soziales Gefühl und ein politisch bedeutsames Phänomen. Und was wir einander antun ist der Grund, dass er uns nie verlässt. Vielleicht müssen wir mit Rousseau annehmen, dass wir Mitleid zumindest mit den körperlichen Leiden aller empfindungsfähigen Wesen zu fühlen imstande sind, wollen wir dem Sinn für Ungerechtigkeit einen herausragenden und nicht nur einen allein uns selbst betreffenden Stellenwert in unserem Seelenhaushalt zuschreiben. Jedenfalls wäre der Sinn für Ungerechtigkeit nicht das Herzstück des politischen Empfindungsvermögens moderner Demokratie, schlösse er nicht die Fähigkeit ein, den Schmerz ungerechter Erniedrigungen zu fühlen, unseren eigenen wie derjenigen anderer Menschen.

Rousseaus Schriften behandeln das gewöhnliche Modell von Gerechtigkeit nicht geringschätzig. Jede Gesellschaft sei definitionsgemäß ein System von Regeln, die das Richtige vom Falschen und das Bessere vom Schlechteren unterscheiden. Einige Menschen müssten gelobt, andere getadelt werden.[123] Doch jede soziale Ungleichheit, und sei sie auch moralisch begründet, rufe emotionale Veränderungen in uns hervor, die uns schließlich sowohl zu Tätern wie zu Opfern der Ungerechtigkeit machten. Daher sei es die Gerechtigkeit selbst, von der aller Sinn für Ungerechtigkeit seinen Ausgang nehme. Denn wenn wir einander beurteilten, errichteten wir unmittelbar eine Ungleichheit, was das gegenseitige Ansehen betreffe, und dieser Unterschied öffne anderen Ungleichheiten, die Abhängigkeit und Unterdrückung nach sich zögen, Tür und Tor. So komme es, dass wir in unserer letztlich selbstgeschaffenen Wertehierarchie stiegen und fielen. Vergleiche und Wertmaßstäbe produzierten Ungleichheit und damit verbunden die Spaltung des individuellen Selbst sowie Ungerechtigkeit zwischen den Menschen. So weitläufig und stark sei der Einfluss der Ungerechtigkeit, dass man nur hoffen könne, dieses grundlegende Leid zu mindern, nicht aber, es zu beheben.

In jeder der Geschichte bekannten Gesellschaft herrschten die Reichen mit deren unseliger Zustimmung über die Armen, da diese ihr Schicksal um des Friedens willen hingenommen hätten. Denn das sei die wahre Bedeutung der Anerkennung von Mein und Dein und des gewöhnlichen Modells von Gerechtigkeit. Die Ursachen dafür lägen aber bei uns. Schriebe man Menschen Verhaltensregeln vor, lernten sie bald zu lügen und zu betrügen und bewusst ungerecht zu sein. »Zusammen mit Konventionen und Pflichten entstehen Lug und Trug.«[124] In einer radikal ungleichen Gesellschaft könnten Regeln die Ausgebeuteten wie ihre Ausbeuter nur zu Gesetzesverstößen ermuntern. Jene aus Verzweiflung, diese, weil sie ungeschoren bleiben. Das Gesetz treffe sie selbstverständlich auf sehr verschiedene Weise.

Es zeigt sich also für Rousseau, dass das gewöhnliche Modell der Gerechtigkeit nur jene Ungleichheit zum Ausdruck bringt, die der wirkliche Quell und Ursprung der Ungerechtigkeit ist. Diese führe ein üppiges Eigenleben und kein Gerechtigkeitssystem, sei es noch so fair, dürfe jemals hoffen, sie ganz zu beseitigen. Dabei verstehe sich diese konventionelle Sicht nicht einmal selbst richtig. Denn während wir das Ethos der Ungleichheit verinnerlichten, es als richtig und gerecht billigten, büßten wir unsere natürliche Fähigkeit nicht ein, uns beraubt, gedemütigt und verletzt zu fühlen, sollten Erwartungen, die wir als Menschen haben, unerfüllt bleiben, unsere Ansprüche übergangen, der Sinn für unsere Würde wie alle unsere Empfindsamkeiten verletzt und wir verachtet und zurückgestoßen werden. Viele unserer Erwartungen wurzelten zudem in der Natur statt der Kultur. So fest verwurzelt sei unser Sinn für Ungerechtigkeit, dass er tagaus, tagein unser Leben mit Bitternis überziehe. Die meisten von uns änderten daran nichts und befolgten demütig die Regeln, was weder uns selbst noch unsere Situation verbessere. Unser Sinn für Ungerechtigkeit sei vielleicht eingeschlafen, ganz und gar verlassen könne er uns nicht. Keine Vorstellung davon zu haben, was es heißt, ungerecht behandelt zu werden, bedeute, über keinerlei moralisches Wissen zu verfügen und kein moralisches Leben zu führen.

Rousseau ließ sich durch die Beobachtung eines zornentbrannten, sich das Herz aus dem Leibe schreienden Kleinkindes, das von seiner Amme geschlagen worden war, um es zum Schweigen zu bringen, davon überzeugen, dass der Sinn für Ungerechtigkeit angeboren ist. Wenn ein Kind durch eine willentliche Verletzung zur Verzweiflung getrieben werden könne, dann müsse das Gerechtigkeits- und Ungerechtigkeitsempfinden ohne Zweifel dem menschlichen Herzen angeboren sein.[125] Seine Theorie der Erziehung sollte auf dieser Annahme aufbauen. Emile, sein fiktiver Schüler, wird ermutigt, einige Bohnen in ein Stück Erde zu säen, in die der Gärtner bereits Früchte gepflanzt hat. Als der Gärtner die Bohnen des Jungen einfach herausreißt, wird das Kind wütend. »Die geliebte Frucht seiner Mühen« ist mutwillig zerstört worden und der Sinn für Ungerechtigkeit in seiner kleinen Brust entbrannt. Der Junge hat auch gelernt, dass sein Eigentumsanspruch auf die Bohnen durch die Arbeit begründet wird, die er in ihre Pflege gesteckt hat, und dass Ungerechtigkeit darin besteht, Menschen ihres auf diese Weise erworbenen Eigentums zu berauben. Unglücklicherweise ist der Anspruch des Gärtners besser begründet als der Emiles, da jener den Boden zuerst bearbeitet hatte. Schließlich treffen sich die beiden und kommen überein, das Stückchen Erde zu teilen und die Arbeit des jeweils anderen zu respektieren.[126] Gleichwohl ist Emile mit dieser ersten Erfahrung von Ungerechtigkeit in das Reich der Gesellschaft und ihrer Regeln eingetreten. Aus einem unschuldigen kleinen Tier ist er zu einem klugen und moralischen Wesen geworden. Auch die Welt des Lasters steht ihm nun offen. Man könnte den Vorrang und die Allgemeingültigkeit des Sinnes für Ungerechtigkeit kaum überzeugender darstellen. Schließlich wird die Erziehung Emile über persönlich erfahrene Ungerechtigkeit hinaus zu einem Verständnis von Politik führen, das letzten Endes für alles Weitere entscheidend ist.

Rousseau glaubte, der Sinn für Ungerechtigkeit sei nicht nur als Reaktion auf persönliche Kränkungen von Dauer, sondern könne mit Hilfe gesellschaftlicher Erziehung auch zu einer mitfühlenden Antwort auf die Kränkungen anderer werden. Es sei alles andere als natürlich, dass Emile die Ansprüche des Gärtners anerkennt. Er habe das erst lernen müssen. Wenn er aber die primäre Erfahrung von Ungerechtigkeit gar nicht erst gemacht hätte, dann wäre er unfähig gewesen, die Rechte anderer anerkennen. Rousseau meinte, es sei wichtig, Kindern zuerst ihre eigenen Rechte zu lehren, damit sie am Ende ihre Pflichten verstehen können, sobald sie begreifen, dass auch andere Menschen den Stachel des Sinns für Ungerechtigkeit spüren, der die natürliche Grundlage ihrer Rechte ist. Zweifellos konnte er seine vielen Leser davon überzeugen, dass der Sinn für Ungerechtigkeit das allgemeine Merkmal unseres Menschseins und das natürliche Herzstück unserer Moral ist. Dieser Sinn ist unser fundamentalster Anspruch auf Würde.

Es kann angesichts des ungeheuren Einflusses, den Rousseaus Schriften gehabt haben, nicht überraschen, dass der Sinn für Ungerechtigkeit und die mit ihm verbundenen Gefühle, nämlich Frustration, Zorn und Furcht, Psychologen aller Schulen seit dem 19. Jahrhundert sehr beschäftigt haben. Deren Befunde belegen allem Anschein nach, dass zwar Vergeltung als unmittelbare Antwort auf einen Akt der Verletzung auch unter Tieren verbreitet ist, nicht aber geplante Rache. Furcht und Wut schließen zudem bekannte physiologische Reaktionen ein, die Tiere nicht weniger intensiv empfinden können als wir.[127] Was unterscheidet nun den Sinn für Ungerechtigkeit von der reinen Frustration, die auch

Tiere empfinden, sobald man ihnen etwas vorenthält, das sie für gewöhnlich bekommen? Die beste Erklärung ist wohl, dass wir von Kindesbeinen an aus den Erfahrungen anderer lernen, indem wir Vergleiche anstellen und eine Vorstellung davon ausbilden, was wir gemäß den vorherrschenden Maßstäben erwarten dürfen, wie vage diese auch sein mögen.[128] Vor allem erkennen wir den Unterschied zwischen gesellschaftlich geltenden Erwartungen, bloßen Wunschvorstellungen und ungerechtfertigten Hoffnungen.

Die Analyse bestimmter sprachlicher Wendungen ist hilfreich, um den Unterschied zwischen uns und unseren tierischen Freunden zu verdeutlichen. Nicht anders als wir erwarten Tiere, *dass* etwas getan wird, einfach, weil es immer getan wurde, so wie Wirkungen stets auf Ursachen folgen. Handelt es sich dabei um etwas Genussvolles, sind sie und wir bitter enttäuscht und frustriert, wenn es nicht eintritt. Aber Menschen haben auch Erwartungen aneinander, die von unseren Rollen und dem gesellschaftlichen Charakter unserer wechselseitigen Beziehungen abhängen. Wir erwarten Fairness *von* Beamten, Treue *von* unseren Freunden, Warenlieferungen und Dienstleistungen *von* denen, die wir dafür bezahlt haben. Wir sind nicht bloß aufgebracht, sondern fühlen uns verraten, wenn unsere Erwartungen nicht erfüllt werden. Statistiken mögen uns mitteilen, dass solche Enttäuschungen mit einer gewissen Wahrscheinlichkeit immer eintreten werden, aber das ist kein echter Trost. Eine schwarze Amerikanerin mag wohl erwarten, *dass* gewisse öffentliche Behörden sie nicht fair anhören werden, aber als Bürgerin weiß sie, dass man *von* unseren Staatsdienern Besseres erwarten darf, und sie kann ohne Zweifel ihren Sinn für Ungerechtigkeit spüren und mitteilen, wenn ihre Ansprüche übergangen werden.[129] Nun gibt es aber eine Verbindung zwischen diesen beiden Arten von Erwartungen. Unvorhergesehene, plötzliche Ungerechtigkeiten werden weitaus stärker übel genommen als solche, die wir als Mitglieder einer Gruppe zu ertragen gelernt haben. Jene entreißen uns den emotionalen Schutzschild, den wir uns durch Resignation zugelegt haben, und lassen das Leid ungehindert hervorbrechen.[130]

Damit der persönliche Sinn für Ungerechtigkeit hier vollständig ins Spiel kommen kann, muss es einen bestimmten Grund für das Gefühl geben, eine Enttäuschung sei nicht lediglich eine unangenehme Überraschung gewesen, sondern eine überlegte und vermeidbare Verletzung. Man muss vermuten können, nicht nur von einem Unglück betroffen worden zu sein, und diese Vermutung verdient, öffentlich respektiert zu werden. Da es keine eindeutige Antwort auf die Frage gibt, wer darüber befindet, ob eine Erwartung unzweifelhaft legitim und politisch anerkannt ist oder ob es dem, der die Klage erhebt, nur subjektiv so erscheint und er eigentlich im Irrtum oder bloß ein Querulant ist, kann man unmöglich zu einer plausiblen Einschätzung gelangen, ohne sich die Klagen über die empfundene Ungerechtigkeit sorgfältig anzuhören. Wenn man den Sinn für Ungerechtigkeit, wie Rousseau, für angeboren und natürlicherweise präzise hält, dann muss man, wenigstens zu Anfang, der Stimme des Opfers mehr Glaubwürdigkeit einräumen als derjenigen der offiziellen Vertreter der Gesellschaft, des beschuldigten Täters oder des Ausflüchte suchenden Bürgers. Angesichts der Tatsache, dass allerlei Ungleichheiten in der Verteilung von Macht unvermeidlich sind, ist das die notwendige demokratische Reaktion. Die Klage mag sich im Licht der vorhandenen Beweise als unbegründet herausstellen und zurückgewiesen werden, das vermeintliche Opfer muss gleichwohl angehört werden. Seine Stimme geht vor, denn ohne sie zu hören, lässt sich unmöglich entscheiden, ob es eine Ungerechtigkeit oder ein Unglück erlitten hat.

Die Demokratietheorie braucht nicht allen Menschen einen identischen Sinn für Ungerechtigkeit zuzusprechen. Sie muss lediglich darauf bestehen, dass normale Menschen sagen können, wann sie verletzt worden sind. Unter einigermaßen günstigen, demokratischen politischen Bedingungen gedeiht ihr Sinn für persönliche Würde und wird darin bestärkt, sich selbst zu behaupten, insbesondere gegen die chronische Arroganz von Regierungsbeauftragten. Idealerweise sollten Bürger nicht nur vor Schaden geschützt werden, sondern auch davor, zu »ihrem eigenen Glück« gezwungen zu werden. Zudem haben wir ohne ihre unmissverständliche Zustimmung und ihr Einverständnis keinen Grund anzunehmen, ihre rechtmäßigen Erwartungen seien erfüllt worden und ihr Stillschweigen sei etwas anderes als allenfalls ein Zeichen resignativen Sichschickens ins Gegebene.

DER SCHREI DER OPFER NACH RACHE

Zu meinen, demokratische Einstellungen und Institutionen seien eine angemessene Antwort auf den Sinn für Ungerechtigkeit, wäre allerdings kindisch, ja nicht einmal einleuchtend. Es mag sein, dass die Verfahren der Zustimmung das Höchste unserer Möglichkeiten sind, das Reich der Ungerechtigkeit werden sie nicht niederwerfen. Kein politisches System kann die Unzufriedenheit beschwichtigen und die Unterschiede beseitigen, die der Zustand der Vergesellschaftung in uns und zwischen uns schafft. Niemand kann Konflikte und Unehrlichkeit beseitigen und die Maßnahmen des Strafrechts haben zusätzlich zu ihrer offensichtlich praktischen Wirkungslosigkeit psychologische Grenzen. Und was am wichtigsten ist, die spontane Reaktion auf Ungerechtigkeit ist nicht der Ruf nach Rechtsverfahren, sondern nach Rache. Der Sinn für Ungerechtigkeit lässt uns nicht nur im Stillen vor Wut schäumen, er treibt uns auch dazu, unserer Wut Taten folgen zu lassen, denn er macht uns in keiner Weise vernünftiger. Diese Einsicht ergab sich schnell, als der Sinn für Ungerechtigkeit im 18. Jahrhundert auf allgemeines Interesse stieß.

Zur Veranschaulichung sollte man die Schrift des Doktor Itard ansehen, eines Anhängers Rousseaus aus jenem Jahrhundert. Wie er der zuständigen Regierungsstelle berichtete, hatte er versucht, einem wilden, in den Wäldern gefundenen Kind sowohl das Sprechen wie auch moralisches Verhalten beizubringen. Er war sich allerdings nicht sicher, ob er lediglich Viktors Verhalten geändert oder in ihm tatsächlich einen moralischen Sinn wachgerufen hatte. Um den Jungen zu prüfen, schloss er Viktor in eine Kammer ein, was er gewöhnlich tat, wenn er ihn bestrafen wollte. Aber dieses Mal hatte sich der Junge tatsächlich nichts zuschulden kommen lassen. Als er das wütende Kind freiließ, biss es Itard in die Hand. Der Doktor war hocherfreut, denn dieser Racheakt bewies ihm, dass Viktor wirklich »sowohl einen Sinn für Ungerechtigkeit wie für Gerechtigkeit« hatte und daher ein vollwertiger Mensch war.[131] Es handelte sich, bemerkte er, um einen durch und durch gerechtfertigten Racheakt. Indem er ihn provozierte, meinte Itard, hatte er den Wilden zur ganzen Höhe eines moralischen Wesens erhoben. Viktor besaß nun das entscheidendste Merkmal und das edelste Attribut eines gesellschaftlichen Menschen, denn diese beiden Empfindungen waren die zeitlose Grundlage aller gesellschaftlichen Ordnung. Für Itard, der (mehr noch als Rousseau) ein glühender Verfechter der Theorie war, der Mensch werde von der Umwelt geprägt, war der entscheidende Punkt, dass Gerechtigkeit, wie alles andere auch, erlernt werden müsse.

Aber beide waren davon überzeugt, dass wir auch als Kinder oder geistig Behinderte unsere Rechte kennen und einen Sinn für Ungerechtigkeit bekunden, wenn wir, wie der wilde Junge, zu primitiven Racheakten Zuflucht nehmen.

Nicht jeder würde Viktors Verhalten als hinreichenden Beweis dafür ansehen, dass er über einen Sinn für Ungerechtigkeit verfügt habe. John Stuart Mill konnte Rache nur als Teil eines vollständig entwickelten, sozialen Bewusstseins billigen, das die oberste Nützlichkeit von Gerechtigkeit erkennt und sich unparteiisch sowohl an selbst erfahrenen, wie auch an von anderen erlittenen Ungerechtigkeiten entzündet. Der Sinn für Ungerechtigkeit könne nur als Teil eines voll entfalteten, geistig und moralisch reifen Verständnisses von Gerechtigkeit als gesellschaftlicher Notwendigkeit von Wert sein. Die bloße Empfindung besage nichts. Aber Mill war auch kein sonderlich demokratischer Denker, wie seine Verachtung für die weniger gebildete Mehrheit eindeutig genug zeigt. Seiner Ansicht nach konnte man den meisten Menschen nicht zutrauen, mehr als ihre tierischen Reflexe mitzuteilen. Solche Reflexe seien aber ziemlich belanglos, solange sie nicht von den wenigen Befähigteren kritisch bewertet würden.[132] Für Rousseau und Itard hatte indes jeder, der eine unverdiente Verletzung erlitten zu haben meinte und darauf sinnvoll antwortete, seine Fähigkeit bewiesen, Gerechtigkeit zu verstehen. Mehr verlange moralische Reife nicht.

In der Tat glaubte Rousseau, schon die Tatsache, sich einer Ungerechtigkeit bewusst zu sein, beweise hinreichend, dass man ein moralisches Wesen sei. Er war noch radikaler als Itard und hielt den Rachetrieb nicht für ein notwendiges Merkmal der Moral. Die bloße Empfindung der Ungerechtigkeit, die wir, wie er sicher war, bereits von Geburt an besitzen, reiche aus. Persönliche Erfahrungen hatten ihn gelehrt, dass das zu Unrecht bestrafte Kind möglicherweise niemals darauf antwortet oder reagiert. Es mag sogar, wie er selbst es getan hatte, Geschmack daran finden, unterjocht zu werden. Ein solches Kind verliert weder sein moralisches Bewusstsein noch verschwinden die schmerzlich brennenden Empfindungen der Niederlage und des Zorns.[133] Alles, was wir in jüngster Zeit über die Opfer familiärer Misshandlungen und häuslicher Gewalt erfahren haben, bestätigt Rousseaus Beobachtungen. Wie er erkennen auch wir heute, dass es sich letztlich um eine politische Frage handelt. Daher interessierte er sich weit weniger für persönliche Rache als für Erziehung und demokratische Reformen. Emile ist nicht gestattet, sich wie Viktor zu verhalten, nämlich das Recht selbst in die Hand und zwischen seine Zähne zu nehmen. Ihm wird beigebracht, von anderen Menschen gänzlich unabhängig zu sein und damit jenseits des Reiches der Ungleichheit und der potentiellen wie tatsächlichen Ungerechtigkeit zu stehen. Sollte er jemals ein Bürger werden, wäre er nicht passiv ungerecht. Vielmehr würde er sein Bestes tun, um den Missbrauch privater und öffentlicher Gewalt zu verhindern.

Doch Viktors Geschichte ist plausibler als Emiles. Rache nehmen zu wollen ist ein unstillbarer Trieb des menschlichen Herzens. Viktors Biss war eine natürliche Reaktion auf den Bruch eines stillschweigend gegebenen Versprechens oder zumindest auf eine Erwartung, in der Itard ihn bestärkt hatte. Wie die meisten Racheakte war sein Biss eine persönliche Reaktion auf eine beabsichtigte Verletzung, die geteilte und anerkannte Normen übertrat, und zwar zu einem Zeitpunkt, als nicht an einen Schiedsrichter appelliert werden konnte. *Rache nach eigenem Gutdünken* mag entweder auftreten, weil keine öffentlichen Behörden zur Verfügung stehen oder weil kein Gesetzesverstoß vorliegt, etwa dann, wenn ein persönliches Versprechen gebrochen wird. Manchmal mag es schlicht keine geeigneten Institutionen geben, zumindest zeitweilig, wie im Wilden Westen. Nicht jeder greift unter solchen Umständen zur Selbsthilfe. Wer es tut, findet, dass sie wie kaum etwas anderes Genugtuung gewährt. Bacon nannte Rache »ungezügelte Gerechtigkeit«, eben weil es sich bei ihr um eine wirkliche Leidenschaft handelt.[134] Kein politisches System wird sie auslöschen können, weshalb auch die Demokratietheorie sich nicht erlauben darf, sie zu ignorieren.

Persönliche, Gleiches mit Gleichem vergeltende, unmittelbare Rache ist nicht die einzige Möglichkeit, jemandem eine Ungerechtigkeit heimzuzahlen. Es gibt Formen der Vergeltung, die soziale oder religiöse Verpflichtungen sind. Außerdem kennen wir eine gesellschaftliche Vergeltung, die den allgemeineren Zweck verfolgt, öffentlichen Untaten zu begegnen. Anders als diese ist Rache einzigartig subjektiv, kennt kein Maß und ist wahrscheinlich ein unauslöschlicher Trieb des provozierten menschlichen Gemüts. Sie ist in jeder Hinsicht das genaue Gegenteil von Gerechtigkeit und ihrem Wesen nach mit ihr unvereinbar. Selbst wenn rechtsförmige Gerechtigkeit, wenigstens bis zu einem gewissen Grad, die Rachegelüste der Geschädigten und ihrer Freunde stillen muss, ist sie dazu nicht restlos in der Lage. Rache ist weder unbeteiligt noch unpersönlich, weder verhältnismäßig noch regelgebunden. Eben weil sie ihrem Wesen nach zügellos ist, meinte Bacon, müsse das Gesetz sie mit Stumpf und Stiel ausrotten. Die Vergangenheit, so überlegte er weiter, könne schließlich nicht durch ein anderes Unrecht ungeschehen gemacht werden.[135] Aber freilich bietet auch Gerechtigkeit keinen uneingeschränkten Neuanfang. Rache ist aber zumindest ein Ausgleich für Untaten und belohnt die geschädigte Person mit der Lust, denjenigen, der sie ungerecht behandelt hat, dafür leiden zu lassen.

Wirksame Gerechtigkeit kann der Rache vorgreifen, sie neutralisieren, abschwächen und nahezu ersetzen – abschaffen kann sie die Rache aber nicht, weder als Empfindung noch als aktive Erwiderung, die uns besonders in persönlichen Beziehungen zur Verfügung steht. Für die meisten Menschen ist vergeltende Gerechtigkeit die Gerechtigkeit schlechthin, doch sie bleibt ein enttäuschender Ersatz für Rache, da sie weder das Verlangen danach befriedigt noch ersetzt.[136] Außerdem entzündet sich der Sinn für Ungerechtigkeit oft an Verletzungen, die den öffentlichen Rechtsprechungsinstanzen entzogen sind. Ein gebrochenes privates Versprechen oder ein persönlicher Verrat mögen nichts mit dem Gesetz zu tun haben, was manche nicht daran hindert, trotzdem etwas zu unternehmen. Ein Beispiel ist Balzacs berühmte Erzählung über einen Ehemann, der die Tür eines Schranks zumauert, in dem sich der Geliebte seiner Ehefrau verborgen hält, während sie ihm dabei zusieht. Solche Gelegenheiten bieten sich nicht jedem. Was kann ein Kind tun, wenn ein nachlässig gegebenes Versprechen gebrochen wird? Nicht viel mehr als seinen Sinn für Ungerechtigkeit zu nähren. Unter Gleichen mag die Verletzung geringfügiger sein. Geschäftsleute schreiben unverbindliche Versprechen, die gebrochen werden, als anfallende Geschäftskosten ab, denn es handelt sich weder um eine persönliche Kränkung noch um eine Machtfrage. Auch hier mag Rache vorkommen, aber es scheint nicht üblich zu sein.[137] Doch persönlicher Verrat verursacht Schmerzen; bietet sich dann eine Gelegenheit, es dem Täter heimzuzahlen, ist man heftig versucht, seinen Sinn für Ungerechtigkeit in einem Racheakt zum Ausdruck zu bringen. Anders als Gerechtigkeit bezieht sich die Rache direkt auf den spezifischen Fall und steht jeder Erwägung gleichgültig gegenüber, die nichts mit dem Bedürfnis zu tun hat, auf eine Beleidigung oder ein wahrgenommenes Unrecht zu reagieren.

Verpflichtende Vergeltung ist keine Rache. In der Regel handelt es sich dabei um eine gesellschaftliche Pflicht, seine

Verwandten zu rächen, die mit den Wünschen des dazu verpflichteten Individuums nichts zu tun haben mag. Orest wollte seine Mutter nicht töten, aber er musste seinen Vater rächen und handelte überdies, um den auf seinem Geschlecht lastenden Fluch zu erfüllen. Nach der Tat wird er von den Erinnyen gehetzt, die nun ihrerseits den Muttermord rächen müssen. Erst als Athene einschreitet und sie in glückliche Geister verwandelt, die nun bürgerliche Gerechtigkeit üben, findet der endlose Kreislauf der Vergeltung ein Ende. In Aischylos' *Eumeniden* tritt die bürgerliche Gesellschaft erst dadurch in einen Zustand der Harmonie ein, dass die Göttin die Zwangsläufigkeit ererbter Flüche durchbricht und die Pflicht, seine Verwandten zu rächen, Regeln unterwirft.[138] Auch Hamlet klagt, er sei gezwungen, seinen Vater zu rächen, um die Gerechtigkeit wiederherzustellen. Im Grunde will er seinen Onkel nicht töten und als er es schließlich doch tut, fällt er seiner eigenen Tat zum Opfer. Erst der junge Fortinbras, wiederum eine von außen hinzutretende Kraft, lenkt die Dinge in Dänemark wieder ins rechte Gleis. Diese Art verwandtschaftlicher Selbsthilfe soll durch die Institutionen der Gerechtigkeit ersetzt, kontrolliert und zerstört werden. Insofern Vergeltung dem Kodex von Kasten entspringt, ist sie nicht leicht zu unterdrücken. Es war nicht einfach, die Sitte abzuschaffen, seine Ehre im Duell zu verteidigen. Dasselbe gilt für die Blutrache.

Die Blutrache ist eine egalitärere Form von Rache. Auch sie ist eine kulturell auferlegte Pflicht. Sie wütet immer noch auf Korsika, weil der Staat nicht stark genug ist, sie zu unterbinden. Hier ist der Sinn für Ungerechtigkeit nicht aristokratisch, sondern unheilbar anarchisch. Der Preis des Misstrauens und der Furcht, den diese Sippengesellschaften zu zahlen haben, ist enorm. Die Ausübung der Gerechtigkeit als eine Art Privatunternehmen selbst in die Hand zu nehmen, schafft eine so allgegenwärtige Atmosphäre des Misstrauens und Verdachts, dass eine wirtschaftliche und gesellschaftliche Entwicklung in dieser moralisch gelähmten Gesellschaft unmöglich ist.[139] Obgleich die gewöhnliche Rache und ihre Freuden eine Rolle in der Blutrache zu spielen scheinen, ist Vergeltung auch hier keine Sache der persönlichen Entscheidung. Wie die Metzeleien rachsüchtiger Verwandter neigt die Blutrache dazu, kein Ende zu finden.

Schließlich gibt es politische Vergeltung. Sie tritt auf, wenn ein persönlicher Sinn für Ungerechtigkeit sich öffentlicher Aktionen als Antwort auf politisches Unrecht bedient. Der Begriff ist außergewöhnlich verwickelt, denn jeder Fall ist einzigartig und von den historischen Umständen abhängig, unter denen er auftritt. Historiker neigen dazu, den Anteil, den persönliche Unrechtserfahrungen und Verbitterung an Aufständen und Revolutionen haben, zu vernachlässigen, aber Schriftsteller waren scharfsichtiger. Wir müssen nur Dickens' *Eine Geschichte aus zwei Städten* lesen, um all diese Leidenschaften am Werk zu sehen.

Nicht nur Dickens nahm sie wahr. Es gibt zwei Erzählungen desselben Stoffes, die hervorragend beleuchten, wie sich tief erlebte, persönlich erlittene Ungerechtigkeit in politische Gewalt umsetzt. Der Held der Kleist'schen Novelle *Michael Kohlhaas* und Coalhouse Walker, die Hauptfigur in E. L. Doctorows Roman *Ragtime*, leben weder in derselben Zeit noch unter denselben Umständen, und das macht einen großen Unterschied, was ihre ansonsten identischen Erfahrungen politischer Ungerechtigkeit betrifft. Kohlhaas lebt in einer allgemein als gerecht geltenden Gesellschaft und wird Opfer eines außergewöhnlichen Willküraktes. Coalhouse lebt im ungerechten, rassistischen Amerika um die Jahrhundertwende. Sieht man von Zeit, Ort und Hautfarbe ab, sollen sie aber denselben Mann darstellen.

Zur Zeit Luthers beschlagnahmt ein Junker Kohlhaas' beide Pferde und schindet sie bei der Feldarbeit. Kohlhaas erwartet, dass man ihm schnellstens Gerechtigkeit widerfahren lasse, muss aber erkennen, dass niemand seiner Klage Gehör schenken will, da der junge Edelmann über einflussreiche Verbindungen am Hof verfügt. Während er seine Sache verfolgt, ist Kohlhaas zahllosen Beleidigungen und Kränkungen ausgesetzt. Schließlich versammelt er eine Rotte von Bauern um sich, die die ganze Gegend in Schrecken versetzt. Am Ende jedoch siegt die Gerechtigkeit. Der gute Kurfürst von Brandenburg untersucht den ganzen Fall, wirft den Junker ins Gefängnis, gibt die Pferde ihrem Eigentümer zurück und schickt Kohlhaas' Söhne auf eine Schule für adelige Pagen. Die Reichsbehörden fordern natürlich, dass Kohlhaas als Gesetzesbrecher hingerichtet wird. Er nimmt das Urteil willig an, weil ihm die geforderte Gerechtigkeit endlich zuteilgeworden ist. Kohlhaas bekommt sogar seine Rache, denn der Mann, von dem er die ganze Zeit über hintergangen worden ist, der Kurfürst von Sachsen, wünscht verzweifelt, in den Besitz eines Stückchen Papiers zu kommen, das sein Schicksal voraussagt und das Kohlhaas in die Hände gefallen ist. Dieser verschluckt es vor den Augen seines bestürzten Feindes. Wenn wir davon ausgehen, dass Kleist sie nicht in ironischer Absicht geschrieben hat, dann ist das eine Geschichte wiederhergestellter Gerechtigkeit; dass es eine gerechte politische Welt gibt, in der die Fürsten für die Einhaltung der Gesetze sorgen, nimmt selbst Kohlhaas in seinem fanatischen Verlangen nach persönlicher Ehrenrettung als selbstverständlich an. Hier ist gesellschaftliche Vergeltung, auch wenn sie gewalttätig und anarchisch ist, eine Form des politischen Protests, der beendet wird, sobald der Sinn für Ungerechtigkeit einmal befriedigt worden ist.

Die Welt Coalhouse Walkers, des schwarzen Jazzpianisten, sieht da ganz anders aus. Als sein Ford Modell T von einem rassistischen Feuerwehrhauptmann und seinen Leuten mutwillig zerstört wird, will sich kein Anwalt dieses Falles annehmen. Auch Coalhouse versammelt um sich eine Gruppe junger Leute, die Feuerwachen in Brand stecken und ein paar Menschen niederschießen. Als die Jugendlichen die New Yorker Villa von J. P. Morgan besetzen, greifen die Behörden schließlich ein und zwingen den Feuerwehrhauptmann, das Auto zu reparieren und sich bei Coalhouse zu entschuldigen. Wie verabredet, ergibt sich Coalhouse daraufhin und wird, kaum ist er aus der Tür getreten, von der Polizei erschossen. Hier enden die Ähnlichkeiten zwischen den beiden Erzählungen. Weder Coalhouse noch seine Anhänger glauben, in einer gerechten Gesellschaft zu leben oder im offen rassistischen Amerika hoffen zu können, von irgendjemandem fair behandelt zu werden. Coalhouse' junge Anhänger erwarten von ihm, dass er einen sozialen Aufstand organisiert und nicht eine bloß persönliche Ehrenrettung verfolgt. Sie haben nicht dafür gekämpft, dass er sein Auto zurückerhält und man sich bei ihm entschuldigt. Sie wollen ihre Rechte als Bürger anerkannt wissen. Vielleicht ist Coalhouse als Künstler zu reserviert und zu einzelgängerisch, als dass er eine soziale Revolte anführen könnte. Möglicherweise ist ihm auch klar geworden, dass ein solcher Aufstand scheitern und unsägliche Leiden über die Schwarzen bringen würde. Jedenfalls ist Coalhouse, wie Kohlhaas, Ankläger in eigener Sache, doch gibt es keinen guten Fürsten, der für ihn alles wieder in Ordnung bringen könnte. In seiner Welt kann es keinen gerechten Ausgang geben, denn sein wirklicher Feind ist eine ganze Gesellschaft.[140]

Wie steht es nun mit Coalhouse' Anhängern, der eine weiß, die übrigen schwarz, die zu revolutionärer Gewalt greifen wollen? Für sie besteht keine Hoffnung auf Gerechtigkeit oder faire Behandlung in einer ungerechten und gewalttätigen Gesellschaft. Es ist nicht abwegig, dass sie sich für die Genugtuung einer politisch sinnlosen, aber aufrechten Vergeltung entscheiden, unabhängig davon, welchen Preis andere Schwarze dafür werden zahlen müssen. Die Dinge, mag ihre Rechtfertigung lauten, könnten jedenfalls kaum schlechter werden. Darauf ließe sich wenig entgegnen, außer der Feststellung, dass die Dinge *immer* schlechter werden können.

Was wäre geschehen, wenn diese jungen Männer sich einer Ideologie verschrieben hätten? Wie würden sie ihr fortgesetztes Wüten ideologisch rechtfertigen? Zunächst könnten sie behaupten, dass es keinen Unterschied mache, welche Weißen man in Amerika umbringt, denn sie alle seien Rassisten und zögen aus ihrer Stellung einen Vorteil. Sodann könnten sie, nach der Lektüre Sartres, erklären, Gewaltakte seien reinigend und befreiend und nur durch sie würden sie aus Opfern zu freien Menschen.[141] Den unterdrückerischen »Anderen« zu töten sei an sich gesund und heilsam. Angesichts der fehlenden psychologischen Beweise für diese Behauptung mag man sie übergehen. Das aber wäre falsch, denn was sie beschreibt, sind die emotionalen Befriedigungen durch unmittelbare, körperliche Vergeltung. Politisch gesehen ist die Behauptung unsinnig, ruft jedoch in Erinnerung, wie erregend Rache sein kann. Diese Romantik der Gewalt, auch das dürfen wir nicht vergessen, ändert nichts an der Tatsache, dass die in Kriegen und Revolutionen erworbenen Vergeltungsgelüste einem anständigen Staatswesen nicht förderlich sind.

Das Argument, politisch gesehen sei niemand unschuldig, ist jedoch interessanter. Denn es wird in der Sprache der Gerechtigkeit vorgebracht und beruft sich auf ihre Grundsätze. Es muss daher in ihrem Licht beurteilt werden. Vergeltung, so wird behauptet, sei eine gerechte Strafe für diejenigen, die sie verdienen, und in einer ungerechten Gesellschaft verdiene sie ausnahmslos jeder. Ein solches Urteil lässt ein Maß für relative Schuld ebenso vermissen wie einen Sinn für die Verhältnismäßigkeit der Strafe, den selbst schärfere Formen des Strafrechts fordern. Die Berufung auf Gerechtigkeit geht deshalb fehl. Vergeltung ist wie jede andere Form der Rache »ungezügelt«. Was die Anklage allgemeiner Schuld allerdings heraufbeschwört, ist die Ideologie, die alle modernen Kriege und Revolutionen beherrscht: »Wer nicht für uns ist, ist gegen uns.«

Soll die Anklage allgemeiner Schuld überhaupt eine Bedeutung besitzen, dann müsste sie sich auf passive, nicht auf aktive Ungerechtigkeit beziehen. Doch das Verbrechen, das allen, die in einer unterdrückerischen Gesellschaft leben, vorgeworfen wird, besteht nicht in Ciceros passiver Ungerechtigkeit, sondern allein darin, Teil eines gesellschaftlichen Ganzen zu sein. Gute Bürger sollten tatsächlich den durch Rassismus aufgeworfenen politischen Fragen mehr Beachtung schenken, aktiv Stellung beziehen und im Allgemeinen besser unterrichtet sein und sich mehr einmischen. Ein gerechter Bürger hätte seinerzeit allerdings auch zu dem Schluss kommen können, dass die Rassentrennung nach Abwägung aller Gründe die beste Politik sei, weil ihm das von den meisten der wissenschaftlich ausgewiesenen Genetiker und von seinen Politikern nahelegt worden wäre. Zudem hätte er genau das auch selbst glauben wollen. Er wäre zu dem Ergebnis gekommen, es sei ein wirkliches Unglück, schwarz zu sein, und die meisten seiner Mitbürger hätten ihm beigepflichtet. Ein guter Staatsbürger zu sein ist nicht dasselbe, wie klug zu sein, vorurteilslos, human oder außergewöhnlich unabhängig. Nichts dergleichen kann oder sollte man mit Staatsbürgerschaft verbinden. Rousseau befand sich auf sicherem Boden, als er bemerkte, die besten Bürger seien fremdenfeindlich und kriegslüstern. Passive Ungerechtigkeit bezeichnet ein Versagen als Bürger und keine Sünde oder ein Verbrechen. Sie verweist auf die Forderungen, die an unsere politische Rolle in einer konstitutionellen Demokratie erhoben werden, nicht auf die Pflichten, die wir allgemein als Männer und Frauen haben. Der gesunde Menschenverstand und die Geschichte lehren uns zudem, dass Terrorregime keine gute Schule für bürgerliche Tugenden abgeben, ganz im Gegenteil.

Trotzdem bleibt die Tatsache bestehen, dass Coalhouse und seine Anhänger nicht Opfer eines Unglücks, sondern vieler Ungerechtigkeiten waren und wenig ausrichten konnten, ihnen ein Ende zu bereiten. Coalhouse gelangt auf tragische Weise zu dieser Erkenntnis. Wenn seine junge Bande sich dazu entschließt, die Waffen nicht aus der Hand zu legen, dann handelte es sich um Rache, nicht um Gerechtigkeit, um die Logik des Krieges, nicht um die des Rechts, denn so manches Reich der Ungerechtigkeit kann nicht auf gerechtem Weg überwunden werden. Vergeltung hat ohne Zweifel anziehende Seiten, aber sie ist nicht dasselbe wie Strafe oder Umerziehung. Die Entscheidung, sich entweder mit dem Unrecht abzufinden oder mit jedem verfügbaren Mittel dagegen zu kämpfen, kann daher nicht mit Verweis auf das gewöhnliche Modell der Gerechtigkeit verteidigt werden. Und ganz gewiss ist der Vorwurf einer allgemeinen, nicht näher bestimmten Schuld auch politisch bedeutungslos, denn schließlich machen wir uns alle irgendeines Vergehens schuldig: Männer unterdrücken Frauen, Erwachsene Kinder und so weiter. Wir sind sowohl Opfer als auch Täter und so dürften wir vermutlich alle einander töten. Diese mörderische Auffassung der Erbsünde ist kein politischer Gedanke.

Zwar ist die terroristische Rechtfertigung von Vergeltung unhaltbar, doch ist sie nicht völlig abwegig. Tatsächlich ist sie völlig konventionell. Viele Theorien eines gerechten Krieges in unserem Zeitalter der Nationalstaaten behaupten ebenfalls, die Bürger eines angreifenden Staates hätten bis zu einem gewissen Grade an der verbrecherischen Schuld ihrer Regierung teil und könnten, obschon dem, was man der Zivilbevölkerung antun darf, Grenzen gesetzt seien, vor den meisten militärischen Folgen, die sich aus der Zugehörigkeit zu diesem Staat ergeben, nicht geschützt werden.[142] Es ist keine Entschuldigung terroristischer Akte zu bemerken, dass sich Terrorismus nicht von der kollektivistischen Ideologie der Nationalstaatlichkeit unterscheidet. Indem er alle Bürger dem Staat einverleibt, erklärt dieser Nationalismus jeden unterschiedslos für alle Handlungen verantwortlich, die von den gerade Regierenden verübt werden. Es wird behauptet, sie müssten zu Recht den Preis moderner Kriegsführung zahlen. Da Kirche und Staat Gleiches predigen, gehört die Idee der kollektiven Schuld zum Allgemeingut unseres Zeitalters und entspringt nicht nur der Raserei einiger Verrückter. Man könnte freilich auch behaupten, es handele sich hier um einen ideologischen Fluch, den wir uns selbst auferlegt haben.

Coalhouse' vermeintlichen Terroristen hätte es ohne Weiteres freigestanden, ihre Praxis politischer Vergeltung zu einem Befreiungskrieg, einem »gerechten Krieg« zu erklären – und diese Verteidigung wäre nicht weniger plausibel gewesen als andere. Wir sollten ihrem Verhalten nicht die politische Dimension nehmen, indem wir es als »narzisstische Raserei« bezeichnen.[143] Wenn wir diese Entschuldigung zurückweisen, dann wäre ihre Gewalt nichts anderes als Bacons »Ungezügeltheit«. Wie die meisten Vergeltungsakte würde ihre Gewalt weder die ursprüngliche Kränkung aufheben noch ihren Zorn beschwichtigen, sondern ihn nur in sich wiederholende, neue Kanäle lenken. Doch obwohl Vergeltung ungewiss und zufällig sein mag, ist sie sicherlich eine sehr befriedigende Weise, dem eigenen Sinn für Ungerechtigkeit unmittelbar und persönlich Ausdruck zu verleihen, sogar wenn sie langfristig auf einen selbst zurückschlägt. Terror mag wie persönliche Rache gelegentlich Genugtuung verschaffen, aber er ist, wie jeder Krieg, schwerlich eine Sache mit sicherem Ausgang.

Es gibt natürlich auch einige offensichtliche demokratische Einwände gegen Vergeltungsakte. Etwa den, dass Krieg fast immer die Starken begünstigt und den Bedürfnissen der Schwachen zuwiderläuft. Darin liegt, wie sich herausstellt, auch ein Großteil seiner philosophischen Anziehungskraft. Denn Nietzsches Schatten lastet schwer auf allen Fantasien edler Rächer. Der Übermensch würde über die Vergeltung erhaben sein, aber die griechischen Aristokraten seien es nicht gewesen und waren doch immerhin gesund. Der Übergang von der heroischen zur bürgerlichen Gerechtigkeit beraubte sie Nietzsche zufolge ihres Adels und die Demokratie sei nur der letzte Schritt eines unverminderten Niedergangs. Ursprünglich habe Gerechtigkeit in nichts anderem als darin bestanden, die Schulden bei Gleichrangigen zu begleichen. Wenn ein Schuldner die Treue brach, sei es dem Gläubiger erlaubt gewesen, sich zu rächen oder den Schuldner zum Gegenstand eines öffentlichen Schauspiels, eines Festes der Grausamkeit zu machen, habe dieser sich doch selbst ein solches Schicksal bereitet, als er sein Wort nicht hielt. Derartige Gerechtigkeit kann es nur zwischen Gleichen geben und für Nietzsche bedeutete das die echte Gleichheit zwischen den Mitgliedern einer Adelskaste, nicht die fiktive Gleichheit von juristischen Personen.

Was wir normalerweise Ungerechtigkeit nennen, sei Nietzsches säumigen, adeligen Schuldnern nicht anzulasten. Nur würden diejenigen, die sie fürchten und ihnen gegenüber Missgunst hegen, die Adligen ungerecht nennen. Diesen antiaristokratischen Anklägern sei es dank priesterlicher List gelungen, ihre Anschuldigungen glaubhaft zu machen. Der gewöhnliche Sinn für Ungerechtigkeit sei lediglich das noch nachklingende Ressentiment der siegreichen Herde. Die Fähigkeit der Starken, die Einhaltung gegenseitiger Versprechen zu erzwingen, sei beschnitten und ihre Macht eingeschränkt worden, damit sie den Schlaf der Schwachen nicht störten. Der rachsüchtige und der bürgerliche Sinn für Ungerechtigkeit besäßen daher ganz verschiedene Genealogien: Erster erwachse aus privaten Übereinkünften zwischen mächtigen und potentiell rachsüchtigen Gleichen, der zweite aus der Furcht der Schwachen und ihrer Priester.[144] Nach Nietzsches Auffassung ist öffentliche Gerechtigkeit der Sieg der Schwachen und ihres Sinnes für Ungerechtigkeit. Sie sei nichts anderes als eine Mischung aus Neid und Furcht oder, um seinen Begriff zu verwenden, Ressentiment.

Dieser vulgäre historische Mythos läuft auf die schlichte Behauptung hinaus, die Instanzen öffentlicher Gerechtigkeit seien unweigerlich die Kräfte eines gleichmacherischen Ethos, der dem von der Herde gehegten Sinn für Ungerechtigkeit schmeichle. Sein heroisches Pathos ist im Wesentlichen eine Sehnsucht nach Orests vom Schicksal verfolgten Griechenland. Man könnte diesen Mythos ruhig unbeachtet lassen, wenn er sich nicht, trotz seiner Bedeutungslosigkeit für jede organisierte politische Gesellschaft, einer so großen Anziehungskraft erfreuen würde. Seine psychologische Kraft für die Gebildeten, die sich zu ihm hingezogen fühlen, muss in seiner Kernbehauptung liegen – dass für den, der stark genug ist, ihre Gefahren zu genießen, nichts die unmittelbare Rache ersetzen könne. Viele Leser Nietzsches stellen sich offensichtlich vor, dieser vornehmen Herausforderung gewachsen zu sein.

Trotz allem, was zugunsten der Rache gesagt werden kann und gesagt worden ist, tat Athene sicherlich gut daran, die bürgerliche Gerechtigkeit an ihre Stelle zu setzen. Durch die Einsetzung von Rechtsorganen wird weit häufiger Gerechtigkeit erwirkt, als Rache uns Genugtuung verschaffen könnte. Solche Institutionen sind in jeder Hinsicht unendlich verlässlicher, wenn es um die Beilegung von Streitigkeiten und die Bestrafung von Verbrechern geht, als die verschiedenen Formen der Rache. Dennoch scheinen sie uns sehr viel weniger Befriedigung zu verschaffen. Angesichts der Intensität unseres Sinns für Ungerechtigkeit stellt sich die Frage, warum wir die rechtsförmige Gerechtigkeit weder aufrichtig schätzen noch uns an ihren Bemühungen erfreuen. Schließlich ist sie unser vernünftigstes Hilfsmittel. Warum befriedigt uns Gerechtigkeit als dauerhaftes gesetzeskonformes Verhalten so wenig? Vermutlich, weil es keine physiologische Reaktion auf die besonnene Durchsetzung der Regeln gibt, während Wut und Furcht, die Enttäuschung zurückgewiesener Erwartungen, körperliche und moralische Dimensionen besitzen. Bleibt uns die Erfahrung von Ungerechtigkeit erspart, verursacht dies, soweit es uns überhaupt bewusst wird, höchstens ein stilles Zufriedenheitsgefühl. Wird uns dagegen vorenthalten, was uns zusteht, reagieren wir mit einiger Heftigkeit. Wir wissen, dass Gerechtigkeit als politischer Imperativ nicht alles erreicht, was wir uns von ihr erhoffen, aber sicherlich sollte sie, bedenken wir, wie selten und kostbar aktive öffentliche Gerechtigkeit ist, einen besseren Platz in unserer politischen Wertschätzung einnehmen. Tatsächlich kann sie mit Tradition, Nationalismus und Fremdenfeindlichkeit als Stimulantien unserer politischen Loyalität nicht konkurrieren. Wie die Rache, aber anders als öffentliche Gerechtigkeit, bereiten uns jene unmittelbares Vergnügen. Wie es scheint, sind Ungerechtigkeit und Gerechtigkeit in psychologischer Hinsicht weder komplementär oder symmetrisch noch sind sie genaue Gegensätze.

DAS UNBEHAGEN AN ÖFFENTLICHER GERECHTIGKEIT

Ein zweiter Blick auf Giottos Fresken in der Cappella degli Scrovegni vermag uns mehr darüber zu sagen, warum wir auf Ungerechtigkeit und Gerechtigkeit so unterschiedlich stark reagieren. Wenn wir uns vom Bild der Ungerechtigkeit ab- und dem der Gerechtigkeit zuwenden, das sich auf der gegenüberliegenden Wand befindet, kommen wir nicht umhin, uns der unterschiedlichen emotionalen Wirkungen bewusst zu werden, die beide Bilder auf uns ausüben. Sie ähneln einander nicht, sind aber auch keine direkten Gegensätze. Die Gerechtigkeit ist eine gelassene, majestätische Frau, die uns direkt anblickt, statt auf den Himmel oder die Hölle des Jüngsten Gerichts zu sehen. Sie ist womöglich überhaupt keine reale Person, anders als es die Ungerechtigkeit mit ihrem wolfsartigen Gesicht ohne Zweifel ist. Das Gesicht der Gerechtigkeit ist gütig; es ist aber auch ausdruckslos, wie man es von der Unparteilichkeit erwartet, die einer Personifikation der Gerechtigkeit ansteht. Ohne Zweifel vermag uns die Ungerechtigkeit in Schrecken zu versetzen, die Gerechtigkeit aber strahlt gar keine emotionale Anziehungskraft aus.

Vielleicht ist die Gerechtigkeit eine wohlwollende Regentin oder einfach die Königin aller Tugenden. In ihrem Rücken befindet sich ein gut erhaltener, schöner Torbogen. In ihrer Rechten hält sie die Miniatur einer geflügelten Siegesgöttin, die einem Mann dargereicht wird, der lesend oder arbeitend an einem Pult sitzt, in ihrer Linken einen winzigen Zeus,

Giotto, *La Giustizia* (Die Gerechtigkeit, um 1306), Cappella degli Scrovegni in Padua.

der einen Donnerkeil in Richtung einer Enthauptungsszene schleudert, auf einen Menschen, der gerade hingerichtet werden soll. Giottos Gerechtigkeit verwendet keine Waage, sie wägt unmittelbar mit ihren eigenen Händen und weist so darauf hin, dass sie tatsächlich die Gerechtigkeit selbst ist, die keinerlei Hilfsmittel nötig hat. Auch scheint sie nicht des Beistands christlichen Glaubens zu bedürfen, denn ihre Boten, Nike und Zeus, sind offensichtlich heidnisch. Was sie tut, ist eindeutig: Tugend wird belohnt und Verbrechen bestraft. Offensichtlich besteht hier kein Anlass zur Rache.

Wie bei der Ungerechtigkeit sieht man die Folgen der Gerechtigkeit zu ihren Füßen dargestellt. Da sind zwei Jäger, zwei tanzende Männer, einer mit einem Tamburin in der Nähe einer kleinen Hütte und zwei weitere Reiter, die es sich wohlergehen lassen. All das zeigt, dass die Gerechtigkeit die Menschen ihr Leben genießen lässt, sie aber nicht dazu auffordert, sich öffentlichen Aufgaben zu widmen. Selbst im Wald wird ihre Gelöstheit nicht gestört. Nichts in der Darstellung lässt auf privaten oder öffentlichen Reichtum schließen, kein aufrichtiger Bürger wird von politischen Deliberationen oder kooperativen Unternehmungen in Anspruch genommen. Könnten wir nicht sehen, dass es den Menschen gut geht, würde das Bild der Gerechtigkeit keinerlei Emotionen in uns erwecken, es sei denn den Eindruck, dass sich Verbrechen nicht auszahlt und Arbeit belohnt wird. Diese Gefühle sind kaum besonders ergreifend.

Giottos Gerechtigkeit trägt wenigstens keine Binde über den Augen, denn diese besondere Weise, Fairness zu gewährleisten, war noch nicht in die Bildwelt eingegangen.[145] Gleichwohl blickt sie auch nicht auf die Adressaten ihrer Belohnung und Strafe, die weder unsere noch ihre Gefühle erregen. Anders als die Ungerechtigkeit ist sie nicht passiv; ohne Zweifel tut sie etwas, sie gibt nämlich jedem, was ihm zukommt.

Sie wirkt nicht kalt, aber doch leidenschaftslos. Wenn die Ungerechtigkeit Furcht und Abscheu erregt, so vermittelt die Gerechtigkeit den Eindruck von Ruhe und Sicherheit. Doch darüber hinaus sind die Zuordnungen positiver und negativer Attribute weniger eindeutig. Sind Tanz und Jagd wirklich die Gegenstücke zu Mord, Vergewaltigung und Raub? Der Schutz vor Überfällen mag uns solche Vergnügungen erlauben und eine gerechte Regierung wird uns das Gefühl geben, weniger bedroht zu sein, selbst wenn wir nicht in vollkommener Sicherheit leben, was die Tatsache andeutet, dass ein Verbrecher hingerichtet wird. Sollte es da mehr geben?

Die gewöhnliche Reaktion auf Gerechtigkeit mag in einem verstärkten Sicherheitsgefühl bestehen, denn die Regierenden entsprechen ethischen Maßstäben und nehmen ihre Verantwortlichkeiten gegenüber der Öffentlichkeit wahr. Gerechtigkeit ist ein Mittel, kein Zweck an sich. Das Verlangen nach Sicherheit ist nicht töricht und eine durch Gesetze gebundene Regierung ist die am wenigsten bedrohliche Form gesellschaftlicher Kontrolle. Sehnen Bürger ein Ende der Kriminalität herbei, werden Regierungsstellen zumindest ihre existierenden Ängste nicht noch verstärken, sondern ihnen dadurch begegnen, dass sie ihre Unterstützung der Gerechtigkeit unter Beweis stellen, auch wenn das Verbrechen nicht vollständig verschwindet.

Die positiven Tätigkeiten der Gerechtigkeit, die bestraft und belohnt, entheben sie ebenso wie ihr Aussehen der Welt ihrer tanzenden und scherzenden Nutznießer. Nicht sie selbst, sondern die von ihr gewährleistete Gelöstheit bringt Freude in das Bild. Das verweist auf einen weiteren Unterschied zwischen Giottos beiden Gestalten. Die Ungerechtigkeit ist nicht nur an und für sich hassenswert, sondern sie beschneidet auch die Bäume, die in der Erde des Unrechts wachsen. Sie und die Verbrecher zu ihren Füßen leben in derselben Welt. Die Gerechtigkeit ist sowohl ihrer Erscheinung wie ihren Handlungen nach vollkommen von ihren sich vergnügenden Untertanen getrennt, während sie sekundäre Gerechtigkeit verteilt, um Ansprüche zu sichern und die Ruhestörer zu bestrafen. Gewiss wird sie einen Teil unseres Sinnes für Ungerechtigkeit beruhigen. Trotzdem sollten wir mehr erwarten: ein aktives politisches Leben.

Der Grund, warum wir keine Freude daran haben, Giottos Gerechtigkeit zu betrachten, ist der, dass sie zwar unsere Ängste beruhigt, aber unsere höchsten Bestrebungen durchkreuzt, seien sie nun heroischer oder bürgerlicher Natur. Einem großherzigen Anarchisten wird Giottos Gerechtigkeit fade erscheinen, weil sie keine heroische Rache vollstreckt. Ihr ruhiger Gesichtsausdruck hat mit derartigem, das so zerstörerisch und persönlich ist, wenig zu tun. Sie billigt bedächtige , ausgleichende Vergeltung, keine Rache. Das macht sie in den Augen des Rächers, der in jedem von uns steckt, nicht anziehender. Wenn sie den Sinn für Ungerechtigkeit stillt, dann um Selbstjustiz zu verhindern, was zu ihren hauptsächlichen Aufgaben gehört. Sie elektrisiert unsere Gefühle nicht, wie es die Ungerechtigkeit oder auch die Rache tun. Giottos Gerechtigkeit ist selbst in den Augen eines demokratischen Bewunderers seiner Kunst keine angemessene Antwort auf seine alptraumhafte Darstellung der Ungerechtigkeit. Für jede politisch organisierte Gesellschaft gilt, dass die Beschaffenheit der Gerechtigkeit, sowohl was ihre Struktur wie auch ihre Handlungsweisen betrifft, wesentlich vom Charakter der Regierung abhängt. Giottos Gerechtigkeit lässt uns, anders als seine Ungerechtigkeit, darüber im Zweifel, welchen Charakter diese Regierung hat. Wir wissen alles über die öffentliche und private Lebensführung derer, die von der Ungerechtigkeit angetrieben und beherrscht werden, aber wie sieht es mit den öffentlichen Erfahrungen jener fröhlichen Gesellschaft aus? Verbrechen werden bestraft, Arbeit wird belohnt. Gewiss, die Gerechtigkeit kann nicht tyrannisch sein, aber nichts weist auf Ciceros republikanische oder auf moderne demokratische Werte hin. Die Bürger spielen nur. Sie beratschlagen nicht, sie wählen und verwalten nicht. All das tut die Königin. Sie händigt aus, was verteilt werden soll, während die Bürger politisch völlig passiv sind. Im Gegensatz dazu nehmen die Untertanen der Ungerechtigkeit aktiv am moralischen (oder um genau zu sein: unmoralischen) Leben ihres schrecklichen Gemeinwesens teil. Sie und ihr Regent bilden ein Ganzes. Die Gerechtigkeit ist anders. Sie schwebt über ihren sorglosen Nutznießern.

Im Gegensatz dazu ist nach Ciceros Auffassung Gerechtigkeit vorrangig die Tugend eines Bürgers. Darum behauptet er, Weisheit ohne Gerechtigkeit könne nichts, Gerechtigkeit ohne Weisheit dagegen sehr viel erreichen. Die meisten von uns seien nicht weise, trotzdem könnten wir gerecht sein, und weil wirkliche Gerechtigkeit von Entscheidungen abhänge, die alle Bürger träfen, halte sie allein Gemeinschaften zusammen, während die Ungerechtigkeit sie auseinanderreiße.[146] Das ist kaum eine platonische Haltung, außer in einem Punkt: Die Regierung soll aktiv, nicht passiv sein. Nur das gerechte Verhalten Einzelner kann das Vertrauen schaffen, auf das republikanische Bürger nicht verzichten können, wenn sie über solch grundlegende politische Fragen entscheiden müssen wie diejenige, was als Privat- und was als Gemeineigentum anzusehen ist. Gerechtes Verhalten ist die notwendige Bedingung für jede republikanische Regierung. Weder für Ciceros Bürger noch, nebenbei gesagt, für die gefallene Menschheit des Augustinus tut Giottos Gerechtigkeit genug, von Platons neuem Menschen ganz zu schweigen.

Sowohl ein ciceronischer Republikaner als auch ein moderner Demokrat würden sich mehr Anzeichen öffentlichen Engagements wünschen. Das heißt nicht, dass sie Sicherheit und Muße geringschätzten – die immer nur wenige genießen konnten –, aber private Vergnügungen sind etwas anderes als politische Mitwirkung. Auch kann ein sorgloses Leben keine umfassende Antwort auf die Gräuel der Ungerechtigkeit sein, denn obwohl die Bürger offensichtlich glücklich sind, bleiben sie abhängige Untertanen einer Königin. In allen historischen Realitäten muss es zweifelhaft bleiben, ob ein Regime auf Dauer nicht in Ungerechtigkeit abgleitet, wenn den Bürgern die Teilnahme am öffentlichen Leben verwehrt wird. Die schiere Ungleichheit zwischen Herrschern und Beherrschten ist dafür zu groß. Es gibt viele bürokratische Regimes, die zweifellos den Regeln folgen und sehr berechenbar sind, und einige von ihnen werden unbestreitbar gerecht sein. Ein hegelianischer Staat, dem eine tadellose allgemeine Klasse vorsteht, wäre nach allen Maßstäben gerecht, wenn er bestehende Regeln fair anwendet. Die Herrschaft des Gesetzes wäre dank der aufrechten Staatsdiener gesichert. Nichtsdestoweniger würden die vielen Bürger, die allein auf die bürgerliche Gesellschaft beschränkt sind, den Stich ihres Sinns für Ungerechtigkeit verspüren, weil sie nicht als Staatsbürger mit dem Recht, sich selbst zu regieren, anerkannt worden wären. Doch der unbedingte Anspruch, auf ein öffentliches Unrechtsempfinden mit politischen Veränderungen zu reagieren, ist nicht in ihr geordnetes Gerechtigkeitssystem eingebaut. Eine Demokratie muss im Gegensatz dazu prinzipiell auf die Stimme des Protestes hören, sie ausreden lassen, ihre Botschaft abwägen und daraufhin handeln, auch wenn sie das oft mit aufreizender Trägheit tut.

Letztendlich richten sich die gesamten Bemühungen auch wohlwollender Regenten, auf die man ohnehin nicht häufig trifft, darauf, an der Macht zu bleiben und ihre Untertanen gehorsam zu halten. Die wiederum haben gesicherte, allerdings auf ein armseliges Mindestmaß eingeschränkte Erwartungen. Was sie bekommen und fatalistisch erwarten, ist der Umstand, dass Belohnung und Strafe unverzüglich ausgeteilt werden. Die Grenzen des Erlaubten sind starr, aber wohlbekannt. Damit ist Willkür ausgeschlossen und ein sehr hoher Grad an Sicherheit gegeben. Selbst Inseln persönlicher Freuden können in solchen Gesellschaften geschaffen werden, wie wir an Giottos Bild der Gerechtigkeit sehen. Aber sobald die Möglichkeiten und die Ideologien einer liberalen Demokratie erst einmal Verbreitung gefunden haben, werden solche Regimes als einschränkend betrachtet und man begegnet ihnen mit Verbitterung. Denn sie lassen keine echte Möglichkeit zu, andere als die vom Regime erlaubten Erwartungen zu schaffen, auszudrücken oder durchzusetzen. Das eben bedeutet politische Ungleichheit und es ist ungerecht.

Die drastischste Möglichkeit, die einer Demokratie zu Gebote steht, um den Sinn für Ungerechtigkeit zu beruhigen, besteht darin, die Bürger selbst die Regeln machen zu lassen und sie aber zugleich so umfassend zu sozialisieren, dass ihre privaten Bestrebungen niemals von den öffentlichen Zielen abweichen. Das liefe auf einen erzieherischen Staat hinaus, dem, wie wir begründet annehmen dürfen, die meisten Bürger der Vereinigten Staaten nicht zustimmen würden. Stattdessen erwarten sie, dass öffentliche Gerechtigkeit die Stabilität einer politischen Ordnung aufrechterhält, die allzu radikal erscheinende Bestrebungen weder legitimieren kann noch will. Einige dieser Bestrebungen mögen irgendwann in einer nicht vorhersehbaren Zukunft öffentlich anerkannt werden, viele andere werden im Sande verlaufen. Im wirklichen politischen Leben lässt sich unmöglich vermeiden, dass ein tiefer Graben zwischen dem persönlichen Sinn für Ungerechtigkeit und den etablierten Normen klafft. Manche Ansprüche wird man nie anders denn als absurde Forderungen betrachten, während andere aus der Rückschau offensichtlich gerecht erscheinen. In Wirklichkeit gehört der je gültige Sinn für Ungerechtigkeit denen, die sich durchsetzen können.

Betrachten wir noch einmal die von Frauen empfundene Ungerechtigkeit. Es gibt sie seit Jahrhunderten. »Die Frauen haben gar nicht so unrecht, wenn sie die in die Gesellschaft eingeführten Sittengesetze ablehnen – sind sie doch von den Männern ohne ihre Mitwirkung festgelegt worden«, schrieb Montaigne schon vor Jahrhunderten.[147] Das zu ändern kam ihm allerdings nicht in den Sinn. Zweifellos wusste dieser Mann, dass die den Frauen auferlegten Regeln nicht ihnen zu Gefallen gemacht oder durchgesetzt worden sind, noch waren sie im Interesse der Frauen oder Gegenstand ihrer kritischen Überprüfung. Doch der Sinn für Ungerechtigkeit, den die Frauen verspürten, zählte nicht. Er war allenfalls störend, gesellschaftlich aber bedeutungslos. Einige Frauen wussten einfach nicht, wie man ein Unglück würdevoll hinnimmt. Allein dadurch, dass die feministische Bewegung in den Vereinigten Staaten zu einer wichtigen politischen Kraft geworden ist, hat sich in den letzten Jahren die fest verwurzelte Definition dessen geändert, was Frauen rechtmäßig in der Gesellschaft erwarten dürfen. Dank der Beharrlichkeit der Frauen, ihrer Ideologie, der sich ändernden gesellschaftlichen Machtverteilung und der inneren Dynamik einer Demokratie wurden die alten Regeln offiziell als ungerecht anerkannt. Dies ist ein Beispiel für einen Sinn für Ungerechtigkeit, der Bestätigung fand. Was aber geschah mit all den Frauen, deren Unrechtsempfinden die vielen Jahre über ungehört und unbemerkt blieb? Man hielt sie für exzentrisch, unfähig, die wissenschaftliche Realität oder die anerkannten Regeln zu verstehen. Weil sie isoliert waren, keinen politischen Einfluss und keine gesellschaftliche Stellung besaßen, zählten ihre Stimmen nicht.

Die politische Lektion dieses Stücks Geschichte ist nicht, dass demokratische Regierungen langsam arbeiten, sondern dass demokratische Prinzipien uns dazu verpflichten, jeden Ausdruck eines Sinns für Ungerechtigkeit nicht nur gemäß den tatsächlich bestehenden Regeln fair zu behandeln, sondern auch mit Blick auf bessere Regeln, die potentiell mehr Gleichheit bedeuten. Ohne Frage erfüllt eine Demokratie die ihr innewohnenden Versprechen nicht umgehend, aber wenigstens bringt sie die Stimme des Protestes nicht zum Schweigen, von der sie weiß, dass sie Veränderungen verheißt.

Es ist freilich unmöglich, alle denkbaren Formen von Ungleichheit aufzuführen und die Empfindungen von Ungerechtigkeit darzustellen, zu denen sie Anlass geben können. Aber einige stechen heraus, besonders das Versäumnis, Versprechen zu halten. Gebrochene Versprechen sind interessant, weil sie im privaten wie im öffentlichen Leben weitverbreitet sind. In beiden Fällen handelt es sich häufig um Handlungen der Starken gegen die Schwachen, um Kränkungen durch die Person, die eine Erwartung entweder erfüllen oder verweigern kann. Am besten lässt sich über Versprechen nachdenken, wenn man sie in ein Kontinuum einordnet, das von der Beziehung zwischen den betroffenen Personen abhängt. An dem einen Ende des Spektrums hätten wir das beiläufig gegebene Versprechen in der Geschäftswelt, das gewohnheitsmäßig von beiden Parteien übergangen wird, und am anderen Ende Versprechen, die einer Person gegenüber gemacht werden, die emotional und materiell vollständig vom Versprechenden abhängig ist. Der Grad von Ungleichheit zwischen den beiden Parteien würde nach dieser Ansicht weitgehend die Heftigkeit des durch gebrochene Versprechen entzündeten Sinns für Ungerechtigkeit bestimmen. Dies zeigt auch, dass man die Bedeutung eines Versprechens nicht erfassen kann, ohne der enttäuschten Person Gehör zu schenken. In der demokratischen Politik ist ihre Stimme besonders bedeutsam, denn bei gebrochenen Versprechen von Regierungsbeauftragten kann es sich sehr wohl um Akte öffentlichen Unrechts handeln, um die Verweigerung gesetzlich anerkannter Rechte oder um generelle Versäumnisse bürgerlicher Pflichten. In diesen Fällen hat der Sinn für Ungerechtigkeit schwerwiegende politische Implikationen. Denn individueller Zorn mag sehr wohl in öffentliches Misstrauen umschlagen, wenn seine rechtmäßigen Ansprüche übergangen werden, und die möglichen Folgen sind alles andere als bedeutungslos. Das Versäumnis, politischen Versprechen nachzukommen, schwächt eine repräsentative Regierung und nährt politischen Zynismus und politische Passivität. Das zeigt sich nur allzu deutlich in der Weigerung, zur Wahl zu gehen oder Verbrechen anzuzeigen.

Doch allen Politikern zum Trotz, die ihre Versprechen gewohnheitsmäßig brechen, steht nicht zu befürchten, dass die Bürger der Vereinigten Staaten ihr Vertrauen in die Autorität der Gesetze allzu schnell verlieren. Ihr Vertrauen überlebt, auch wenn ihr Misstrauen gegen die Regierung stets groß ist. Tatsächlich mögen sie viel zu langsam reagieren. Wir haben gute Gründe anzunehmen, dass die meisten Menschen die kognitive Tendenz haben, ihr Vertrauen in etablierte Einrichtungen zu wahren. Zeigt man Menschen aber ein besonderes Beispiel für Ungerechtigkeit, werden sie ihre lang gehegten Überzeugungen ändern. Allgemeine Aussagen beeinflussen die intellektuellen Reaktionen der Menschen nicht sehr stark, aber ein aufsehenerregendes Beispiel kann einen Sinneswandel hervorrufen.[148] Wir werden auf Einzelne und um ihretwillen wütend, doch Verbrechen, die zu viele Menschen zu betreffen scheinen, stehen wir gleichgültig gegenüber. Adam Smith befand sich auf psychologisch sicherem Boden, als er, um eben diesen Sachverhalt zu veranschaulichen, auf die Tatsache verwies, dass Menschen ohne Weiteres einen Mörder zu hängen bereit sind, aber den Wachposten bemitleiden, der erschossen werden soll, weil er auf seinem Posten eingeschlafen ist, auch wenn seine Tat ein schwerwiegendes gesellschaftliches Vergehen war.[149] Deshalb verbittern uns ungerechte Gerichtsentscheidungen mehr als unfaire Gesetze. Sie setzen für gewöhnlich einem Einzelnen zu, keiner gesichtslosen Gruppe.

Eine unverdiente oder zu harte Strafe, willkürliche oder unfähige Richter, Aufschübe, befangene Geschworene, allzu eifrige Staatsanwälte, bestochene Rechtsanwälte, unverantwortliche Zeugen: Die Liste all dessen, was falsch laufen kann und läuft, ist endlos. Wenn ein Gericht im Ruf steht, korrupt oder unfähig zu sein, entbrennt der Sinn für Ungerechtigkeit doppelt stark, weil nichts leidenschaftlichere Empörung und Entrüstung verursacht als käufliche Gerechtigkeit. Unfaire Verfahren, besonders vor Gerichten und gerichtsähnlichen Institutionen, werden von Amerikanern geradezu als das Wesen der Ungerechtigkeit verachtet; wenn in individuellen Straffällen die vergeltende Gerechtigkeit fehlgeht, nimmt man das besonders übel.[150] Wenn Tribunale ihre Rechtspflichten vernachlässigen, versagen sie vollkommen. Es ist daher nicht weiter erstaunlich, dass unsere Literatur voller Justiztragödien ist. Sie widmen ihre Aufmerksamkeit ausschließlich individuellen Schicksalen.

Fehlerhafte Verfahrensgerechtigkeit ist jedoch nicht in die Prinzipien des Rechtsprozesses selbst eingebaut, mit einer Ausnahme: Es scheint unmöglich zu sein, Individuen so zu behandeln, wie sie wirklich sind, und nicht bloß als Rechtspersonen. Wir erfahren Unrecht als etwas Spezifisches und Konkretes, während Gerichte als Organe des Rechts generelle und abstrakte Entscheidungen treffen müssen und durch eben diesen Akt der Gerechtigkeit unseren Sinn für

Ungerechtigkeit verstärken. Deshalb wird unser Sinn für Ungerechtigkeit nicht immer durch faire Entscheidungen beschwichtigt.

Wie Hume bereits vor langer Zeit scharfsinnig bemerkte, erzürnt es uns, wenn ein Heuchler oder Geizhals ein Vermögen erbt, während ein kluger und großzügiger Mensch durch die Verschwendungssucht seiner Eltern oder durch ein törichtes und gehässiges Testament in Armut gerät. Für Hume aber zeugt eine solche Reaktion unsererseits von wenig Vernunft.[151] Gültige Testamente zu vollstrecken ist Aufgabe der Gerichte. Die Rechtsordnung als Ganzes, nicht das einzelne Ergebnis ist sowohl gerecht als auch für uns alle von Nutzen. Doch selbst wenn Gerechtigkeit im Allgemeinen abstrakte Zwecke verfolgt, ist jeder ungerechte Akt ein partikularer, nicht anders als auch jeder Sinn für Ungerechtigkeit spezifisch ist. Giottos Gerechtigkeit und Ungerechtigkeit sind deshalb keine vollkommenen Gegenstücke oder Widersprüche, weil sie der Wirklichkeit entsprechen. Vielleicht ist der Sinn für Ungerechtigkeit in den Vereinigten Staaten insofern untypisch, als er stark individualistisch ist. Und auch wenn man nicht verallgemeinern sollte, sprechen uns jene beiden Bilder über die Jahrhunderte und die verschiedenen politischen Kulturen hinweg an. Sie scheinen zur Belehrung aller Bürger gemalt worden zu sein.

Trotzdem ist es, spricht man über Gerechtigkeit, ratsam, vor der eigenen Tür zu kehren, weshalb ich mich auf die Vereinigten Staaten und ihre Bürger beschränken werde. Wir sind selbstverständlich nicht alle aus demselben Holz geschnitzt, aber Sozialwissenschaftler sind in vielen Untersuchungen zu bemerkenswert ähnlichen Darstellungen gekommen, was die Überzeugungen amerikanischer Bürger und ihren Sinn für Ungerechtigkeit angeht. Am auffälligsten ist, wie stark sich ihre Urteilsbildung auf Individuen und Einzelfälle konzentriert. Philosophen, Rechts- und Sozialwissenschaftler verallgemeinern, doch Bürger halten sich an das Konkrete. Es wird allgemein für ungerecht gehalten, im Verhältnis zur geleisteten Arbeit entweder zu viel oder zu wenig bezahlt zu bekommen, doch sieht man darin ein individuelles, kein gesellschaftliches Problem. Das gilt auch für mangelnden Wohlstand. Die Bewertung der ökonomischen Stellung und die dadurch hervorgerufene Ungleichheit, wie sie heute existiert, hält man nicht für ungerecht. Ungleichheit wird akzeptiert und deshalb werden nur solche Heilmittel gegen die Armut gebilligt, die darauf abzielen, einzelnen Personen zu helfen. Man stimmt einer besseren Ausbildung zur Erhöhung der Chancengleichheit zu, denn sie öffnet den Individuen Türen, aber eine allgemeine Umverteilung von Wohlstand ist unerwünscht.[152] Andererseits haben sich Gleichheitsprinzipien in der Politik durchgesetzt. Politische Ämter müssen allen gleichermaßen offenstehen und es gilt als ungerecht, von seinem Geld oder seinem Einfluss Gebrauch zu machen, um politische Ziele zu erreichen. Der Anspruch auf juristischen Beistand und selbst das Recht, Ämter bekleiden zu dürfen, muss ebenso wie das Wahlrecht, der grundlegende politische Akt überhaupt, dem Gleichheitsgrundsatz unterliegen.

Nicht nur Verdienst, sondern auch Bedürftigkeit begründen einen Anspruch an uns als Personen und Bürger, aber man ist sich darüber uneinig, wie groß die Bedürftigkeit sein muss. Je mehr sie unser körperliches Wohlergehen betrifft, umso dringlicher scheint sie uns zu sein. Es wäre ungerecht, jemanden sterben zu lassen, weil diese Person nicht zahlen kann, bevor das Krankenhaus sie aufnimmt. Doch das mag eher eine Frage des Mitgefühls als der Gerechtigkeit sein.[153] Ohne Frage bestehen tiefe Meinungsverschiedenheiten darüber, wo die Grenze in jedem einzelnen Fall von Bedürftigkeit gezogen werden sollte, und Menschen unterscheiden sich sehr darin, was sie als ungerecht wahrnehmen. Rassismus und das willkürliche Beschneiden von Chancengleichheit sind die beiden allgemeinen Ungerechtigkeiten, die als solche weithin anerkannt werden. Genau das bedeutet das Wort »Diskriminierung«: dass jemand eines Rechtes aus betrügerischen und falschen Gründen beraubt wird. Die beiden am weitesten verbreiteten Gerechtigkeitsprinzipien – Bedürftigkeit und Verdienst – stehen gar nicht so sehr miteinander in Widerstreit, sondern kommen eher je nach Anlass zum Einsatz. Manchmal bestimmt Bedürftigkeit darüber, wer was zu bekommen hat, manchmal Verdienst. Es hängt davon ab, was dem unverstellten moralischen Blick, der in der Regel politische Fragen auf eine persönliche Weise wahrnimmt, offensichtlicher zu sein scheint.

Das Gefühl, benachteiligt zu werden, ist in Amerika für gewöhnlich eine sehr persönliche Reaktion, nämlich dann, wenn jemand, von dem man sich kaum unterscheidet, etwas erhält, was man selbst begehrt und worauf man ebenso ein Recht zu haben meint. In Gesellschaften, in denen die Klassengegensätze tiefer sind, mag es verbreiteter sein, dass Gruppen oder Kollektive sich als Gemeinschaft zurückgesetzt fühlen. Sieht man einmal vom Phänomen der rassistischen Diskriminierung ab, reagiert man in Amerika dagegen individuell.[154] Das zeigt nicht unbedingt Gleichgültigkeit an, sondern eher einen ausgeprägten Individualismus, der anerkennt, dass die vielen verschiedenen Rollen, die wir spielen, ihre eigenen Verpflichtungen und Belohnungen nach sich ziehen. Diese Einstellung ist weit entfernt von einer passiven Unterwerfung unter Traditionen und Konventionen, die uns ein selbstgerechter Pluralismus aufnötigt. Denn die Vielfältigkeit der Rollen, wie Amerikaner sie wahrnehmen, hebt niemals den Primat des leidenden Individuums oder des Bürgers als einer für sich stehenden Person auf.

Es ist furchtbar, dass Menschen, selbst wenn sie meinen, eine Ungerechtigkeit erlitten zu haben, mit hoher Wahrscheinlichkeit nichts sagen oder tun, weil sie nicht auf Unterstützung durch ihresgleichen hoffen können oder nicht erwarten, mit ihrer Klage durchzudringen. Das ist der offensichtliche Grund dafür, warum wir vielleicht nie das wirkliche Ausmaß der Ungerechtigkeiten und des Sinnes für Ungerechtigkeit erfahren werden, das unter uns herrscht. Viele Ungerechtigkeiten werden verschwiegen, vergessen oder verborgen, was dazu führt, dass wir uns voller Resignation in sie schicken. Philosophen erkennen ihre Unvermeidlichkeit an und die Bürger sind gleicherweise bereit, mehr von ihr zu ertragen und auszuüben als sie, was sie sehr wohl wissen, sollten – weil Ungerechtigkeit eben unser Schicksal ist. Amerikaner reagieren schnell auf individuelle Fälle von Ungerechtigkeit, finden sich jedoch mit sozialem Unrecht ab. Wie könnte es anders sein? Informationen über gesellschaftliche Zustände gelangen nur tröpfchenweise zu uns und wir gewöhnen uns einfach daran. Eine einzige Geschichte über eine Person trifft uns sofort ins Mark, aber die zermürbenden Ungerechtigkeiten des täglichen Lebens ertragen wir stumm. Sie lassen sich leicht ignorieren, und so tun wir es.

Idealerweise sollten wir als demokratische Bürger nicht warten, bis wir Grund zur Klage haben, doch Amerikaner scheinen keine sonderlich hohen politischen Erwartungen zu hegen. Sie betrachten jede Tätigkeit der Regierung mit Argwohn. Ihr universelles Misstrauen und ihr Zynismus haben einen politischen Preis. Natürlich sollte man keiner Regierung unbedingt vertrauen, aber die Überzeugung, dass die Regierung den Interessen der gewöhnlichen Bürger im schlimmsten Fall feindlich und im besten gleichgültig gegenübersteht, ist nicht sehr ermunternd. Sie ist ein ungesunder Geisteszustand für die Bürger einer konstitutionellen Demokratie. Denn selbst wenn die meisten Quellen unseres Sinns für Ungerechtigkeit nie versiegen werden, sollte es das Kennzeichen einer konstitutionellen Demokratie sein, danach zu trachten, sie einzuhegen. Wir brauchen ein gewisses Gleichgewicht zwischen Vertrauen und Misstrauen.[155] Die Schwierigkeit besteht darin, dass Gerechtigkeit und Fairness, selbst wenn sie herrschen, undramatisch und leicht zu vergessen sind, während Ungerechtigkeit immer in aller Deutlichkeit empfunden und erinnert wird. Es scheint keine offensichtliche Möglichkeit zu geben, ein realistisches Maß an sowohl Misstrauen wie Vertrauen aufrechtzuerhalten.

Angesichts der für gewöhnlich persönlichen Stoßrichtung des Sinns für Ungerechtigkeit und unseres nationalen Individualismus überrascht es nicht, dass die meisten Bürger auf bestimmte Handlungen von öffentlichen Amtsträgern, Richtern und Beamten verweisen, wenn sie an typische Ungerechtigkeiten denken. Empfundene Ungerechtigkeit ist eine persönliche Erfahrung, die durch besondere Ereignisse hervorgerufen wird, was nicht heißt, dass sie keine öffentlichen Implikationen hat, wie das Misstrauen der Bürger gegenüber der Regierung hinreichend beweist. Doch ist dies Misstrauen allenfalls ein Agglomerat verschiedener Haltungen, keine öffentliche Philosophie. Wir sind keine natürlichen Philosophen und es besteht ein himmelweiter Unterschied dazwischen, wie die meisten amerikanischen Bürger und wie Philosophen über Gerechtigkeit und Ungerechtigkeit denken.[156] Die amerikanische Gegenwartsphilosophie erörtert wie ihre Vorläufer seit der Antike hauptsächlich *Verteilungs-* oder, um genauer zu sein, *primäre* Gerechtigkeit und Ungerechtigkeit sowie die allgemeinen politischen Prinzipien, die eine gerechte Gesellschaft begründen würden. Sie hält sich vor allem bei *Makrogerechtigkeit* auf, wobei sie sich selbst die Rolle des Gesetzgebers zuschreibt. Ungerechtigkeit ist für sie lediglich als ein allgemeines politisches Problem von Interesse.

PRIMÄRE UNGERECHTIGKEIT?

Welchen Ort nimmt der Sinn für Ungerechtigkeit in den philosophischen Theorien der primären Gerechtigkeit ein? Die überzeugendsten Gründe dafür, dass primäre oder politische Gerechtigkeit dazu dient, empfundene Ungerechtigkeit zu beseitigen, findet sich in Aristoteles' *Politik*. Da es in jeder Stadt reiche und arme Bürger gebe, müsse zwangsläufig ein ideologischer Konflikt darüber entstehen, was wem zusteht. Hier kommt der Sinn für Ungerechtigkeit als politische Emotion und als revolutionäre Ideologie zur Geltung. Für Aristoteles ist er als reines und ungeschminktes Klassenressentiment von Bedeutung. Die Reichen werden sagen, dass Ehren und Ämter im Verhältnis zum Reichtum jedes Bürgers verteilt werden sollten. Da Reichtum Verdienst begründe, sollten die Reichen mehr politische Macht als die Armen erhalten. Doch die meisten Bürger seien arm; sie meinten, Freiheit – die Tatsache, kein Sklave zu sein – sei alles, was zähle, und alle Bürger sollten gleichen Anteil an Ehren und Ämtern haben, denn sie alle seien gleich freie Mitglieder der Stadt. Entscheidungen sollten durch eine Mehrheit der Wähler gefällt werden und es werde Gleichheit herrschen.

Sieht man von Utopien ab, dann ist laut Aristoteles das stabilste politische System dasjenige, in dem jede Seite Kompromisse eingeht und die ideologischen Bestrebungen der jeweils anderen im Zaum hält. Es helfe dabei, eine große Mittelschicht zu haben, vor allem, weil auf die Reichen als Herrschaftselite kein Verlass sei, und zwar hauptsächlich deshalb nicht, weil sie persönlich sehr ehrgeizig sei und ihre Werte auf Machtkämpfe hin angelegt seien. Doch solle man Ideologien und Klassen nicht allein zu dem Zweck miteinander vermischen, Umstürze und Bürgerkriege abzuwenden. Denn das gemischte Regierungssystem sei, was seine Institutionen betreffe, so eingerichtet, dass es die Habgier der streitenden Parteien hemme, und da Aristoteles glaubt, dass Habgier die einzige Quelle ungerechten Verhaltens ist, ist es für ihn ein Regierungssystem, das wirklich und fest auf verhältnismäßig gerechtem, nicht habgierigem Verhalten gegründet ist.

In diesem Bild primärer Gerechtigkeit ist die Ungerechtigkeit tatsächlich gebändigt, denn den Umständen, die sie hervorbringt, wird durch institutionellen Druck Einhalt geboten. Auch der politische Sinn für Ungerechtigkeit und seine zerstörerischen Ideologien bleiben zurückgedrängt. In einer Gemeinschaft fairer und selbstbestimmter Bürger gibt es auch keine Trittbrettfahrer, die von öffentlichen Einrichtungen profitieren, ohne sich an deren Aufrechterhaltung zu beteiligen. Ein solches Gemeinwesen ist kein vollkommener Staat, denn der würde seine Bürger zu weitaus besseren Menschen machen, es wäre aber auch nicht in der Weise ungerecht, wie Regenten es sind, die nur ihre eigenen Interessen verfolgen.[157] In James Madisons Version eines derartigen Gemeinwesens hält der Ehrgeiz des einen den Ehrgeiz des anderen in Schach.[158] Dies ist weder ein edler noch ein weitreichender Begriff von Gerechtigkeit und er ist nur unter der Annahme sinnvoll, dass die Habgier das einzige Motiv für Ungerechtigkeit ist. Wenn man Furcht und Aggression für gleichermaßen ernstzunehmende Motive hält sich ungerecht zu verhalten, dann kann man sich leicht vorstellen, wie sich Reiche und Arme gegen Gruppen oder Einzelne in ihrer Mitte zusammenrotten, ohne auf Gerechtigkeit einen Gedanken zu verschwenden. Das räumt auch Aristoteles ein, wenn er die Praxis des Ostrazismus erläutert: Wenige haben es verdient verbannt zu werden, wenn überhaupt. Weiter ist da Aggressivität, die gegen Nichtbürger, also Fremde, Metöken, Frauen und Sklaven völlig akzeptabel ist. Aber dann wiederum zählen sie und ihr Sinn für Ungerechtigkeit in Aristoteles' Augen auch nicht.

Nichtsdestoweniger sind »reich« und »arm« umfassende Begriffe und wir können uns unschwer ausmalen, wie sie die gesamte Bevölkerung einer Gesellschaft spalten, nicht nur die freien Männer in ihr. Auch wenn Habgier nicht die einzige Ursache von Ungerechtigkeit ist, so ist sie gewiss nicht bedeutungslos. Dies vor Augen kann man mit Fug und Recht sagen, dass eine einigermaßen egalitäre Version aristotelischer politischer Gerechtigkeit den Sinn für Ungerechtigkeit erfolgreich beschwichtigen könnte. Sie muss weder restriktiv noch unterdrückend sein. Das wird nur dann eintreten, wenn Gerechtigkeit als herrschende Ideologie nicht unmissverständlich als gesellschaftlich akzeptierter Ausgleich zwischen den frei und offen bekundeten Bestrebungen reicher wie armer Bürger bestimmt ist, sondern lediglich als die vorherrschende Summe geteilter »sozialer Bedeutungen« definiert wird,[159] die man wie einen Text liest und interpretiert, ohne dass man sie überprüft, indem man die am stärksten benachteiligten Mitglieder fragt, was sie eigentlich wollen. Solches Erahnen geteilter Bedeutungen, wie sie die prophetischen oder traditionalistischen Stellvertreter des Volksgeistes divinieren, werden nie anhand der wirklichen Meinungen geprüft, am wenigsten derjenigen der am meisten Benachteiligten und Eingeschüchterten. Eine gemeinsame Kultur mit der Harmonie politischer Interessen zu verwechseln, ist nichts anderes als ein Taschenspielertrick. Kulturen ist in der Regel die Sprache gemeinsam, die uns unter anderem ermöglicht, unseren Hass und unsere Verachtung füreinander, aber auch unseren Sinn für Ungerechtigkeit zum Ausdruck zu bringen, sofern wir nicht zu verängstigt sind, dies zu tun. Haben die am stärksten benachteiligten Mitglieder einer Gesellschaft ihre Gefühle nicht klar und unbeeinflusst geäußert, sollten wir davon ausgehen, dass sie ihre Situation ablehnen, selbst wenn sie – wie seinerzeit viele der schwarzen Sklaven – lächelnd und singend ihre Zufriedenheit zur Schau zu stellen scheinen.

Damit eine Untersuchung der Wünsche, die die Unterdrückten hegen, überhaupt irgendeinen Sinn hat, müsste man sie unter Bedingungen durchführen, die es den unterprivilegierten Mitgliedern einer Gesellschaft erlaubten, sich ausreichend unterrichtet und ohne Furcht zu äußern. Wie anders könnte man sich sicher sein, dass sie tatsächlich die Werte der Herren teilen? Historiker wissen, dass sie es nicht taten, aber das ist aus dem Rückblick beurteilt. Im Hier und Jetzt gibt es keinen Ersatz für Zustimmung, und zwar unter Bedingungen, die sicherstellen, dass sie unverfälscht gegeben wird. Ansonsten wäre Sambo das wahre Selbst des Sklaven[160] und jede Hausssklavin hätte mit Vergnügen den Küchenboden geputzt – schließlich war das die Bestimmung der Frau, die dann auch glaubte, zu nichts anderem fähig zu sein. Alle wären vollkommen zufrieden mit den Zeilen im »Text« der Kultur, die zu lesen oder genauer gesagt, zu erdulden sie gezwungen sind.[161]

Damit will ich nicht bestreiten, dass Ideologien und Überzeugungen weitgehend bestimmen, was Individuen als Ungerechtigkeit betrachten. Die meisten orthodoxen Jüdinnen halten es keineswegs für ungerecht, dass sie sich dem Mann unterordnen sollen. Dessen können wir uns allerdings nur in Amerika sicher sein, denn hier haben sie ausreichend Gelegenheit, sich eines anderen zu besinnen und ihre religiöse Gemeinschaft zu verlassen, falls sie es wollen. Soweit irgendjemand das beurteilen kann, haben sie ihrer Rolle zugestimmt und dies, wie es scheint, mit Zufriedenheit. Hätten sie keine Wahl gehabt, könnten wir ihre wahren Gefühle nicht einmal erahnen.

Es gibt zur aktiven Zustimmung und vor allem zur ständigen Gelegenheit, unter möglichst offenen und einfachen Bedingungen Widerspruch zu äußern oder die eigenen Lebensumstände hinter sich zu lassen, ganz einfach keine uns bekannte Alternative. Nichts könnte irreführender sein, als jenen, die nicht protestieren, Zufriedenheit und Zustimmung zu unterstellen und anzunehmen, dass die Erniedrigten und Beleidigten, weil sie angeblich mit ihren Herren die »Bedeutungen« ihrer Gesellschaft teilen, die Bedingungen ihrer Knechtschaft billigen würden. Wir kennen die Geschichte der Sklaverei in Amerika zu gut, als dass wir noch der Mitteilung bedürften, die Schwarzen hätten sie nicht gutgeheißen und vielen Weißen sei deren Ungerechtigkeit bewusst gewesen. Auch die Rassentrennungsgesetze stellten für sie nichts anderes als ein ungerechtes Schicksal dar. In einer pluralistischen Gesellschaft lässt sich die große Vielfalt an sozialen Sitten und Gebräuchen auf mannigfache Weise annehmen oder zurückweisen, was aber nur jenen möglich ist, die sich öffentlich Gehör verschaffen können. Gibt es keine realistischen Möglichkeiten, sich zu entscheiden, frei heraus zu sprechen, zu protestieren und sich zu verweigern, dann sind die Regeln der pluralistischen Gesellschaft nichts anderes als Anreize zur Ungerechtigkeit. Vor allem solange es Gruppen gibt, deren Zugehörigkeit ihren Mitgliedern, ob sie es wollen oder nicht, von außen zugeschrieben wird, ist fehlende Zustimmung an sich eine Ungerechtigkeit. Mit einer Gemeinschaft identifiziert zu werden, die man nicht aus freiem Willen verlassen kann und die einen zu gesellschaftlicher Minderwertigkeit oder einer unerwünschten sozialen

Identität verdammet, daran ist rein gar nichts gerecht. Überhaupt nicht gefragt zu werden, ob man für oder gegen die Einrichtungen ist, die das eigene Leben bestimmen, bedeutet, für nichts zu gelten, ein Nichts zu sein.

Hieße primäre Gerechtigkeit allein, von allen geteilte Sitten zu ertragen, zumal in Abwesenheit von Dissens und Beschwerden, dann wäre die Begründung der Südstaaten für die Sklaverei tadellos gerecht gewesen. Tatsächlich lautete das beste Argument, das vor dem Bürgerkrieg zugunsten der Sklaverei vorgebracht wurde ja nicht, dass Sklaven immer als Eigentum anerkannt worden wären und Eigentumsrechte allen amerikanischen Staatsbürgern heilig seien. Es besagte vielmehr, abstrakte Gerechtigkeit sei gesellschaftlich bedeutungslos, die gesamte Kultur sowie das soziale Geflecht des Südens und sogar die republikanischen Tugenden seiner Bürger beruhten auf der Sklaverei.[162] Fast jede Politik, die sich an der Idee der Gemeinschaft orientierte, ist in der Geschichte derart unterdrückend gewesen, dass unter ihrer Herrschaft primäre Gerechtigkeit den meisten Menschen Sklaverei und gesellschaftliche Entrechtung als ihren Teil zuwies, indem sie ihren Stimmen einfach kein Gewicht beimaß oder ihnen keine Möglichkeit ließ, diese Gemeinschaft zu verlassen. Eine solche Gerechtigkeit führt auch zur Unterwürfigkeit der Unterdrückten, denn Furcht und Entbehrung sowie die Lektionen, die beide erteilen – nicht aber falsches Bewusstsein –, erklären, warum die Unterdrückten an jenen gemeinsamen sozialen Bedeutungen Anteil haben. Warum sollten sie so tun, als zählten in einer Kastengesellschaft auch sie? Und warum sollten selbstzufriedene Beobachter nicht daran glauben, dass die herrschenden, auf die Vorfahren zurückgehenden Sozialbeziehungen nicht solche des Vertrauens seien, wie Bande der Gegenseitigkeit sie schaffen? Ich möchte terroristische Regimes mit ihren Konzentrationslagern gar nicht erst erwähnen, denn sie dramatisieren nur das Offensichtliche. Doch glaubt tatsächlich immer noch jemand, wie einst so viele Kenner Chinas behaupteten, die Chinesen fänden an Maos Herrschaft Gefallen, weil ihre Kultur sie dazu konditioniert habe, sein Regime zu schätzen?

Ohne Zweifel kann kein Demokrat ein System primärer Gerechtigkeit billigen, das jeden Ausdruck des Sinns für Ungerechtigkeit einfach zum Schweigen bringt. Es gibt jedoch weniger drastische und auf den ersten Blick weniger fragwürdige Möglichkeiten, die Legitimität des Sinns für Ungerechtigkeit einzuschränken. Man kann etwa das Recht, gehört zu werden, auf eine kleine Gruppe von Glücklichen beschränken. Das ist das Muster des aristotelischen Denkens, das alle, außer einige Bürger der Herrenklassen, unhörbar werden lässt. Das Unglück der Vielen besteht schlicht darin, unabänderlich minderwertig zu sein. Die andere Möglichkeit, die Legitimität von Beschwerden zu verringern, ist die, nur einige wenige Klagen offiziell zuzulassen. Das war Humes Lösung. Dr. Johnson lieferte die Begründung dafür in seinem berühmten Vers: »Wie wenig ist von alledem was an Leid dem Menschenherz gegeben / von Gesetz und Königsmacht getan und lässt sich durch sie beheben«. Diese Ansicht wäre überzeugender, würden wir einräumen, dass sie allenfalls die halbe Wahrheit ausspricht. Ohne Frage tragen Gesetze und Regierungen einen großen Teil zum menschlichen Elend bei. Doch was sie verursachen, würden sie selbstverständlich auch vermeiden und verbessern können. Dr. Johnson stand hingegen die ganze Unermesslichkeit menschlichen Leidens vor Augen.

Die Fürsprecher des minimalen Staates übergehen dessen Machtlosigkeit angesichts unserer Leiden. Sie fassen den Begriff der Gerechtigkeit derart eng, dass einem Staat wenig zu tun bleibt. Der Begriff des Unglücks wird dementsprechend weit gefasst. Gerechtigkeit verlangt hier lediglich, dass wir unsere Nachbarn und ihr Eigentum nicht verletzen. Darum war für Adam Smith Gerechtigkeit die geringste der Tugenden. Folgerichtig hielt er Missbilligung für eine rein persönliche Reaktion, die einem unmittelbaren Angriff auf mein Eigentum oder meinen Körper folgt.[163] Jede andere Äußerung des Sinns für Ungerechtigkeit galt ihm als idiosynkratisch. Humes »vorsichtige und eifersüchtige Tugend« kann ebenfalls keinen anderen Zweck verfolgen, als Eigentum zu sichern und Gewalt abzuwenden.[164] Letztlich bedeutet dieser Begriff von Gerechtigkeit einfach Frieden und er schenkt nur solchen gefühlten Ungerechtigkeiten Beachtung, die zuvor kleinlich als Akte offener Gewalt definiert wurden. Obwohl ihre Beweisführung anders aussah, sind diese Ideen zweifelsohne die Vorläufer des Hayek'schen Fatalismus.

Häufig ziehen wir Frieden der Gerechtigkeit vor, doch sind sie nicht dasselbe. Sie zu verwechseln lädt zu passiver Ungerechtigkeit ein. Eine untätige Regierung treibt nicht nur in individuellen Fällen Missbrauch, wo sie die Schwachen und Verletzlichen ihrem Schicksal überlässt. Sie verstärkt auch krasse Ungleichheiten an gesellschaftlichem Status und Reichtum derart, dass der Zugang zu Gerichten, Rechtsbeistand und polizeilichem Schutz nicht nur ausnahmsweise, sondern im Regelfall verwehrt wird. Unter solchen Bedingungen wäre es normal, gegebene Versprechen in Sachen Entlohnung formlos zu brechen und andere grundlegende gesellschaftliche Erwartungen zu missachten. Körperliche Ausbeutung wäre die Regel und Ausbildungschancen und Gesundheit würden nicht als eine Sache der Gerechtigkeit, sondern des Glücks betrachtet. Nur weil sie die meisten Gegenstände der Gerechtigkeit ans Schicksal verweist, kann der von Hume und Smith bündig definierten primären Gerechtigkeit nachgesagt werden überhaupt zu funktionieren. Die überwiegende Anzahl ungerechter Taten wird einfach in Unglücksfälle umdefiniert, wobei viele Menschen, wie wir sahen, nur allzu schnell bereit sind, diese Argumentation zu akzeptieren. Gleichwohl war ein passiv ungerechtes politisches System für die leidgeprüfte Mehrheit der europäischen und amerikanischen Bürger nicht erträglich, die schließlich demokratische Regierungssysteme errichteten.

Als Antwort auf diese enggefassten und beschränkten Ansichten primärer Gerechtigkeit gibt es heute viele demokratische Alternativen, die so offen und inklusiv wie möglich sind. Sie achten nicht bloß auf mehr Gleichheit, sondern sind überdies an einer Rechtfertigung so vieler gesellschaftlicher Ansprüche wie möglich interessiert. In Amerika haben reformorientierte Theorien primärer Gerechtigkeit die Bedeutung und den Wert von Freiheit und Zustimmung sicherlich nicht außer Acht gelassen, obwohl einige von ihnen besorgniserregende Maßnahmen für eine fortgesetzte öffentliche Moralerziehung beinhalten, die auf zweifelhaften psychologischen Theorien beruhen. Es lässt sich nicht leugnen, dass eine größere Gleichverteilung von Macht die Bedingungen für Gerechtigkeit begünstigen würde. Doch sind viele Entwürfe zur Erreichung dieses Ziels ihrerseits oft mit Mängeln behaftet. Der am schwersten wiegende Einwand gegen sie lautet nicht, dass sie radikal sind, sondern dass sie häufig derart paternalistisch vorgehen, dass sie unseren Sinn für Ungerechtigkeit auf den Plan rufen. Obwohl sie eine vollkommenere Demokratie anstreben, laufen die Reformpläne für bestehende Institutionen nicht selten darauf hinaus, eine Neuerschaffung der Bürgerschaft zu erfordern. Und wer wäre dazu genau befähigt?

Selbst die bescheidensten Reformer im Amerika unserer Zeit, in dem die Technik große Unterschiede zwischen den Unwissenden und den Wissenden aufgerissen hat, sind versucht, die Menschen so zu verwalten, als wären sie Sachen, ohne ihnen Erklärungen anzubieten. Der gegenwärtige Paternalismus geht von der Auffassung aus, die Armen seien so minderbemittelt, dass sie kein Verständnis ihres eigenen Wohlergehens hätten. Nur jene, die über ihnen und vielleicht über der ganzen Gesellschaft schweben, könnten wirklich definieren, was Gerechtigkeit sei, und sie durchsetzen. Wie Giottos Königin ist diese Gerechtigkeit nicht eine von uns. In Wirklichkeit aber kann man nicht wie die Philosophen Platons damit beginnen, historisch reinen Tisch zu machen, um den Reichtum im Hier und Jetzt umzuverteilen. Und die Bürgerschaft ist psychologisch betrachtet auch nicht aus Wachs gemacht, das man nach Belieben formen könnte. Sie hat nicht nur ein Recht auf eine Erklärung der Regeln, die ihr Leben verändern, man muss auch davon ausgehen, dass sie solche Regeln verstehen kann. Auch sollte man nicht vergessen, dass jemand, der ein wie auch immer kompliziertes Problem verstanden hat, normalerweise dazu in der Lage ist, es jedem zu erklären, der willens ist zuzuhören. Die meisten gesellschaftspolitischen Maßnahmen sind jedenfalls nicht allzu verwickelt. Dummheit anzunehmen ist selbst eine denkbar große Ungerechtigkeit.

Man wirft dem Paternalismus für gewöhnlich vor, dass er unsere Freiheit einschränkt, indem er uns zwingt, zu unserem eigenen Wohl zu handeln. Darüber hinaus ist er aber, und das hat wahrscheinlich mehr Gewicht, ungerecht und wird zwangsläufig unseren Sinn für Ungerechtigkeit provozieren. Paternalistische Gesetze mögen ebenso viel Zustimmung wie andere finden, doch macht die Weigerung, ihren angeblichen Nutznießern zu erklären, warum sie ihre Lebensweise ändern oder sich schützenden Eingriffen fügen müssen, den Vollzug dieser Gesetze fragwürdig. Er setzt, ohne jeden Beweis, die Inkompetenz der Menschen voraus.

Das Ergebnis mag durch und durch gerecht sein, die Behandlung der »Klientel« ist es nicht. Man unterstellt einfach, dass Sozialhilfeempfänger, die Zuwendungen in Form von Waren statt Geld erhalten, unfähig sind, ihre eigenen Interessen zu verstehen: »Unfähigkeit wird bis zum Beweis des Gegenteils vorausgesetzt.«[165]

Die Kluft zwischen der Intelligenz der Staatsbeauftragten und derjenigen ihrer Klientel wird für so groß gehalten, dass sie sowohl unüberbrückbar wie auch von Dauer zu sein scheint. Ob sie nun medizinisch behandelt oder in andere Wohnungen umgesiedelt werden sollen, ob sie Zuwendungen in Warenform bekommen oder ihr fügsames Verhalten überprüft wird, niemals schuldet oder gibt man ihnen eine Erklärung für das, was *für* sie getan wird.[166] Dass staatliche Organe die Gewohnheit annehmen, sich als Götter aufzuspielen, ist an sich schon anstößig, selbst wenn die Entscheidung, Wohlstand umzuverteilen, vollkommen gerecht ist. Um es noch einmal zu sagen: Ungerechtigkeit lauert auch im Bestreben, Gerechtigkeit für alle zu erwirken.

Man mag zu Recht behaupten, das gezeichnete Bild der umverteilenden Gerechtigkeit sei eine Karikatur. Es ist aber keineswegs eine falsche Darstellung dessen, was im Namen der Sozialhilfe vor sich geht. Allerdings ist Paternalismus nicht das einzige Zeichen der Unwägbarkeiten gerechter Reformen. Selbst zwischen den gerechtesten gesellschaftlichen Reformen und etablierten privaten Erwartungen bestehen unvermeidliche Dissonanzen. Nahezu jedes neue Gesetz, wie wohlwollend es auch immer sein mag, wirft jemandes Erwartungen und Pläne über den Haufen und erweckt, oft mit einiger Heftigkeit, seinen Sinn für Ungerechtigkeit. Darum verabschieden konstitutionelle Regierungen Gesetze langsam und öffentlich, sodass die Einzelnen ihre Vorhaben den neuen gesetzlichen Bedingungen anpassen können. Jeder soziale Wandel, jedes neue Gesetz, jede erzwungene Veränderung gesellschaftlicher Regeln ist für irgendjemanden ungerecht. Je drastischer und plötzlicher der Wandel ist, umso heftiger die Beschwerden. Das soll kein Einwand gegen gesetzliche Veränderungen sein, sondern eine Anerkennung der Tatsache, dass sie nicht nur ein Heilmittel für den Sinn für Ungerechtigkeit sind, sondern im Gegenteil eine seiner vielen Ursachen sein können.

Schon Henry Sidgwick hat bemerkt, dass die Ethik des gesunden Menschenverstands keine Antwort auf die Spannung zwischen zwei Arten von Gerechtigkeit kennt: der konservativen, die festverankerten gesellschaftlichen Erwartungen entspricht, und der reformistischen, die mit Hilfe des Gesetzes neu aufgetretenen Erwartungen, die nach einer politischen Veränderung verlangen, entgegenkommen will.[167] Früher oder später wird die eine oder andere Partei ihren Sinn für Ungerechtigkeit verspüren und ihm Ausdruck verleihen. An einem gewissen Punkt werden selbst verhältnismäßig gerechte soziale Umverteilungen äußerst ungerecht erscheinen, wenn sie zu viele Menschen umfassenden Umwälzungen und Umbrüchen aussetzen. Ebenso gewiss wird der Aufschub von Veränderungen, die von an sozialer Gerechtigkeit interessierten Gruppen eingeklagt werden, Empörung und Protest ernten. In politischen Fragen ist der gesunde Menschenverstand bei Weitem unser bester Wegweiser, doch scheint er uns in eine völlige Sackgasse zu führen.

Der Wandel ideologischer und moralischer Überzeugungen mag nach einer Änderung der primären Zuteilung verlangen, aber dieser Prozess kann niemals einstimmig und schmerzlos verlaufen. Eine Ungerechtigkeit zu beheben bedeutet, eine neue zu schaffen. Jede neue Steuer scheint ungerecht zu sein und wird von denjenigen auch so empfunden, die ihr Leben auf der Grundlage der bestehenden

Gesetze geplant haben. Jede Veränderung der universitären Zulassungsbestimmungen enttäuscht eine Gruppe, die mit der Erwartung aufgewachsen ist, aufgenommen zu werden. Bewusst herbeigeführte Inflationen, die Einkommen dadurch umverteilen, dass sie Ersparnisse alter Damen dahinschmelzen lassen, sind nicht ohne Weiteres gerecht, genauso wenig wie deflationäre Maßnahmen und niedrig gehaltene Löhne. All diese politischen Maßnahmen können jedoch als Akte primärer Gerechtigkeit verteidigt werden, wenn sie mit neuen ideologischen Verpflichtungen, zusätzlichen materiellen Ressourcen oder technologischen Veränderungen in Einklang stehen. Es lässt sich nicht vermeiden, dass sie den Sinn für Ungerechtigkeit bei jenen wachrufen, deren durch die bisherigen Gesetze geschaffene Erwartungen sich in Luft aufgelöst haben. Jahrelang hat jede offizielle und inoffizielle Autorität ihnen erklärt, sie verfügten rechtmäßig über ihre bestehende Macht und ihren Besitz. Warum sollten sie sich nicht geschädigt fühlen, wenn man ihnen plötzlich mitteilt, dass damit nun Schluss sein müsse? Selbst wenn eine gerechte Reform von einer massiven Umerziehung begleitet wird, mit der für ähnliche zukünftige Reformziele geworben wird, sind solche Projekte häufig zu zweideutig, als dass man sie lediglich für eine Beseitigung bestehender Ungerechtigkeiten halten könnte. Reformen stoßen an Grenzen, wenn es darum geht, die Erfahrung sozialer Ungerechtigkeit in der Gesellschaft als ganzer zu verringern. Dies zu erkennen bedeutet nicht, sich gegen politische Veränderungen zu wenden, sondern nur, die Unvermeidlichkeit von miteinander nicht vereinbaren politischen Werten zu verstehen und die Notwendigkeit von Verfahren einzusehen, die es ermöglichen, in unserem täglichen Zusammenleben über sie zu verhandeln.

Wenn man die Konflikte zwischen Typen von Gerechtigkeit und Ungerechtigkeit nicht als einzelne Fälle betrachtet, sondern als einen Prozess wechselseitigen Ausgleichs, ergibt sich ein politisch vorteilhafteres Bild. Die beste Möglichkeit, die Kluft zwischen bestehenden Erwartungen und dem Ruf nach gesellschaftlichen Veränderungen zu überbrücken, mag ein System wirkungsvoller und anhaltender Mitbestimmung aller Bürger sein, in dem keiner immer gewinnt oder immer verliert. Das ist das Versprechen demokratischer Politik und wieder findet man es in Rousseaus *Gesellschaftsvertrag*. In seiner Darstellung besitzen die Einzelnen, die im Begriff sind, ein Gemeinwesen zu schaffen, bereits einen Sinn für Ungerechtigkeit, weil sie, was Stärke und Besitztümer anbelangt, nicht gleich sind und weil sie Gefahr laufen, sich von den Reichen um des Friedens willen ihre politische Gleichheit abkaufen zu lassen. Das ist ja auch, was zu allen Zeiten an fast allen Orten geschah. Stattdessen machen sie kurz vor diesem Abgrund halt und verpflichten sich wechselseitig, allgemeine und gerechte Gesetze aufzustellen, unter deren Schutz sie alle gleichermaßen stehen. Der Sinn für Ungerechtigkeit, dem wir unter jedem anderen Rechtssystem zum Opfer fallen müssen, ist so für immer abgewehrt. Unglücklicherweise sind die Kosten eines solchen Systems für alle vernünftigen Menschen unannehmbar. Denn die Bürger müssten diese Gesetze so tief verinnerlichen, dass sie keinen Unterschied mehr zwischen ihrem privaten und öffentlichen Leben empfinden dürften. Sie müssten vollständig verwandelt werden.[168]

Trotzdem bleibt Rousseaus Idee fortwährender Zustimmung als Methode, um die Widersprüche zwischen persönlicher und gesellschaftlicher Gerechtigkeit zu überwinden, ein wesentlicher Aspekt eines jeden demokratischen Ideals. Mitbestimmung mag uns nicht von unseren Neurosen heilen, wie viele der amerikanischen Verfechter partizipativer Demokratie behaupten. Und die spartanische Strenge des Rousseau'schen Gemeinwesens ist sicher nicht, was die meisten amerikanischen Städtebewohner wünschen. Auch können wir es uns keinesfalls erlauben, all unsere Aggressionen, wie Rousseau es vorschlug, an Fremden auszulassen. Eine moderne repräsentative Demokratie verlangt weit weniger intensive oder unmittelbare Akte der Zustimmung, aber sie teilt Rousseaus tiefste Hoffnung: selbstbestimmt zu leben.

Entkleidet man Rousseaus Vorschlag, beständig über die Regeln der primären Gerechtigkeit zu beraten, seiner fantastischen Exzesse und führt ihn auf das Machbare zurück, so ist er zumindest eine plausible Möglichkeit, den Sinn für Ungerechtigkeit, der gesetzliche Veränderungen begleitet, seltener Alarm schlagen zu lassen. Es ist gut möglich, dass Zustimmung als ununterbrochener Prozess unter den Bedingungen persönlicher Freiheit der einzige uns bekannte Weg ist, Gesetze zu vermeiden, die uns dazu verurteilen, den Sinn für Ungerechtigkeit immer wieder aufs Neue zu wecken. Zustimmung schafft weder diesen Sinn noch seine Anlässe ab, erlaubt uns allerdings in der Hoffnung auf Besserung aktiv zu werden. Bürger können zudem erwarten, dass sich anlässlich anderer Fragen ihre Präferenzen und Überzeugungen eines Tages durchsetzen werden. Mal gewinnt der eine, mal der andere. Das ist keine radikal umerzieherische Politik, stattdessen verringert die Politik von Zustimmung und Widerspruch in konstitutionellen Demokratien die unüberbrückbare Kluft zwischen dem persönlichen Sinn für Ungerechtigkeit und öffentlichen Gesetzen, die sich zu langsam oder zu schnell verändern mögen.

Was geschieht etwa, wenn Erbschaften gesetzlich verboten oder weit höher besteuert werden als heutzutage? Ich habe mein Leben in der Annahme geplant reich zu werden, wenn meine Eltern sterben, und einen Kredit aufgenommen, doch nun stehe ich vor der Tatsache, dass ich meine Schulden nicht bezahlen kann. Ich bin jedoch ein unheilbarer Reformer und betrachte Erbschaften als eine Verletzung des amerikanischen Versprechens der Chancengleichheit. Deshalb werde ich möglicherweise nicht in Jubel ausbrechen, mich aber auch nicht als Opfer einer Ungerechtigkeit betrachten. Meine Geschwister fühlen sich jedoch in ideologischer wie persönlicher Hinsicht verletzt. Sie haben Robert Nozick mit Begeisterung gelesen und sind empört.[169] Ihr Sinn für Ungerechtigkeit ist keine irrationale Reaktion auf eine heftige persönliche Enttäuschung, vielmehr kann er – wie die meisten öffentlichen Einstellungen – philosophisch verteidigt werden, was ja auch geschehen ist.

Was können sie tun, um ihren Sinn für Ungerechtigkeit zu besänftigen? Protestieren sie, wird es ihnen wenig nützen, auch wenn sie damit ihren Gefühlen Luft machen können und in einer freien Gesellschaft nicht dafür bestraft werden, Beschwerden vorzubringen. Sie können sich dafür einsetzen, dass die Kongressmitglieder, die dem für ihre Erbschaft so ruinösen Gesetz zustimmten, nicht wiedergewählt werden, und möglicherweise können sie versuchen, das Gesetz vor Gericht anzufechten. Aber es ist offensichtlich, dass ihre Zustimmung zu unserer gemeinsamen Lage anders ausfällt als meine. Sie haben lediglich einem bestimmten Regierungsprozedere zugestimmt und selbst wenn das ihren Verlust erträglicher macht, wäre die Behauptung schlicht falsch, sie seien, zumal angesichts der von ihnen vertretenen Ideologie, nicht ungerecht behandelt worden.

Auch sollten wir die privaten Erschütterungen nicht leichtfertig abtun, die ein von einer neuen Gesetzgebung entflammter Sinn für Ungerechtigkeit hervorruft. Tatsächlich haben meine Geschwister und ich uns derartig zerstritten, dass wir nicht mehr miteinander reden. Vor Kurzem haben sich die Dinge jedoch zum Besseren gewendet. Es war abzusehen, dass ich einen Volksentscheid über eine Höchstgrenze für Einkommenssteuern nur verhängnisvoll finden würde, aber meine Geschwister unterstützten diese Bestrebungen und haben gewonnen. Nun kommen wir gut miteinander aus. Gleichwohl gibt es keine Möglichkeit, uns alle einem Urteil zu unterwerfen. Wenn es darum geht, seinen eigenen Sinn für Ungerechtigkeit als gültig zu erklären, sind wir unsere eigenen Richter. Das Beste, was man zugunsten der Demokratie anführen kann, ist, dass sie den Abstand zwischen Selbstbewertungen und öffentlichen Urteilen verringert – aber keine Regierungsform kann ihn ganz schließen.

Wer könnte uns sagen, dass wir kein Recht haben, uns geschädigt zu fühlen, wenn wir meinen, ungerecht behandelt worden zu sein? Unser Leben ist Regeln und Gesetzen unterworfen, die weder von uns noch in unserem Interesse gemacht worden sind. Und wenn wir durch Geburt zu einer benachteiligten Gruppe gehören, deren Mitgliedschaft uns von außen zugeschrieben wird, mögen wir uns auf Diskriminierung einrichten müssen. Dass eine derartige Benachteiligung lange bestehen bleiben kann, verbessert die Situation kaum. Tradition ist oft nichts anderes als ein Zeugnis des Schweigens. Und die eigene Niederlage hinzunehmen kann nicht als Zustimmung gelten, auch dann nicht, wenn im Falle einer Beschwerde keine Gefängnisstrafe droht. Gilt für die Zustimmung derer, die wie die Libertären in meiner Geschichte nur in ein Verfahren eingewilligt haben, etwas anderes? Haben sie wirklich zu irgendetwas ihre Zustimmung gegeben? Ohne Zweifel lautet die Antwort: ja. Verfahrensgerechtigkeit ist nicht bloß ein formelles Ritual, wie ihr häufig vorgeworfen wird. Sie ist ein System, das im Prinzip einem jeden zumindest einen gewissen Zugang zu den Institutionen des Ausgleichs bietet und, was noch bedeutsamer ist, sie ermöglicht es jedem, seinen Sinn für Ungerechtigkeit zumindest gelegentlich erfolgreich zu artikulieren. Dazuzugehören bedeutet, über gesellschaftliche Stellung zu verfügen. Zudem sind Forderungen nach korrektem Vorgehen bei Wahlen, der Gesetzgebung und der Rechtsprechung weder in psychologischer noch ethischer Hinsicht leer. Sie erzeugen ihre eigenen Charaktereigenschaften, wie Nachsicht und Anstand, und sie zwingen Staatsdiener zu Fairness.[170] Anders als die Ausgeschlossenen können diejenigen, die an diesen Verfahren teilnehmen, ihre Beschwerden vorbringen und mit dem Finger auf die Partei oder den Sachverhalt zeigen, der ihren Anstoß erregt. Sie können ihre Verluste ausgleichen, denn sie haben eine politische Stimme.

Wir haben jedoch keinen Grund zu der Annahme, dass Verfahrensgerechtigkeit als ein Instrument, das den Bürgern erlaubt, ihre Zustimmung zu geben oder zu verweigern, ein Heilmittel gegen die Klagen des Sinns für Ungerechtigkeit wäre. Selbst vollkommene Verfahren können in bestimmten Fällen schreiend ungerecht sein, zumal wenn ihre Ziele in Vergessenheit geraten, uneindeutig oder schlicht irrational sind. Dieser Sachverhalt wird oft durch Lotterien veranschaulicht. Gewöhnlich werden sie mit der Zustimmung aller Teilnehmer veranstaltet und verlaufen ganz und gar gerecht. Jeder hat die gleiche Chance. Als ein Verfahren, Eigentum von geringem Wert zu übertragen, auf das niemand Anspruch erhebt, handelt es sich gewiss um Gerechtigkeit in ihrer vollkommensten Gestalt. Doch wie steht der Fall, wenn der Zweck weniger harmlos ist und etwa ein elternloses Kind verlost wird? Schließlich sucht sich niemand seine Eltern aus und die natürliche Geburt ist ein recht zufälliger Prozess. Eine Adoption ist aber weder physiologisch noch gesellschaftlich gesehen mit der natürlichen Elternschaft vergleichbar und so zu tun, als sei sie ebenso zufällig, ist einfach falsch. Wir würden immer noch meinen, dass Salomon weise handelte, selbst wenn wir nicht davon überzeugt wären, dass die biologische Mutter notwendig die bessere Mutter ist. Salomon wollte alle einschlägigen Informationen über die beiden Frauen bekommen, bevor er seine Entscheidung traf. Er spielte nicht mit der Zukunft des Kindes.

Die Tatsache, dass die Mitspieler in einer Lotterie einem vollkommen irrationalen Verfahren durch ihre Teilnahme zustimmen, macht dieses Verfahren nicht schon annehmbar. Anders als manche Griechen glauben die Teilnehmer schließlich nicht, die Götter würden entscheiden. Sie überlassen die Entscheidung einfach dem puren Zufall, um Konflikte und Diskussionen zu vermeiden. Sie kümmern sich nicht darum, ob sie ein ungerechtes Ergebnis hätten verhindern können. Die an dem Kind begangene Ungerechtigkeit ist offenkundig, denn weder berücksichtigt man sein Wohlergehen noch wird es den geeignetsten Eltern übergeben oder unmittelbar von ihnen ausgesucht. Die Beziehung, die zwischen Ungerechtigkeit und Gleichgültigkeit besteht, springt zudem als eine Form von Betrug ins Auge, denn man weigert sich von Beginn an, alle wichtigen Tatsachen über die betreffenden Familien in Erwägung zu ziehen. Aber dann wiederum ist willentliche Unwissenheit ja auch das Herzstück passiver Ungerechtigkeit. Deshalb ist Irrationalität selbst eine Quelle von Ungerechtigkeit und zwar eine, vor der uns kein System dauerhaft schützen kann, vor allem wenn es – wie Lotterien – Vorteile gewährt, und seien sie auch Ruhe und Frieden.

Lotterien sind, trotz ihrer scheinbaren Fairness, zutiefst fatalistisch. Sie umgehen die Ungewissheiten, die in allem Beraten und Wählen liegen. Außerdem scheinen die Menschen das Spiel mit dem Glück nicht mehr zu mögen, sobald es um die Verteilung wichtiger Gegenstände geht. Lotterien bieten Makrogerechtigkeit und doch wird der reine Zufall angesichts des jeweiligen Zwecks als zu irrational empfunden. Kein Verfahren, das den Individuen so gleichgültig gegenübersteht, kann zufriedenstellend sein.[171] Auch sind Lotterien typischerweise einmalige Veranstaltungen und in dieser Hinsicht ganz und gar von den kontinuierlichen Verfahren demokratischer Regierungsformen unterschieden. Sie veranschaulichen, wie eine übertriebene und gedankenlose Unterordnung unter Verfahren im schlimmsten Fall sehr großes Unrecht schaffen kann. Die Verfahren in einer repräsentativen Demokratie müssen nicht von dieser Art sein. Sie können uns zu Nachdenklichkeit und Beratschlagung anhalten, was uns gestattet, Willkür daran zu hindern, ihren Weg in die reine Verfahrensgerechtigkeit zu finden, und jene Ungerechtigkeit zu vermeiden, die in der Gerechtigkeit selbst steckt. Gleichwohl sind korrekt erlassene und fair vollstreckte Gesetze oft für die Regungen unseres Sinns für Ungerechtigkeit verantwortlich. Sie stellen kein Unglück dar, sondern sind Ungerechtigkeiten, die wir nicht vermeiden können oder wollen.

Wie weit soll unsere Resignation gehen? Sollen wir denen Gehör schenken, die uns erzählen, wir hätten nicht alle Tatsachen vor uns, es fehle uns in öffentlichen Angelegenheiten an Erfahrung, wir seien nicht so weitsichtig wie unsere gewählten und ernannten Regierungsbeamten? Sollen wir die offizielle Version akzeptieren, wir seien die Opfer eines Unglücks, während wir der Überzeugung sind, eine Ungerechtigkeit erlitten zu haben? Allen öffentlichen Akteuren ist eines gemein: Sie verfügen über einen reichhaltigen Schatz an Entschuldigungen für den von ihnen hervorgerufenen Unmut. Die Ausflüchte sind zu bekannt, als dass man sie aufzählen müsste, doch gewöhnlich werden die Umstände beschworen, Irrtümer für unvermeidlich erklärt oder Schuld einfach auf andere abgewälzt. Notwendigkeit scheint sie von allen Seiten zur Untätigkeit zu verurteilen, fordert man sie auf, den Ungerechtigkeiten ins Auge zu sehen, für die sie unmittelbar oder passiv verantwortlich sind. Die Litanei ihrer Ausflüchte offenbart eine trostlose moralische und sprachliche Uniformität. Diejenigen, die sich allzu große Sorgen um moralischen Relativismus machen, sollten darüber einmal nachdenken; bloße Einigkeit hat noch nie jemanden weniger ungerecht gemacht. Was die Bürger Amerikas heute und seit jeher am häufigsten entzweit, ist jedenfalls nicht die Bestimmung von Prinzipien, sondern das Zustandekommen politischer Entscheidungen bei der Frage, was in einer bestimmten Situation zu tun sei.

Geben wir zu schnell auf? Sackgassen, miteinander konkurrierende Absichten, gegenläufige Ziele und Ausflüchte sind allesamt Folgen der Freiheit und führen zu Gleichgültigkeit, Fatalismus und passiver Ungerechtigkeit. »Das Leben ist unfair«, sagen wir und denken an weniger schmerzvolle Dinge. Aber ist das richtig? Wie viel Ungerechtigkeit ist unvermeidlich und wie viel ist menschlichen Entscheidungen und Handlungen geschuldet? Wann sollten wir unseren Sinn für Ungerechtigkeit freimütig zum Ausdruck bringen und wann den Mund halten? Was ist Pech, was ungerecht? Ich wollte keine Grenze zwischen diesen Begriffen ziehen, denn die These dieses Buches lautet, dass sich eine solche Grenze nicht allgemein oder abstrakt ziehen lässt. Welche Entscheidung wir auch immer treffen, sie wird so lange ungerecht sein, wie wir der Perspektive der Opfer nicht uneingeschränkt Rechnung tragen und ihrer Stimme nicht volles Gewicht beimessen. Weniger zu tun ist nicht nur unfair, sondern politisch gefährlich. Bürger eines demokratischen Staates haben die besten Möglichkeiten, zu den erträglichsten Entscheidungen zu gelangen – aber gewiss nicht immer, bedenkt man Ausmaß, Vielfalt und Dauerhaftigkeit menschlicher Ungerechtigkeit.

DANKSAGUNG

Die Anfänge dieses Buches gehen auf die Storrs Lectures zurück, die ich 1988 an der Yale Law School hielt. Ich danke dem Dekan Guido Calabresi für seine Einladung und dafür, dass er wusste, sie zu einem solch erfreulichen Ereignis zu machen. In meinen Gesprächen mit den Studierenden und den Fakultätsmitgliedern in Yale habe ich sehr viel gelernt und ihr Entgegenkommen wie ihre Gastfreundschaft geschätzt. Auch fühle ich mich Professor Sanford Kadish sehr verpflichtet, der mich bat, die ursprünglichen Vorlesungen anlässlich eines Workshops an der Boalt Hall Law School in Berkeley zur Diskussion zu stellen. Von dieser Sitzung habe ich sehr profitiert. Hin und wieder habe ich Abschnitte dieses Buches vor informellen Gruppen in Harvard vorgetragen und entdeckt, dass sie mir halfen, meine Gedanken zu klären.

Geoffrey Hawthorn, Stephen Holmes, Quentin Skinner und Dennis Thompson haben frühere Entwürfe dieses Buches mit echter Sorgfalt gelesen und mir viele ausgezeichnete und detaillierte Ratschläge gegeben, wie ich es verbessern könne. Nahezu alle habe ich freudig aufgegriffen. Dank ist das Mindeste, was ich ihnen schulde. Auch habe ich wertvolle Anmerkungen von Yaron Ezrahi, Moshe Halbertal, Stanley Hoffmann, George Kateb, Robert Keohane, Steven Macedo, Patrick Riley und Michael Walzer erhalten. Heather Houlahan war so freundlich, mir bei der Erstellung eines druckreifen Manuskripts zu helfen.

Eine frühere, kürzere Fassung des ersten Kapitels erschien 1989 in der Juniausgabe des *Yale Law Journal*.

ANMERKUNGEN

1 Sozialwissenschaftlern war es schon lange selbstverständlich, Mary Douglas' These zu zitieren, wonach »die Grenze zwischen den natürlichen und den von Menschen gemachten Ursachen immer im sozialen Prozess der Zuweisung von Verantwortlichkeit gezogen wird«. Mary Douglas, *Risk Acceptability According to the Social Sciences*, New York 1985, v. a. S. 26. Allerdings teilt nicht jeder diese Meinung und viele Freunde schlugen mir vor, ich solle darauf hinweisen, dass ich mir der kulturellen Parteilichkeit meiner eigenen Ansichten bewusst bin und die Tatsache der kulturellen Verschiedenheit nicht bloß als selbstverständlich hinnehme. Ohne Frage erörtere ich Gerechtigkeit und Ungerechtigkeit im Kontext einer Gesellschaft, in der politische und rechtliche Gleichheit als kulturelle Werte weithin akzeptiert sind, was in einer hierarchischen Gesellschaft nicht der Fall sein mag. Siehe z. B. André Béteille, *The Idea of Natural Inequality*, Delhi 1983.

2 [Am 7. Dezember 1988 erschütterte das »Erdbeben von Spitak« Nordarmenien. Dabei starben mehr als 25.000 Menschen, was es zu einem der schwersten Erdbeben der jüngeren Geschichte machte. Der Ort Spitak wurde dabei so stark zerstört, dass er an anderer Stelle neu aufgebaut wurde. – Anm. d. Hg.]

3 Siehe Lawrence M. Friedman, *Total Justice*, New York 1985 für eine übertriebene, aber nicht unberechtigte Darstellung, wie Amerikaner bestrebt sind, für jedes Unrecht auf dem Rechtsweg eine Wiedergutmachung zu finden.

4 Siehe Dennis. F. Thompson, *Political Ethics and Public Office*, Cambridge, Mass. 1988, S. 40–65 für eine schonungslose Position zu den schmutzigen »vielen Händen«, die ich teile, wenngleich vielleicht aus anderen Gründen.

5 [*Sense of injustice*, hier als »Sinn für Ungerechtigkeit« übersetzt, ließe sich auch als »Unrechtsempfinden« wiedergeben; da Shklar aber stets die Bedeutung von »Sensorium« betont, ist hier und im Folgenden durchgängig die erste Möglichkeit gewählt worden. – Anm. d. Hg.]

6 [Die im fünften und vierzehnten Verfassungszusatz verankerte *due process clause* (Rechtsstaatsprinzip) schreibt die Garantie auf ein ordnungsgemäßes Verfahren fest und gehört zu den Stützen der juridischen Rechtsstaatlichkeit der USA. – Anm. d. Hg.]

7 DeShaney versus Winnebago County Department of Social Services et al., 57 U.S.L.W. 4218 (21. Februar 1989). Ich möchte gern Martha Minow für die Erlaubnis danken, ihren sehr wertvollen unveröffentlichten Aufsatz »Law and Violence« lesen zu dürfen, der von diesem Fall handelt. [Jetzt als: Martha Minow, »Words and the Door to the Land of Change: Law, Language, and Family Violence«, in: *Vanderbilt Law Review*, Nr. 43 (1990), S. 1665–1700. – Anm. d. Hg.]

8 [Als *white primary* bezeichnete man die ab 1896 in der Demokratischen Partei der Südstaaten übliche Praxis, nur Weiße zu ihren Vorwahlen zuzulassen und damit Schwarze faktisch von der politischen Teilhabe auszuschließen. Nachdem der Oberste Gerichtshof 1935 dies erst mit der Begründung erlaubte, die Partei sei eine private Vereinigung, verbot er *white primaries* 1944 als verfassungswidrig. – Anm. d. Hg.]

9 [Als *Jim Crow laws* wurden alle zwischen 1877 und 1954 verabschiedeten Gesetze zur Festschreibung der Rassentrennung bezeichnet. »Jim Crow« war die fiktive Gestalt eines Schwarzen, der der weiße Wanderschauspieler Thomas Dartmouth Rice in seinen Vorstellungen zu großer Popularität verhalf. »Jim Crow« wurde daraufhin zu einem Spottnamen für Schwarze allgemein. – Anm. d. Ü.]

10 Ich verdanke den Ausdruck »rechtsähnlicher Begriff der Moral« [*parajudicial conception of morality*] Joel Feinbergs Buch *Doing and Deserving*, Princeton 1970, S. 85. Ich schulde seinen Schriften mehr, als in noch so vielen Fußnoten zum Ausdruck kommen könnte.

11 [Charles Dickens, *Die Pickwickier*, Berlin 2014, S. 228. – Anm. d. Hg.]

12 [Ebd., S. 337, 219, 229, 389, 649. – Anm. d. Hg.]

13 Dies trifft sogar auf die besten rechtlichen Darstellungen ihrer und Pickwicks Beziehungen zu sowie auf eine, der ich in anderer Hinsicht viel schulde, nämlich P. S. Atiyah, *Promises, Morals and Law*, Oxford 1981, S. 146–148.

14 Ein Beispiel dafür ist erneut Atiyah, *Promises, Morals and Law*, v. a. S. 212–215. Der Unterschied zwischen seiner kollektivistischen und Charles Frieds individualistischen Auffassung von Versprechen, die auf Erwartungen abhebt, gehört nicht zu meinem Thema, da Fried auch nur die »objektiven«, durch Versprechen hervorgerufenen Ansprüche der Parteien betrachtet. Siehe Charles Fried, *Contract as Promise*, Cambridge, Mass. 1981, dem ich aber sonst zustimme.

15 Siehe z. B. Annette Baier, *Postures of the Mind*, Minneapolis 1985, S. 174–206, die als Einzige den Standpunkt des Opfers mit einbezieht, obwohl ihr Hauptanliegen eine Verteidigung von Humes Theorie des Versprechens ist.

16 W. H. Auden, »Arkadien und Gefängnis«, in: *Des Färbers Hand*, Gütersloh 1965, S. 483–509 zeichnet eine wunderbare Darstellung von Pickwicks Erziehungsprozess.

17 [Dickens, *Die Pickwickier*, S. 427, 388.]

18 Jean-Jacques Rousseau, »Abhandlung über die politische Ökonomie«, in: *Sozialphilosophische und politische Schriften*, München 1981, S. 232. Siehe auch Judith N. Shklar, *Men and Citizens*, Cambridge 1969, S. 92–93.

19 Siehe Dennis E. Curtis und Judith Resnik, »Images of Justice«, in: *Yale Law Journal*, Nr. 96 (1987), S. 1727–1772 für eine Beschreibung der vielen Darstellungen der Gerechtigkeit, wie sie sich Rechtsgelehrten dargeboten haben.

20 Es gibt eine kurze, aber bemerkenswerte Ausnahme, die mich viel gelehrt hat: A. D. Woozley, »Injustice«, in: *American Philosophical Quarterly, Monograph* 7 (1973), S. 109–122. Andererseits hat Barrington Moore, *Injustice. The Social Basis of Obedience and Revolt*, New York 1978, trotz seines Titels keinen Einfluss auf meinen Gegenstand. Das Buch beschäftigt

sich mit den Gründen für das Nichteintreten der Marx'schen Voraussagen über die gesellschaftlichen Einstellungen und das Verhalten der Arbeiterklasse. Welches Interesse dieses Thema an sich auch haben mag, für dieses Buch ist es ohne Bedeutung.

21 Siehe Quentin Skinner, »Ambrogio Lorenzetti. The Artist as Political Philosopher«, in: *Proceedings of the British Academy* 72 (1986), S. 1–56 für eine ausgezeichnete Beschreibung einer dieser konventionellen Darstellungen.

22 Wie ausgesprochen lebendig das aristotelische Modell noch ist, erkennt man etwa bei Charles Taylor, »The Nature and Scope of Distributive Justice«, in: *Philosophy and the Human Sciences. Philosophical Papers*, Bd. 2, Cambridge 1985, S. 289–317.

23 John Stuart Mill, *Der Utilitarismus*, Stuttgart 1976, S. 72–112.

24 Siehe Friedrich A. von Hayek, *Recht, Gesetz und Freiheit*, Tübingen 2003, S. 522–523 für eine lange Liste von Passagen, die Ungerechtigkeit zum Ausgangspunkt für das Nachdenken über Gerechtigkeit nehmen.

25 Die nachfolgende Erörterung von Platons vernichtender Beschreibung der rechtsförmigen Gerechtigkeit stützt sich auf *Der Staat*, 2.369a–373e, 3.405a–405d, 4.421c–426e, 442d–445d.

26 David Sachs, »A Fallacy in Plato's Republic«, in: *Plato*, hg. v. Gregory Vlastos, New York 1971, S. 35–51 und Mary Margaret Mackenzie, *Plato on Punishment*, Berkeley 1981, S. 153–155.

27 Meine Darstellung der augustinischen Lehren stützt sich auf Aurelius Augustinus, *Vom Gottesstaat*, Zürich 1955, Buch 19.

28 Ebd., Buch 19, Kap. 6.

29 Michel de Montaigne, »Über Wagen«, in: *Essais. Erste moderne Gesamtübersetzung von Hans Stilett*, Frankfurt am Main 1998, S. 450–459; ders., »Über die Gesprächs- und Diskussionskunst«, ebd. S. 462–475; ders., »Über die Hinkenden«, ebd., S. 516–521; ders., »Über die Physignomie«, ebd., S. 521–537 und ders., »Über die Erfahrung«, ebd., S. 537–568.

30 Daniel Kahnemann, Paul Slovic und Amos Tversky (Hg.), *Judgement under Uncertainty. Heuristics and Biases*, Cambridge 1982, S. 3–20, 15–28, 129–152.

31 Platon, *Gesetze*, 4.716a–716b, 5.731c–731d, 9.860d–864.

32 Thomas von Aquin, *Summa Theologica*, hg. von der Albertus-

Magnus-Akademie, Walberberg bei Köln, Heidelberg u. a. 1953, Quaestio 58, Art. 2, S. 18–56.

33 Aristoteles, *Nikomachische Ethik*, 5.1136a–1138a.

34 Siehe Walter Burkert, *Griechische Religion der archaischen und klassischen Epoche*, Stuttgart 1977, S. 489–495 für das historische Modell von Platons religiösen Vorschriften in den Gesetzen.

35 Platon, *Gesetze*, 9.853d–855d.

36 Ebd., 4.777d–777e.

37 Aristoteles, *Nikomachische Ethik*, 5.1129b. Diesen Fehler hat Hobbes, Aristoteles' schärfster Kritiker, nicht übersehen. Siehe *Vom Bürger/Vom Menschen*, hg. v. Lothar R. Waas, Hamburg 2017, S. 61–62.

38 Siehe Sigmund Freud, *Massenpsychologie und Ich-Analyse*, Frankfurt am Main 1963, S. 71–162.

39 Aristoteles, *Nikomachische Ethik*, 4.1119b–1121a.

40 Platon, *Der Staat*, 4.444b–445b; ders., *Gesetze* 5.728b–728e.

41 Aristoteles, *Nikomachische Ethik*, 3.1113b–1115a, 5.1138a–1138b.

42 Augustinus, *Der Gottesstaat*, Buch 19, Kap. 15.

43 Friedrich Nietzsche, *Zur Genealogie der Moral*, in: *Sämtliche Werke. Kritische Studienausgabe*, Bd. 5, hg. von Giorgio Colli und Mazzino Montinari, Berlin u. a. 1980, S. 291–337.

44 Platon, *Gorgias*, 481–522.

45 [»Georges Dandin«, in: *Molières sämtliche Werke*, hg. v. Eugen Neresheimer, Bd. 4, Müller 1921, I.7, S. 365. – Anm. d. Hg.]

46 Jacqueline Scherer, »An Overview of Victimology«, in: *Victimization of the Weak*, hg. v. Jacqueline Scherer, Gary Shepherd und Charles Thomas, Springfield, Ill. 1982, S. 8–27.

47 Gerold Mikula, »The Experience of Injustice«, in: *Justice in Social Relations*, hg. v. H. W. Bierhoff u. a., New York 1986, S. 103–123.

48 Morton Deutsch, *Distributive Justice*, New Haven 1985, S. 46–63.

49 Faye Crosby, *Relative Deprivation and Working Women*, New York 1982; dies. u. a., »Two Rotten Apples Spoil the Justice Barrel«, in: *Justice in Social Relations*, S. 267–281; Jerald Greenberg, »On the Apocryphal Nature of Inequity Distress«, in: *The Sense of Justice*, hg. v. Robert Folger, New York 1984, S. 167–186;

Joanne Martin, »The Tolerance of Injustice«, in: *Relative Deprivation and Social Comparison*, hg. v. James Olson, C. Peter Herman und Mark P. Zanna, Hillsdale, N.J. 1986, S. 217–242 und dies., »When Expectations and Justice Do Not Coincide: Blue Collar Visions of a Just World«, in: *Justice in Social Relations*, S. 317–135.

50 [Im Original *ascriptive injustice*. Der Ausdruck lässt sich nicht direkt übersetzen. Gemeint sind Ungerechtigkeiten gegenüber solchen Gruppen, deren Mitglieder nicht darüber entscheiden können, ob sie dieser Gruppe angehören wollen, eben weil sie ihr »zugeschrieben« werden. – Anm. d. Ü.]

51 Melvin J. Lerner, *Belief in a Just World*, New York 1980.

52 Lise Dube und Serge Guimond, »Relative Deprivation and Social Protest. The Personal-Group Issue«, in: *Relative Deprivation and Social Comparison*, S. 201–216; David O. Sears, Carl P. Hensler und Leslie K. Speer, »White's Opposition to Busing. Self-Interest or Symbolic Politics?«, in: *American Political Science Review* 73, Nr. 2 (1979), S. 369–384; Sidney Verba und Gary R. Orren, *Equality in America*, Cambridge, Mass. 1985, S. 248–251.

53 Meine Bemerkungen zu Cicero stützen sich auf Marcus T. Cicero, *De Officiis. Vom pflichtgemäßen Handeln*, Stuttgart 1987, Buch 1, Kapitel 7, 9 und 11 sowie Buch 2, Kapitel 7.

54 Platon, *Gesetze*, 9.880b–881d.

55 Diese Fragen werden aufgenommen bei: Jonathan Glover, *Causing Death and Saving Lives*, Harmondsworth 1977, S. 92–112, sowie Bernard Williams, *Kritik des Utilitarismus*, Frankfurt am Main 1979, S. 56–71. Diese Punkte sind sehr beunruhigend, aber für Ciceros Begriff der passiven Ungerechtigkeit nicht von Bedeutung, da sie sich nur auf die Pflichten der Bürger in einer Republik beziehen.

56 Es ist sinnlos, von passiver Ungerechtigkeit in den vielen traditionalistischen Gesellschaften zu reden, die ökonomisch und politisch so verarmt sind wie diejenigen, die Edward C. Banfield, *The Moral Basis of a Backward Society*, Chicago 1963, beschreibt – von modernen Diktaturen ganz zu schweigen.

57 Joel Feinberg, *Harm to Others*, Princeton 1984, S. 126–186 und

Herman Goldstein, »Citizen Cooperation. The Perspective of the Police«, in: *The Good Samaritan and the Law*, hg. v. James M Ratcliffe, New York 1966, S. 199–208.

58 Feinberg, *Doing and Deserving* (Anm. 10), S. 3–14 und David Heyd, *Supererogation*, Cambridge 1982.

59 [Die achtundzwanzigjährige Kitty Genovese wurde 1964 vor ihrer Wohnung im New Yorker Stadtteil Queens erstochen. Ein Artikel in der *New York Times* behauptete wenig später, es seien 38 Zeugen zugegen gewesen, von denen niemand eingegriffen habe. Der Fall wurde als »Zuschauereffekt« oder »Genovese-Syndrom« zum Gegenstand psychologischer Untersuchungen. Die Behauptung des *Times*-Artikels gilt inzwischen allerdings als widerlegt. – Anm. d. Hg.]

60 Roger Brown, *Social Psychology. Second Edition*, New York 1986, S. 43–46, 67–88 und Bibb Latané und John M. Darley, *The Unresponsive Bystander. Why Doesn't He Help?*, New York 1970, S. 9–36, 121–128.

61 [Bezeichnung für ein Fantasieland, das auf einen Roman von Sir Anthony Hope zurückgeht. – Anm. d. Ü]

62 [Kommunitaristen (etwa Michael Walzer oder Charles Taylor) greifen vor allem den Liberalismus an, weil er ihrer Meinung nach der Gerechtigkeit, und nicht der Gemeinschaft, den Vorrang im politischen Denken einräumt. – Anm. d. Ü.]

63 Selma Pfeiffenberger, *The Iconography of Giotto's Virtues and Vices at Padua*, University Microfilms Ann Harbor 1966; Adolf Katzenellenbogen, *Allegories of the Virtues and Vices in Medieval Art*, New York 1964, S. 63–72; Erwin Panofsky, *Die Renaissancen der europäischen Kunst*, Frankfurt am Main 1979, S. 155–156 und Robert Smith, »Giotto. Artistic Realism, Political Realism«, in: *Journal of Medieval History* 4, Nr. 3 (1978), S. 267–284.

64 Dass die ciceronische passive Ungerechtigkeit bei politischen Denkern des Mittelalters erörtert wurde, kann man den Schriften von Giottos jüngerem Zeitgenossen Marsilius von Padua entnehmen. Siehe v.a. Cary J. Nederman, »Knowledge, Justice and Duty in the ›Defensor Pacis‹. Marsiglio of Padua's Ciceronian Impulse«, unveröffentlichter Vortrag, gehalten 1988

bei der Jahresversammlung der American Political Science Association, Washington D.C.

65 Paulus, Galater 5, 9–23.

66 DeShaney v. Winnebago County Department of Social Sciences et al., 57 U.S.L.W. 4224 (21. Februar 1989).

67 Aristoteles, *Nikomachische Ethik*, 7.1149a–b, 4.1125–1126b; *Rhetorik*, 1.1370b, 2.1378b.

68 Johann Wolfgang von Goethe, *Dichtung und Wahrheit*, Frankfurt am Main 1998, S. 45.

69 T. D. Kendrick, *The Lisbon Disaster*, London 1956. Alle meine Informationen über die Ereignisse in Lissabon habe ich dieser ausgezeichneten Arbeit entnommen.

70 Voltaire, »Gedicht über die Katastrophe von Lissabon, oder: Untersuchung des Grundsatzes ›Alles ist gut‹«, übers. v. Uwe Steiner, in: *Daphnis* 21, Nr. 2–3 (1992), S. 373–405, hier S. 387, 393.

71 Jean-Jacques Rousseau, »Brief an Voltaire vom 18. August 1756«, in: Ders., *Die Krisis der Kultur*, hg. v. Paul Sakmann, Stuttgart 1956, S. 317.

72 Jean-Jacques Rousseau, *Abhandlung über den Ursprung und die Grundlagen der Ungleichheit unter den Menschen*, Stuttgart 1998.

73 Immanuel Kant, »Von den Ursachen der Erderschütterungen bei Gelegenheit des Unglücks, welches die westlichen Länder von Europa gegen das Ende des vorigen Jahres betroffen hat«, in: *Gesammelte Schriften* (Akademieausgabe) Bd. 1, S. 417–472.

74 Cicero, *De Officiis. Vom pflichtgemäßen Handeln*, Stuttgart 1987, Buch 2, Kap. 5.

75 William James, »On Some Mental Effects of the Earthquake«, in: *Memories and Studies*, New York 1968, S. 212–214.

76 Vanderlyn R. Pine, »Dying, Death and Social Behavior«, in: *Anticipatory Grief*, hg. v. Bernhard Schoenberg u. a., New York 1974, S. 31–47; Stephen V. Gullo, Daniel J. Cherico und Robert Shadick, »Suggested Stages and Response Styles in Life-Threatening Illness. A Focus on the Cancer Patient«, in: *Anticipatory Grief*, S. 53–78; Martha Wolfenstein, *Disaster. A Psychological Essay*, London 1957; Ronnie J. Bulman und Camille

B. Wortman, »Attribution of Blame and Coping in the ›Real World‹. Severe Accident Victims React to Their Lot«, in: *Journal of Personality and Social Psychology* 35, Nr.5 (1977), S. 351–363.

77 Kelly G. Shaver, »Defensive Attribution. Effects of Severity and Relevance on the Responsibility Assigned for an Accident«, in: *Journal of Personality and Social Psychology* 14, Nr. 2 (1970), S. 101–113.

78 Russel R. Dynes und Daniel Yutzy, »The Religious Interpretation of Disaster«, in: *Topic* 10, Nr. 4 (1965), S. 34–48.

79 Gideon Sjoberg, »Disasters and Social Change«, in: *Man and Society in Disaster*, hg. v. George W. Baker und Dwight D. Chapman, New York 1962, S. 356–384; Michael Barkun, *Disaster and the Millenium*, New Haven 1974, S. 79–80.

80 Tom Nugent, *Death at Buffalo Creek*, New York 1973, S. 185–189. Siehe auch Kai Erikson, *Everything in Its Path*, New York 1976, v. a. S. 176–183.

81 Dynes und Yutzky, »Disaster« (Anm. 78); Allen H. Barton, *Communities in Disaster*, New York 1969, S. 205–273.

82 John P. Spiegel, »Cultural Variations in Attitudes toward Death and Disaster«, in: *The Threat of Impending Disaster*, hg. v. G. M. Grosser u. a., Cambridge, Mass. 1966, S. 283–299.

83 Ruth D. Abrams und Jacob E. Finesinger, »Guilt Reactions in Patients with Cancer«, in: *Cancer* 6, Nr. 3 (1953), S. 474–492.

84 Wolfenstein, *Disaster* (Anm. 76), S. 9–10, 34–35, 53–55, 158–159 und 167.

85 [Verweis auf Pascals *Pensées*, wo es heißt: »Wäre die Nase der Kleopatra kürzer gewesen, hätte das Antlitz der Erde ein anderes Aussehen bekommen.« Der Ausspruch soll die Zufälligkeit und Unwägbarkeit der Geschichte hervorheben, in der eben keine Vorsehung herrscht. – Anm. d. Hg.]

86 Edward Keyes, *Cocoanut Grove*, New York 1984; Helene R. Veltfort und George E. Lee, »The Cocoanut Grove Fire. A Study in Scapegoating«, in: *Journal of Applied and Social Psychology* 38, Nr. 2 (1943), S. 138–154.

87 Charles Fritz und Harry B. Williams, »The Human Being in Disasters. A Research Perspective«, in: *American Academy of Political Science* 309, Nr. 1 (1957), S. 42–51.

88 Max Gluckman, »Moral Crises. Magical and Secular Solutions«, in: *The Allocation of Responsibility*, hg. v. Max Gluckman, Manchester 1972, S. 1–50.

89 Eliot A. Cohen und John Gooch, *Military Misfortune. The Anatomy of Failure in War*, New York 1990. Was die allgemeine Wichtigkeit von Hierarchien bei Schuldzuweisungen betrifft, siehe V. Lee Hamilton, »Who is Responsible? Toward a General Social Psychology of Responsibility Attribution«, in: *Social Psychology Quarterly* 41, Nr. 4 (1978), S. 316–328; sowie V. Lee Hamilton und Joseph Sanders, »The Effect of Roles and Deeds on Responsibility Judgements. The Normative Structure of Wrongdoing«, *Social Psychology Quarterly* 43, Nr. 3 (1981), S. 237–254.

90 Das scheint eine Rolle gespielt zu haben, als man den Kapitän der *Vincennes* von der Anklage freisprach, für den Abschuss eines Passagierflugzeuges verantwortlich zu sein. [Die USS *Vincennes* war ein US-Kreuzer, der am 3. Juli 1988 ein Flugzeug der Iran Air mit 290 Zivilisten an Bord abschoss. Nach einer Untersuchung wurde dem Kapitän William Rogers vom damaligen Präsidenten George H. W. Bush der Legion-of-Merit-Orden für besondere Pflichterfüllung verliehen, obwohl er intern für sein Vorgehen kritisiert worden war. – Anm. d. Hg.]

91 [Thomas Hardy, *Tess von den d'Urbervilles. Eine reine Frau*, Stuttgart 1987. – Anm. d. Hg.]

92 Shulamith Firestone, *Frauenbefreiung und sexuelle Revolution*, Frankfurt am Main 1976.

93 Simone de Beauvoir, *Das andere Geschlecht*, Hamburg 1951.

94 Jean-Paul Sartre, »Betrachtungen zur Judenfrage«, in: *Drei Essays*, Frankfurt am Main 1960.

95 [Infolge der »Große Hungersnot« in Irland zwischen 1845 und 1849 starben etwa eine Million Menschen oder 12 Prozent der irischen Bevölkerung. Dieses Ereignis war der Auslöser für eine Auswanderungswelle in die USA; etwa zwei Millionen Iren emigrierten in dieser Zeit nach Amerika. – Anm. d. Hg.]

96 R. Dudley Edwards und T. Desmond Williams (Hg.), *The Great Famine*, Dublin 1956; Cecil Woodham-Smith, *The Great Hunger*, London 1962.

97 Guido Calabresi und Philip Bobbitt, *Tragic Choices*, New York 1987, S. 151–152.

98 Ich verdanke diese Interpretation Martha Nussbaum, *The Fragility of Goodness*, Cambridge 1986, S. 51–82.

99 [Am 26. Februar 1972 brach der Damm eines Absetzbeckens in der Kohlengrube Buffalo Creek in West Virginia. Die Katastrophe forderte etwa 125 Todesopfer. Kurz zuvor war der Damm bei einer staatlichen Inspektion für sicher erklärt worden. Die anschließende Ermittlungskommission war vor allem der Kohleindustrie gewogen und die Strafen fielen entsprechend niedrig aus. – Anm. d. Hg.]

100 Erikson, *Everything in Its Path* (Anm. 80), S. 176–183; Robert J. Lifton, »Psychological Effects of the Atom Bomb on Hiroshima. The Theme of Death«, in: *Daedalus* 92, Nr. 3 (1963), S. 462–497.

101 Montaigne, »Über das Nützliche und das Rechte«, in: ders., *Essais. Erste moderne Gesamtübersetzung von Hans Stilett*, Frankfurt am Main 1998, S. 391–398, hier S. 391, 395, 396.

102 Frederick Kiefer, *Fortune and Elizabethan Tragedy*, Pasadena 1983.

103 Immanuel Kant, »Metaphysische Anfangsgründe der Rechtslehre«, in: *Werke* (Akademieausgabe), Bd. 7, hg. v. Bruno Kellermann, Berlin 1922, S. 216–230; »Zum ewigen Frieden«, in: ebd., Bd. 6, S. 417–474.

104 Michael Paul Rogin, *Fathers and Children. Andrew Jackson and the Subjugation of the American Indian*, New York 1975, S. 210.

105 [Unter *manifest destiny* (offenbares Schicksal) verstand man im 19. Jahrhundert die Überzeugung, es sei die vorherbestimmte Aufgabe der USA, das Staatsgebiet auf den gesamten Kontinent und seine Umgebung auszuweiten. – Anm. d. Hg.]

106 Norman Graebner (Hg.), *Manifest Destiny*, Indianapolis 1968, S. 319–321; Frederick Merk, *Manifest Destiny and Mission*, New York 1966, S. 220–221 und Albert K. Weinberg, *Manifest Destiny*, Baltimore 1935.

107 [Der erste Zusatzartikel zur Verfassung garantiert Religions-, Rede-, Presse-, Versammlungs- und Petitionsfreiheit. – Anm. d. Hg.]

108 Milton Friedman, *Kapitalismus und Freiheit*, München 2004, S. 36, 46–47, 63–64, 139.

109 Friedrich A. von Hayek, *Recht, Gesetz und Freiheit*, Tübingen 2003.

110 Siehe Edna Ullmann-Margalit: »Invisible-Hand Explanations«, in: *Synthese* 39, Nr. 2 (1987), S. 263–291 für eine vollständige Beschreibung der Natur dieser Erklärungen und ihrer Beziehung zu funktionalistischen Hypothesen.

111 Michael Oakeshott, »Der Rationalismus in der Politik«, in: *Rationalismus in der Politik*, Neuwied 1966, S. 9–45 und ders., »Politische Erziehung«, in: ebd., S. 123–147; sowie *Of Human Conduct*, Oxford 1975.

112 [Der amerikanische Soziologe William Graham Sumner (1840–1910) war ein entschiedener Fürsprecher des Sozialdarwinismus. Im Fall Plessy v. Ferguson (1896) entschied der Oberste Gerichtshof, dass Rassentrennung legal sei, sofern die den Schwarzen offenstehenden Einrichtungen zwar »getrennt aber gleich« seien. – Anm. d. Ü.]

113 Richard Hofstadter, *Social Darwinism*, Boston 1955, S. 50–66.

114 Friedman, *Kapitalismus und Freiheit* (Anm. 108), S. 137, 147.

115 Robert E. Lane, »Market Justice, Political Justice«, in: *American Political Science Review* 80, Nr. 2 (1986), S. 383–402.

116 G. A. Cohen, *Karl Marx's Theory of History. A Defense*, Oxford 1982, v. a. S. 278–296.

117 David Brion Davis, *The Fear of Conspiracy*, Ithaca N.Y. 1971, S. xiv.

118 [Voltaire, »Gedicht über die Katastrophe von Lissabon« (Anm. 70), S. 391. Übersetzung angepasst.]

119 Aristoteles, *Nikomachische Ethik*, Buch 2.1108b; *Rhetorik*, Buch 2.1368b–1387b.

120 Aristoteles, *Politik*, Buch 5.1311a–b.

121 Peter Berger, »On the Obsolescence of the Concept of Honor«, in: *European Journal of Sociology* 11, Nr. 2 (1970), S. 339–347.

122 [Anspielung auf den zweiten Absatz der hauptsächlich von Thomas Jefferson verfassten amerikanischen Unabhängigkeitserklärung, die am 4. Juli 1776 vom Kongress gebilligt wurde.

Dort heißt es: »We hold these Truths to be self-evident, that all men are created equal ...« – Anm. d. Ü.]

123 Die folgenden Bemerkungen stützen sich, sofern nicht anderes angegeben, auf Rousseau, *Abhandlung über den Ursprung und die Grundlagen der Ungleichheit unter den Menschen*, Stuttgart 1998, v.a. Anmerkung *i*, S. 124–134.

124 Jean-Jacques Rousseau, *Emile oder Über die Erziehung*, hg. v. Martin Rang, Stuttgart 1963, S. 227.

125 Ebd., S. 163–164.

126 Ebd., S. 222–227. Übersetzung angepasst.

127 Norbert Bischof, »On the Phylogeny of Human Morality«, in: *Morality as a Biological Phenomenon*, hg. v. Gunther S. Stent, Berkeley 1978, S. 61–62; Melvin Konner, *The Tangled Wing*, New York 1982, S. 208–235; Carol Tavris, *Anger*, New York 1982, S. 31–36, 46–65.

128 Peter Blau, *Exchange and Power in Social Life*, New York 1982, S. 143–167, 227–233.

129 Diese wichtige Beobachtung verdanke ich Samuel Scheffler und Bernard Williams.

130 William Damon, »The Development of Justice and Self-Interest During Childhood«, in: *The Justice Motive in Social Behavior*, hg. v. Melvin J. Lerner und Sally C. Lerner, New York 1981, S. 57–72; Faye Crosby und A. Miren Gonzalez-Intal, »Relative Deprivation and Equity Theories«, in: *The Sense of Injustice*, hg. v. Robert Folger, New York 1984, S. 141–166; Jerald Greenberg, »On the Apocryphal Nature of Inequity Distress«, in: ebd., S. 167–186; Joanne Martin und Allan Murray, »Catalysts for Collective Violence«, in: ebd., S. 95–139; dies., »Distributive Injustice and Unfair Exchanges«, in: *Equity Theories. Psychological and Sociological Perspectives*, hg. v. David M. Messick und Karen S. Cook, New York 1983, S. 169–205; Robert Folger, »A Referent Cognitions Theory of Relative Deprivation«, in: *Relative Deprivation and Social Comparisons*, hg. v. James. M. Olson u.a., S. 34–53.

131 J. G. M. Itard, *Rapport fait à son Excellence le ministre de l'Intérieur, sur les nouveaux développemens et l'État actuel du Sauvage de l'Aveyron*, Paris 1807, S. 81–82; ders., *De L'Éducation d'un Homme Sauvage*, Paris 1801, S. 81–82, 96–97.

132 John Stuart Mill, *Der Utilitarismus*, Stuttgart 1976, S. 72–92. Mills Lauheit der Demokratie gegenüber zeigt sich am stärksten in seinem Buch *Representative Government*, vor allem in den Abschnitten, die den Gemeinderäten gewidmet sind. Man könnte auch behaupten, dass all seinem Wohlwollen zum Trotz der Utilitarismus seinem Wesen nach paternalistisch ist.

133 Jean-Jacques Rousseau, *Bekenntnisse*, Baden-Baden 1948, 25–26.

134 Gilead Bar-Elli und David Heyd, »Can Revenge Be Just or Otherwise Justified?«, in: *Theoria* 52, Nr. 1–2 (1986), S. 68–86.

135 Francis Bacon, »Über die Rache«, in: *Essays*, Stuttgart 1986, S. 14.

136 Robert Hogan und Nicholas P. Emler, »Retributive Justice«, in: *The Justice Motive in Social Behavior*, hg. v. Melvin J. Lerner und Sally C. Lerner, New York 1981, S. 125–143.

137 P. S. Atiya, *Promises, Morals and Law*, Oxford 1981, S. 140–142.

138 Hubert J. Treston, *Poine*, London 1923, S. 23–94.

139 Pietro Marongui und Graeme Newman, *Vengeance*, Totowa 1987.

140 Larry McCaffery, »A Spirit of Transgression«, in: *E. L. Doctorow. Essays and Conversations*, hg. v. Richard Trenner, Princeton, N.J. 1983, S. 43–45 und Paul Levine, *E. L. Doctorow*, London 1985.

141 Jean-Paul Sartre, »Vorwort«, in: Frantz Fanon, *Die Verdammten dieser Erde*, Frankfurt am Main 1981, S. 7–27 und Paul Wilkinson, *Terrorism and the Liberal State*, London 1986, S. 55–56, 74–77, 100.

142 Michael Walzer, »The Moral Standing of States«, in: *International Ethics*, hg. v. Charles Beitz, Princeton N.J. 1985, S. 217–236.

143 Heinz Kohut, *Self-Psychology and the Humanities*, hg. v. Charles B. Strozier, New York 1985, S. 97–160, 252–253. Kohut wendet, trotz gegenteiliger Behauptungen, den Ausdruck ausdrücklich auf den Helden der Novelle *Michael Kohlhaas* und dann auf Hitler und die Palästinenser in seiner pejorativen, umgangssprachlichen Bedeutung an. Nicht der Stellenwert des Wortes »Narzissmus« in der psychoanalytischen Terminologie ist fragwürdig, sondern seine Verwendung in politischen Kontexten.

144 Friedrich Nietzsche, *Zur Genealogie der Moral*, in: *Sämtliche Werke. Kritische Studienausgabe*, Bd. 5, hg. von Giorgio Colli und Mazzino Montinari, Berlin u. a. 1980, S. 291–337.

145 Erwin Panofsky, *Studies in Iconology*, New York 1962, 109–110, Fn48, Fn49a.

146 Cicero, *De Officiis. Vom pflichtgemäßen Handeln*, Stuttgart 1987, Buch 2, Kap. 9–11.

147 Michel de Montaigne, »Über einige Verse des Vergil«, in: *Essais. Erste moderne Gesamtübersetzung von Hans Stilett*, Frankfurt am Main 1998, S. 418–450, hier S. 427.

148 Kahnemann, Slovic und Tversky (Hg.), *Judgement under Uncertainty* (Anm. 30), S. 111–116.

149 Adam Smith, *Theorie der ethischen Gefühle*, Hamburg 1977, S. 135–137.

150 Edmund Cahn, *The Sense of Injustice*, New York University Press 1949, S. 11–27 und Hogan und Emler, *Retributive Justice* (Anm. 136).

151 David Hume, *Ein Traktat über die menschliche Natur*, Hamburg 1978, Buch III, 2. Teil, »Rechtssinn und Widerrechtlichkeit«.

152 James R. Kluegel und Eliot R. Smith, *Beliefs about Inequality*, New York 1986.

153 Jennifer Hochschild, *What's Fair?*, Cambridge 1981; Sidney Verba und Gary R. Orren, *Equality in America*, Cambridge 1985, S. 1–51.

154 J. Stacy Adams, »Inequality in Social Exchange«, in: *Advances in Experimental Social Psychology*, Bd. 2, hg. v. James M. Olson u. a., New York 1965, S. 267–299; Kenneth L. Dion, »Responses to Perceived Discrimination and Relative Deprivation«, in: ebd., S. 159–179; W. G. Runciman, *Relative Deprivation and Social Justice*, London 1966, S. 247–295.

155 Vivien Hart, *Democracy and Distrust*, Cambridge 1978.

156 Robert E. Lane, »Market Justice, Political Justice«, in: *American Political Science Review* 80, Nr. 2 (1986), S. 383–402.

157 Aristoteles, *Politik*, 3.1280a–b, 4.1295b–1297a, 5.1301a–1303a, 6.1318a–b.

158 [Shklar bezieht sich hier auf den *Federalist* Nr. 10, in dem

James Madison – einer der Gründerväter der Vereinigten Staaten – diese Idee darlegt, siehe *Die Federalist Papers. Vollständige Ausgabe*, hg. und übers. v. Barbara Zehnpfennig, München 2007, S. 93–100. – Anm. d. Hg.]

159 [Dieser Ausdruck stammt aus Michael Walzers *Sphären der Gerechtigkeit*, siehe Fußnote 161. – Anm. d. Hg.]

160 [»Sambo« ist der Name eines rassistischen Stereotyps des einfältigen, fröhlichen und unterwürfigen Schwarzen. Er wurde durch Helen Bannermans Kinderbuch dieses Titels von 1899 popularisiert. – Anm. d. Hg.]

161 Dieses Argument richtet sich natürlich gegen Michael Walzer, *Sphären der Gerechtigkeit. Ein Plädoyer für Pluralität und Gleichheit*, Hamburg 2006, v. a. S. 58–61 und S. 440–445. Es gibt kaum ein Argument in diesem Buch, dem ich zustimmen würde.

162 Siehe als eines von unzähligen Beispielen die Aussage des Universitätsprofessors Thomas R. Drew. Er argumentierte, dass der republikanische Charakter nicht weniger als das gemeinsame Verständnis und die gesamte soziale Textur der Südstaaten mit der schwarzen Besitzsklaverei verwachsen und von ihr abhängig gewesen sei. Thomas R. Drew, »Review of the Debate in the Virginia Legislature«, in: *Slavery Defended*, hg. v. Eric L. McKittrick, Prentice-Hall 1963, S. 20–33; sowie W. S. Jenkins, *Pro Slavery Thought in the Old South*, Chapel Hill 1935.

163 Smith, *Theorie der ethischen Gefühle* (Anm. 149), S. 117–122.

164 [David Hume, *Eine Untersuchung über die Prinzipien der Moral*, Hamburg 2003, S. 17. – Anm. d. Hg.]

165 John Kleinig, *Paternalism*, Totowa 1984, S. 156–169.

166 Dennis F. Thompson, *Political Ethics and Public Office*, Cambridge, Mass. 1988, S. 161–170.

167 Henry Sidgwick, *The Methods of Ethics*, London 1974, S. 243–246, 266–265.

168 Jean-Jacques Rousseau, *Der Gesellschaftsvertrag*, Buch 1, Kap. 6–8; Buch 2, Kap. 3 und 5.

169 [Nicht nur sie, sondern halb Amerika hat Robert Nozick, *Anarchie, Staat, Utopia*, München 1979 mit Begeisterung gelesen.

Nozick wendet sich darin gegen jeden Begriff von Verteilungsgerechtigkeit und schlägt stattdessen vor, Gerechtigkeit als den historischen Prozess des Eigentumserwerbs aufzufassen. Lässt sich eine plausible Geschichte erzählen, in der Eigentum ohne Verletzung der Rechte anderer erworben worden ist, so ist der Gerechtigkeit genüge getan. Und Erbschaften gehören zu den gerechten Weisen des Eigentumserwerbs. – Anm. d. Ü.]

170 George Kateb, »Remarks on the Procedures of Constitutional Democracy«, in: *Nomos* 20 (1979), S. 215–237.

171 Philip Brickman u. a., »Microjustice and Macrojustice«, in: *The Justice Motive in Social Behavior*, hg. v. Melvin J. Lerner und Sally C. Lerner, New York 1981, S. 173–202; Ronald L. Cohen, »Power and Justice in Intergroup Relations«, in: *Justice in Social Relations*, hg. v. H. W. Bierhoff u. a., S. 65–85.

REGISTER

Erste Auflage Berlin 2021
Copyright der deutschen Ausgabe © 2021
MSB Matthes & Seitz Berlin
Verlagsgesellschaft mbH
Göhrener Str. 7 | 10437 Berlin
info@matthes-seitz-berlin.de
Die Übersetzung erschien erstmal 1992 beim Rotbuch Verlag.

Umschlaggestaltung: Dirk Lebahn, Berlin
Satz: psb, Berlin
Druck und Bindung: GGP Media GmbH, Pößneck
ISBN 978-3-7518-0338-0

www.matthes-seitz-berlin.de

Judith Shklar bei Matthes & Seitz Berlin

Über Hannah Arendt
Klappenbroschur
978-3-95757-797-9
120 Seiten
14 Euro

Judith N. Shklar beschäftigte sich ihr Leben lang mit Hannah Arendt. In ihren Texten zeichnet sie ein ambivalentes Bild der 22 Jahre älteren Philosophin, kommt in ihrem Werk sowohl anerkennend als auch voller Witz und polemischer Schärfe immer wieder auf sie zurück. Shklar schätzt Arendt vor allem für ihre Gedanken zu Exil und Staatenlosigkeit und für ein Ethos, das das Versprechen der Politik und des jederzeit möglichen absoluten Neuanfangs hochhält. Zugleich aber kritisiert Shklar sie als hochtrabende Metaphysikerin und enttäuschte Marxistin mit einem Hang zu politischer Romantik. *Über die Revolution* ist für Shklar ein »blamables Buch«, während Arendt in *Eichmann in Jerusalem* mit dem Hochmut des selbsterklärten Parias lediglich »epigonal und amateurhaft« über Politik zu reflektieren weiß. Gegen Arendts heldenhaftes Verständnis von Politik und ihre Blindheit für historische Ungerechtigkeiten stellt Shklar das Lob eines unpersönlichen Prozeduralismus und ihren eigenen Liberalismus der Furcht und der Rechte – so ist Shklars Werk nicht zuletzt gegen Arendts Denken entstanden. Mit den hier versammelten Texten ist es nun möglich, das Verhältnis zweier zentraler politischer Theoretikerinnen des 20. Jahrhunderts nachzuvollziehen.

Verpflichtung, Loyalität, Exil
Klappenbroschur
978-3-95757-570-8
90 Seiten
12 Euro

Während des Zweiten Weltkriegs war Judith Shklars Familie über Schweden und Japan nach Kanada geflohen. Später unterrichtete Shklar in Harvard bis zu ihrer Emeritierung politische Philosophie. In ihrem letzten Projekt kehrte sie zu ihrer Kindheitserfahrung zurück und untersuchte die Grundgegebenheiten des Exils und die Situation von Exilanten. Als wesentliches Unterscheidungsmerkmal aller Flüchtlinge, egal, ob Wirtschafts-, Kriegs-, oder politische Flüchtlinge machte sie das Verhältnis von Loyalität und Verpflichtung aus: Ist »Loyalität« eine affektive Bindung an eine Gruppe, ein Land oder eine Idee, so ist »Verpflichtung« eher an die Logik von Regeln und Gesetzen gebunden. Will man über Flüchtlinge und ihre Situation sprechen, so muss man laut Shklar über das Problem der »geteilten Loyalität« nachdenken. Der Geflüchtete ist in beiden Welten nicht zu Hause: Behält er einerseits noch Loyalität zu seiner alten Heimat, so hat er das Gefühl der Verpflichtung dieser alten Heimat gegenüber verloren, reziprok gilt das für die neue Heimat. Das zwangsläufig in politische Probleme führende Dilemma lösen laut Shklar am ehesten rechtliche Verpflichtungen in der neuen Heimat.

Matthes & Seitz Berlin

Der Liberalismus der Rechte
Klappenbroschur
978-3-95757-241-7
240 Seiten
16 Euro

Bill of Rights, Civil Rights Movement, Recht auf Waffenbesitz oder freie Meinungsäußerung: Die Idee politischer Rechte nimmt in den USA eine fast sakrale Stellung ein, die kaum mit ihrer Stellung in Europa zu vergleichen ist und häufig auch zu verschiedenen politischen Einschätzungen führt. Mit ihrer Untersuchung der Idee politischer Rechte rekonstruiert Shklar die Herausbildung des eigenständigen politischen Denkens und der politischen Kultur Nordamerikas. In den Rechten offenbart sich zudem eine Institution, mit der sich ihr Konzept des Liberalismus der Furcht als Vermeidung von Übeln positiv ergänzen und gesellschaftlich verankern lässt. So ermöglicht uns Shklar nicht nur eine Lehrstunde in transatlantischem Austausch, sondern auch einen prüfenden Blick auf das Selbstverständnis unserer politischen Institutionen in Europa.

Ganz normale Laster

Hardcover mit Schutzumschlag

978-3-95757-059-8

350 Seiten

29,90 Euro

Seit jeher befassen sich die Philosophen mit den Tugenden, Theologen hingegen räsonieren über Sünden. Doch was ist mit den ganz gewöhnlichen Lastern? In ihrem luziden Essay ergründet Judith N. Shklar die politische und persönliche Dimension der gewöhnlichen Übel – Grausamkeit, Heuchelei, Snobismus, Verrat und Misanthropie. Sie folgt dabei keiner philologischen Argumentation, sondern wagt einen abenteuerlichen Streifzug durch das moralische Minenfeld der Literatur-, Theater- und Philosophiegeschichte. Das erstaunliche Ergebnis: Die ganz gewöhnlichen Laster entpuppen sich als durchaus fruchtbar, werden sie in die richtige politische Ordnung eingefasst – in einen emphatisch verstandenen Liberalismus, der fordert: Lieber frei und lasterhaft als gezwungen und moralisch rein.